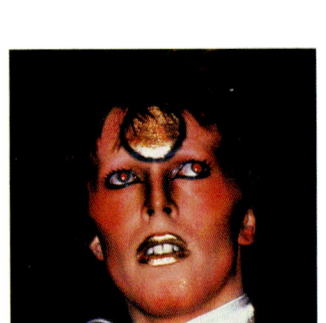

Mark Paytress

ESTILO BOWIE

Tradução:
Bianca Rocha

Escrito por
Mark Paytress

Inclui fotografias, imagens, pinturas e esboços de David Bowie, Iman, Andy Warhol, Paul McCartney, Lord Snowdon, Mick Rock, Terry O'Neill, Andy Kent, Masayoshi Sukita, Ray Stevenson, Ken Pitt, Brian Ward, Harry Goodwin e Steve Pafford.

Design por
Pearce Marchbank

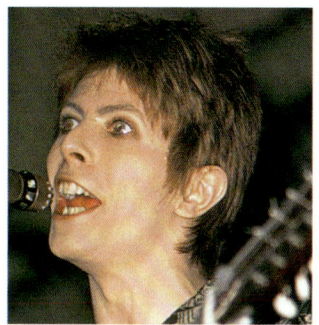

Publicado originalmente em inglês sob o título *Bowie Style*, por Omnibus Press.
© 2000, Omnibus Press.
Direitos de edição e tradução para o Brasil.
Tradução autorizada do inglês.
© 2011, Madras Editora Ltda.

Editor:
Wagner Veneziani Costa

Produção e Capa:
Equipe Técnica Madras

Tradução:
Bianca Rocha

Revisão da Tradução:
Jefferson Rosado

Revisão:
Arlete Genari
Jerônimo Feitosa

Dados Internacionais de Catalogação na Publicação (CIP)
(Câmara Brasileira do Livro, SP, Brasil)

Paytress, Mark
Estilo Bowie/escrito por Mark Paytress;
tradução Bianca Rocha. – São Paulo: Madras, 2011.
Título original: Bowie style.

ISBN 978-85-370-0730-3

   1. Bowie, David 2. Bowie, David – Vestuário
3. Músicos de rock – Inglaterra – Biografia
I. Título.

11-12202   CDD-782.42166092

   Índices para catálogo sistemático:
1. Músicos de rock: Inglaterra: Biografia e
obra 782.42166092

É proibida a reprodução total ou parcial desta obra, de qualquer forma ou por qualquer meio eletrônico, mecânico, inclusive por meio de processos xerográficos, incluindo ainda o uso da internet, sem a permissão expressa da MADRAS Editora, na pessoa de seu editor (Lei nº 9.610, de 19.2.98).

Todos os direitos desta edição, em língua portuguesa, reservados pela

MADRAS EDITORA LTDA.
Rua Paulo Gonçalves, 88 – Santana
CEP: 02403-020 – São Paulo/SP
Caixa Postal: 12183 – CEP: 02013-970
Tel.: (11) 2281-5555 – Fax: (11) 2959-3090
www.madras.com.br

ESTILO BOWIE

Gavin Evans/Retna: 1, 97; Mark Allan: 130ac.; Joel Axelrad/Retna: 87ab.; Brian Aris: 155ac.d; Clive Arrowsmith/Camera Press: 128; Glenn A. Baker/Redferns: 87d; BBC: 72ab.d.; 155ab.; Brendan Beirne/Rex: 10; Edward Bell: 136; Paul Bergen/Redferns: 161ac.e.; Peter Brooker/Rex: 144ac.; Larry Busaca/Retna: 161c.; James Cameron/Redferns: 109ac.; George Chin/Redferns: 160; Corbis: 62ab.; Fin Costello/Redferns: 114ab.; Cortesia da Crackin' Out Collection: 2ª e 3ª capa, 15, 17ab., 23c.e., ab. e., 35ab.e., 39c., 41, 57, 63ac.d., ab.d., 67d., 72ab.e., 73, 74, 75, 91ac.e., 102ab.d, 103ab.e., 120ac.d., 126ab, 149ac.e.; 156e.ac., e.ab., 157, 162ac.e., ac.d., Bill Davila/Retna: 144e., Debi Doss/Redferns: 20ab.d.; EMI: 44ac., 45, 147ac.c.; Mary Evans Picture Library: 59ac., ab., 108ac., 155c., ac.c.; Chris Floyd/Camera Press: 166; Chris Foster/Rex: 51e., 76ac.; Ron Galella: 63ab.e; Guglielmo Galvin: 37; Harry Goodwin: 42ab.d., 43ac.d., c.ab., c., 81d., 115c.e., 126e., Alison Hale/Crankin' Out: 120ab.; Dezo Hoffman/Rex: 8, 10, 19, 24, 105ac.; Dave Hogan/Rex: 158; Hulton Getty: 40ac., 63ac.e., 100, 116ab., 122ac.e., 133ab.d., 135, 141c.ab., 149c.ac., Mick Hutson/Redferns: 27ab., Nils Jorgensen/Rex: 4ª capa, 42ac.c., 143; Andy Kent/Retna: 13, 119, 122e., 133c.; Jak Kilby/Retna: 14, 52ac., King Collection/Retna: 2; John Kirk/Redferns: 78ab; Christian Koller/Crankin' Out: 162c.; Jean Pierre Leloir/Redferns: 42ac.d.; London Features International: capa, 2, 5, 8, 10, 11, 13, 14, 16, 18ac., 21c., 25, 26ac., c., 27ac.d., 28ac., 42ac.e., c.d., 61ac.e., ab.d., 62e., ab.d., 72ab.d., 81ac., 82, 83ab.d., 89, 90ab.e., 92, 93ac.e., ab.e., ac.c.d., ac., ab.c., 99ab.d., 111, 114ac.e., 115ac.e., ac.d., c.d., 116ac.e., 117, 118, 119c., ab., 127, 133ac.d., ab.e., 137, 139ab., 140ab., 142, 145, 147ab., 148ab.d., 149ab.c., 150ab.e., ab.d., 151, 152, 153, 154ab., 159, 162ab.e., 167ab.e., Doug McKenzie: 34, 35ab.d., 44ac.e., MEN Syndication: 27ac.e.; Pearce Marchbank: 108/109ab; Robert Matheu/Retna: 156ac.; Jeffrey Mayer: 161ac.e.; Catherine McGann: 163; Mirror Syndication Int: 65, 116ab.e.; Keith Morris/Redferns: 87ac.;

©MTV Europe: 148ab.e.; G. Neri/Sygma: 134ac.e.; Michael Ochs Archive/Redferns: 88ac.e., 114c.e.; 164; Frank W. Ockenfels III: 62c., Alex Oliveira/Rex: 59c.; Terry O'Neill: 106ac., ab.e., 110, 154ac.d.; Denis O'Regan/Idols: 63ac., Scarlet Page/Retna: 56ab.d., 138; PA News: 167ac.d.; Cortesia da Penguin Books: 155ac.e.; Kenneth Pitt: orelha 1 9, 52ab.d.; 53, 56e., 60; Pictorial Press: 2, 5, 13, 18ab., 44ac.d., ab., 48, 50ab., 51d., 54ac.c., ac.d., 55, 56ac.d., 61c.d., 62ac., 64ac., 68, 69ac., 88ac.d., 90ac.c., 91ab.c., ab.d., 95ac.c., 96ac.d., 107, 112ac.d., 122ac.d., 123, 141d., 148ab.c.e., 149ab.d; Photofest/Retna: 10, 122ab.; Barry Plummer: 54ab.c., 95ab., 125ab.; Pat Pope/Rex: 163; Neal Preston/Retna: 147ac.e., 148c., 156ac.c.; Michael Putland/Retna: 10, 81e.; RCA: 126d., 129e., 134ab.; David Redfern: 29; Redferns: 43ac.e., 113; Lorne Resnick/Retna: 13; Retna: 116ac.d., 149d.; Rex Features: orelha 2 13, 14, 28ab., 35ac., 36c.e., 50e.ab., 58d.ac., d.ab., 63ab.d., 84, 90ac.e., 91ac.d., 91ab.e., 93ac.c., c., 94, 96ab.d., 104, 105ab.e., 108c., 112ab., e., 115ab.e., 124, 125ac., 129c.d., 139ac., 144ab.e., 146, 149c., 154ac.e., 168; Ebet Roberts/Redferns: 86ab.; Copyright © Mick Rock: 2, 21ac., 46, 47, 50ac., d., 76, 79, 80, 81ab., 83e., 85, 86ac.e., 95ac.d., 98, 101, 102ac., 103ac., 121, 140ac., 141ac.e., ab.e., 148c.e., 149ac., Fotografia de Ethan A. Russell copyright © 1972-2000; 114ac.d.; Nina Schultz: 130ab.; Wendy Smedley/Crankin Out: 120.c.; Steve Smith/Crankin Out: 161ab.d.; Snowdon/Camera Press: 131, 132; Bob Solly Collection: 40ab; Ray Stevenson/Retna: 14, 49, 52ab.e., 54ab.e., ab.c., 61c.e., ac.c., ac.d, ab.c., 67ab., 69ab., 90ab.e.; Masayoshi Sukita: orelha 2 22, 99ab., 120ab.e., 156ab.d.; Charles Sykes/Rex: 12; Artur Vogdt: 109c; Wall/MPA/Retna: 165; Chris Walter: 99ac.; Brian Ward: 4, 71, 78ac., 83ac.; Barry Wentzel: 140ab.d.c.; Kevin Wisniewski/Rex: 167c.; Richard Young/Rex: 39c.ab., 102ab.e.,103ab.d., 147ac.d., 150ac.d., 167ab.d.

A Omnibus Press gostaria de agradecer a Steve Pafford, por suas muitas contribuições essenciais. Ele edita a *Crankin' Out*, a revista internacional irregular, mas excelente, do fã-clube de Bowie, pessoalmente endossada por David em 1994. Entre em contato com Steve incluindo um Cupom-Resposta Internacional/Envelope endereçado a:
Crankin' Out
PO Box 3268,
London NW6 4NH

Nota do Editor Internacional:

Todos os esforços foram feitos para identificar os detentores dos direitos autorais das imagens neste livro, mas alguns não foram localizados. Agradeceríamos se os fotógrafos em questão entrassem em contato conosco.

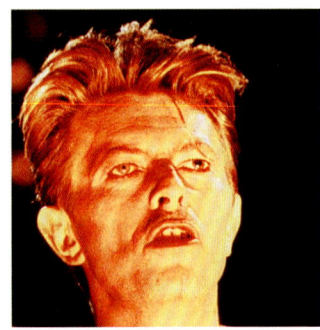

No flat do empresário Ken Pitt, Londres, 1967. Bowie recorda: "Nessa época, estava pensando se queria ser um mímico sério ou se continuaria com a música. Essa é uma blusa incrível". Pitt: "Era um bolero árabe da Palestina, e pertencia à minha mãe".

ÍNDICE

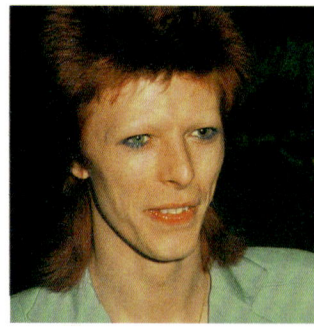

Moldando-se

    1.1 O Buda do Subúrbio 17
        Bowie Transforma o Pop 20
        Eu Sou Seu Fã 26
        Influências e Heróis: Fascinado pelo Cinema 30
    1.2 É um Mundo Moderno 35
        Pintor 36
        Influências e Heróis: Todos os Velhos Caras 42
        Mick Rock 46
    1.3 Bowie Renascentista 49
        Jogos Gays 50
        Starman: Primeira Mordida 54
    1.4 Dame Meditation 56
        The Voyeur Of Utter Destruction 58
        Dança Comigo? 62
    1.5 O Homem que Comprou o Vestido 64
        Andy Warhol 66
        Eu me Senti como um Ator 72

Criações Clássicas

    2.1 Ziggy Stardust 77
        Starman: Segunda Mordida 81
        O Enigma de Ziggy 86
    2.2 Aladdin Sane 88
        Você Será Rainha 90
        Ciggy Pop 96
        Cuide de Seus Próprios Negócios 102
    2.3 Alma Sobrevivente 105
        Influências e Heróis: Viagem Fantástica 108
        Como um Clone dos Stones 114
    2.4 Thin White Duke 116
        Viciados em Bowie 120
        Os Colaboradores 126
    2.5 Pierrot Punk 129

Apagar e Recomeçar

    3.1 Eu Só Estou Dançando 139
        Protegidos 140
        Starman: Terceiro Byte 144
        Técnica Teatral 148
        Os Livros que Li 154
    3.2 Futuros e Passados 156

Amsterdã, 1977. "Acho que tenho um certo vocabulário que, embora eu mude estilisticamente, tem uma verdadeira essência de imagens. Eu não vejo mudanças abruptas no que tenho feito."

Um *mod* impecavelmente arrumado e um homem do milênio apaixonado por tecnologia. Uma desordem de confusão sexual e um símbolo descomplicado e iluminado da riqueza nos anos 1980.

Por quatro décadas, David Bowie tem sido o modelo mais facilmente notável no rock e o criador de novidades e modas – e sobreviveu a todas elas.

Os anos de formação de Bowie foram passados à procura de tendências, muitas vezes acrescentando toques idiossincráticos para se destacar da multidão. Atingindo um auge criativo entre 1972 e 1976, ele transcendeu o estilo das ruas reinventando-se em um homem espetacular, um turbilhão cujos muitos *alter egos* – Ziggy Stardust, Aladdin Sane, Thin White Duke – foram aceitos por seu rebanho exibicionista e dedicado, com devoção ousada.

Para os críticos, que viram apenas mudanças de roupas e grandes gestos teatrais, Bowie era uma pessoa excessivamente preocupada com o jeito de se vestir, e que alcançou rapidamente o estrelato em uma tendência de exagero.

Only One Paper Left. Nova York, 1997, vestindo Paul Smith: "Eu gosto de me vestir bem, mas não é algo sobre o que penso que minha reputação deva ser construída", diz Bowie.

Os escárnios chegaram de forma grosseira e rápida: mock rock, glitter rock, shock rock, camp rock e até fag rock, cada um evocado com um aceno de cabeça resignado. Bowie era um arrivista, um astro inventado com ares e caprichos de uma senhora mimada na seção de chapéus da Harrods.

Sim, o projeto de Bowie era sobre estilo e apresentação, egos e caprichos. Mas, por trás da aparência reluzente, daqueles gestos aparentemente vazios, daquela luxúria a ser vista, havia uma estética nova e brilhante do rock - com David Bowie como seu visionário e exemplo admirável. Seu estilo de misturar e combinar não foi aplicado somente às roupas.

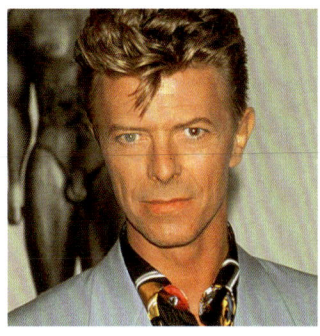

Irreverência e imitação também constituíram sua música. Ele pegaria o simples *flash* do rock'n'roll dos anos 1950, o primitivismo artístico dos americanos pouco conhecidos e modificadores do mercado The Velvet Underground e Iggy Pop, e daria um brilho de cantor e compositor. Seu conceito de "Star", que ele discute com ingenuidade warholiana, veio embrulhado em ficção e artifício.

David Bowie revolucionou a aparência do rock. Mas ele também modificou como nós olhávamos para as estrelas, e como ouvíamos música. Antes de sua chegada espetacular em 1972, o rock aspirava impressionar musicólogos e tipos literários. A influência mais duradoura de Bowie foi levar o rock de volta aos debates mais ferozes centrados em autoria, identidade sexual e indistinção da grande e pequena arte, debates que foram posteriormente reunidos sob a bandeira pós-modernista. Longe de encobrir o rock com base facial e cenários de palco elaborados, Bowie liberou a forma, despertando uma nova série de debates e estendendo seus limites.

O "estilo" de Bowie sempre significou mais do que roupas, cabelos e cosméticos. O estilo, para Bowie, é inseparável da arte. São os livros que ele lê, as pinturas que ele compra, os filmes aos quais ele assiste. Está associado à maneira como ele se vê e como ele vive sua vida. É mais um modo completo de vida do que uma fuga da realidade; isso é o que o torna tão fascinante. Todo mundo pode adotar uma série de aparências em nome da arte e construir uma carreira de sucesso. Na verdade, muitos o fazem. Mas, no fundo, Bowie é mais o confrontar as ameaças que visam limitar o potencial humano do que seus adornos. Essa busca o levou de Beckenham à Babilônia, de melodramas encenados à beira da insanidade e da morte.

O propósito deste livro não é repetir os detalhes da carreira musical de Bowie, que já foram documentados muitas vezes (embora raramente com a minúcia e a percepção de *Alias David Bowie*, de Peter e Leni Gillman, publicado em 1986), mas explorar suas várias aparências estilísticas no contexto de sua atmosfera musical e cultural.

Estilo Bowie apresenta as indicações para cada transformação, mostra as influências e os ícones que ajudaram a moldá-las e os debates e controvérsias que cada uma provocou inevitavelmente.

ESTILO BOWIE

ESTILO BOWIE

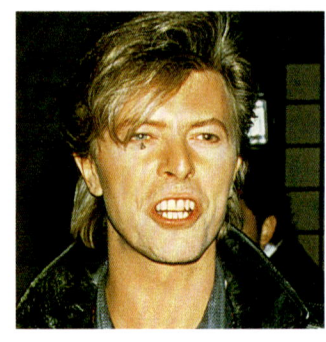

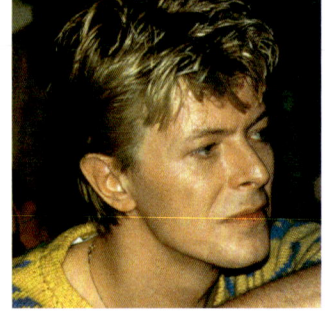

Página ao lado: Como John Blaylock, o aristocrata vampiresco do século XVIII, em *Fome de Viver*, Luton, 1982.

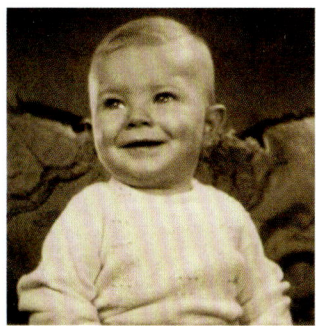

David Jones aos 18 meses, na casa de seus pais, em Brixton.

Os primeiros projetos de estilo de David Bowie se aproximam de uma leitura de manual de modas subculturais pós-guerra. Como David Jones, ele desenvolveu uma paixão juvenil pelo rock'n'roll, amadureceu-se no jazz e então enxergou um papel para si no crescente movimento do rhythm & blues. Deixou o cabelo crescer, floresceu como um dândi mod, rebatizou-se David Bowie, adotou a pose de um eurófilo sofisticado. Infelizmente, havia pouca demanda por uma criatura assim em 1967, quando a moda hippie dominava. Completamente desfavorecido, David lambeu suas feridas por muitos meses antes de surgir como um folkie no estilo Bob Dylan, porém mais bonito e visando atrair muita atenção. Esse é o David Bowie que o mundo observou inicialmente em 1969, quando "Space Oddity", uma interpretação vagamente macabra de uma viagem espacial, deu-lhe o primeiro sabor do sucesso.

O Buda do Subúrbio

O subúrbio foi responsável pela explosão do rhythm & blues britânico. As maiores afrontas do punk rock foram criadas lá. E David Bowie também. O subúrbio, ambiente preferido por pessoas reservadas que procuram um refúgio tranquilo longe do pó e da sujeira da vida urbana, é injustiçado. Mas seus modos simples e sua reserva sufocante provaram muitas vezes ser uma ajuda criativa valiosa. Parece que nada estimula mais a imaginação do que a zona de conforto demarcada por cortinas de linho e ruas sem saída arborizadas.

David Bowie geralmente ficava muito envergonhado por seus anos passados na zona de conforto; não era o estilo dele. As biografias costumam descrevê-lo como o garoto de Brixton, um ambiente totalmente distinto e que sugere agitação, perigo e *glamour* das ruas. Não que o pequeno David Jones tenha visto muito disso; sua família partiu do sul de Londres quando ele tinha 6 anos, optando por uma pequena residência em Bromley, Kent. Foi lá que David cresceu antes de o fascínio do centro de Londres tê-lo feito se mudar.

Anos depois, em 1993, Bowie recordou mentalmente as paisagens de sua juventude em uma trilha sonora ótima, mas pouco afetiva, para *The Buddha Of Suburbia*, uma adaptação televisiva em quatro partes do romance de Hanif Kureishi, de 1990. Kureishi era um entusiasta de Bowie e também planejou sua fuga enquanto frequentava o Bromley Tech; Bowie dificilmente falharia em se reconhecer no título, mesmo que a perso-

1.1

Página ao lado: Antes de 1962, Bowie estava usando um pseudônimo, intitulando-se Dave Jay durante seus anos com o grupo The Kon-rads, que tocava em casas noturnas. O nome foi inspirado em Peter Jay & The Jaywalkers, que, de acordo com Bowie, é uma das duas bandas britânicas "que sabiam algo sobre saxofones".

St. Matthews Drive, Bromley, cena da gravação de *Buddha Of Suburbia*, de Bowie. Ele deu um belo chute no arbusto à direita.

MOLDANDO-SE

Com Billy Idol, 1990. "É um tipo de amálgama de Billy e das impressões de Hanif do que eu provavelmente era. A roupa prateada, eu acho, era definitivamente eu." – opinião de Bowie sobre o personagem Charlie Hero na adaptação da BBC de *The Buddha Of Suburbia*.

nagem que procura se tornar popular no livro seja baseada em um contemporâneo de Kureishi, o astro punk Billy Idol.

Pode-se dizer que a primeira roupa da infância de Bowie, uma fralda, influenciou posteriormente a veste de lutador de sumô que ele usou no palco em 1973, mas os blocos de construção que o ajudaram a moldar sua vida, e a forma como ele se apresentava, tinham pouca relação com as roupas. Um garoto de escola simpático e um jovem popular, com um interesse entusiasmado maior do que a maioria por brincar de cowboys e índios, David foi introduzido à vida além da zona de conforto por seu meio-irmão, Terry. Terry, que era muitos anos mais velho, era um fã de jazz com estilo *beatnik*. Ausente muitas vezes, sua influência foi inicialmente simbólica: ele se tornou o primeiro ídolo de David, cujos modos excêntricos inevitavelmente alimentaram a posterior não conformidade do irmão.

Um *outsider* em virtude de sua condição de filho de Peggy Jones, de um relacionamento anterior, Terry continuou a exercer uma estranha influência na imaginação de David até seu suicídio, em 1985. Depois de ele adoecer durante meados dos anos 1960 e ser diagnosticado com esquizofrenia, uma doença que parecia ocorrer na família, Bowie ficou assustado, mas também fascinado. De suas diferentes *personas* dos anos 1970 até músicas pessoais (uma, "All The Madmen", notoriamente proclamava que os internados em asilos eram "todos tão sãos como eu"), a insanidade se tornou um tema permanente no trabalho de Bowie.

A vida de fantasia de David Jones foi posteriormente estimulada pela América, uma casa de diversão tecnicolor cheia de invenções e fábricas de sonhos, e pelo rock'n'roll, que introduziu uma série de malfeitores de visual estranho, e também que soam estranhos, em sua vida. Ele tinha 9 anos em 1956, quando o rock'n'roll arrebatou a Grã-Bretanha, mas já tinha idade suficiente para seguir dois de seus astros mais impressionantes visualmente – o malvado e mal-humorado Elvis Presley e o chamativo Little Richard. Os astros fascinavam David. Seu pai lhe deu um livro de autógrafos e o levou aos bastidores para conhecer Tommy Steele. David ficou encantado pela fama.

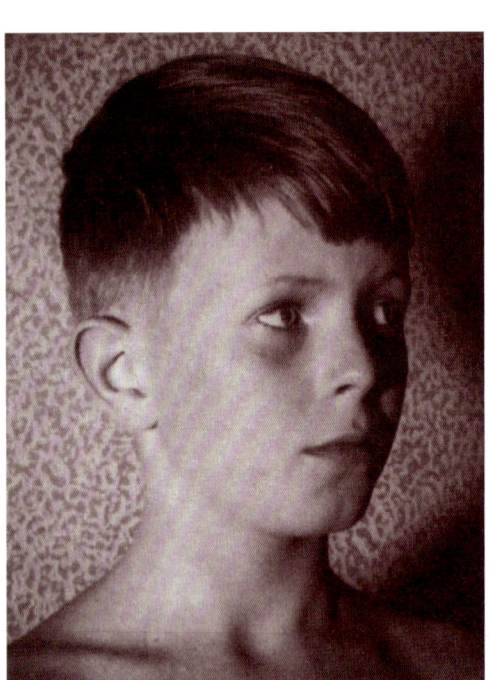

David garoto. Por volta de 1953, a família Jones trocou Brixton por Bromley – "a região miserável", recorda Bowie.

A fralda de Aladdin em Glasgow, 1973.

Página ao lado: Maio de 1964. "Esta noite, Matthew, eu serei Tommy Steele."

Bowie Transforma o Pop

Bowie: "Eu sempre fui acusado de ser frio e insensível. É porque eu ficava intimidado em tocar as pessoas."

Às vezes não me sinto como uma pessoa, sou apenas um conjunto de ideias de outras pessoas. Você não ouviria Mick Jagger, Bob Dylan ou Pete Townshend falarem assim, mas, em junho de 1972, conforme a Ziggymania o transformava no artista mais comentado do pop, David Bowie estava mudando o conceito de Star em sua cabeça. Parecia ser tanto sobre produção e manipulação quanto sobre música.

No começo do ano, Bowie já havia previsto com alegria seu estrelato, e então deixou seu *alter ego*, Ziggy Stardust, fazer todo o trabalho pesado por ele.

A mídia felizmente o batizou de "A primeira estrela do rock dos anos 1970", sabendo bem que a frase havia sido inventada pelo empresário de Bowie. Por 18 meses, Bowie/Ziggy representou totalmente o papel de Superstar. Apenas jornalistas e fotógrafos preferidos tinham acesso a ele; turnês na Grã-Bretanha, nos Estados Unidos e no Japão eram conduzidas de uma maneira geralmente reservada à realeza; um bando de seguranças musculosos o cercava sempre, enquanto a comitiva de assistentes viajava para todos os lugares de limusine. Um mantra, "O Sr. Bowie não gosta de ser tocado", era recitado como se a passagem segura para uma vida feliz após a morte dependesse disso. Enfatizando a produção do estrelato – usando pseudônimos fictícios, exagero, e aproveitando a plasticidade hollywoodiana –, Bowie revelou e explorou a fantasia pop. A arte estava em desconstrução: o resultado, conforme Bowie sempre pretendeu, era a coisa real. O que ele não pôde prever foi a escala de seu sucesso; igual às lendas Garbo e Valentino, quanto mais distante e "falso" ele se tornava, mais crescia sua popularidade. Ninguém havia levado em consideração o desejo reprimido por estrelas do passado – glamorosas, imponentes e providas de mistério insondável.

David Bowie não foi o primeiro Superstar produzido, mas foi o primeiro a fazer da criação uma parte integral de sua empreitada. Usando o artifício de um *alter ego*, Ziggy Stardust, seu desejo pela fama era tanto uma busca quanto uma meta. É esta técnica de distanciamento que reside no âmago do sucesso de Bowie. Roqueiros que vieram antes de Ziggy (com a possível exceção de Bob Dylan) foram essencialmente homens unidimensionais, cujos talentos eram medidos de acordo com as regras de competência poética ou musical. Bowie expandiu as regras para incluir elementos visuais, então modificou totalmente a forma deles com uma condição de sabedoria e vazio que conduziu o artifício para a arte. Era o fim da inocência.

A fim de não cometermos os mesmos erros de nossos predecessores menos informados, o efeito de Bowie também impactou o estilo musical. As sementes de uma crise potencial já haviam sido semeadas por Marc Bolan, cuja ostentação tirada do rock'n'roll dos anos 1950 irritou puristas progressivos que suspeitavam que isso era meramente nostalgia vinda da porta dos fundos. Conforme comentou Roy Hollingworth, do *Melody*

Abaixo: Greta Garbo e Rodolfo Valentino, ídolos distantes da era do cinema mudo.

Maker, em abril de 1972: "É sua vez de dizer à geração mais nova que eles não sabem o que é música de verdade?", ele perguntou aos leitores.

O ressurgimento do formato de música de três minutos com três acordes por Bolan realmente desprezou o avanço do rock de duas décadas. Mas era tão ruim? A pressa por se tornar uma figura respeitável da arte baseada em arquétipos da literatura e da música clássica estimulou uma infiltração de LPs duplos onde peças morais absurdas, geralmente inspiradas por Tolkien, seriam tocadas da controvérsia de um músico frenético?

Em oposição a esse cenário, a invenção rápida de Bowie de um cânone do rock alternativo – que incluía os americanos e sórdidos propagadores do trash Iggy Pop e The Velvet Underground e os malfeitores de Midlands Mott The Hopple – inevitavelmente ofendeu a sensibilidade crítica. Como a pose de estrela substituta de Bowie, os efeitos só foram realmente sentidos após o punk.

Quando Bowie fez sua grande estreia em 1972 com Ziggy Stardust, ele brincou de gato e rato com uma das principais referências do rock – a identidade.

Quando Ziggy se tornou Aladdin Sane, e Bowie se tornou um "gafanhoto" para o qual a atuação era uma busca mais proveitosa do que a falsa noção de se descobrir, as próprias bases do rock estremeceram. Bowie declarou que era gay, assumiu o papel de um andrógino de terras alienígenas e forçou o público a se confrontar com sua sexualidade. As certezas despencaram. Seus shows se tornaram extravagâncias multimídia que incorporavam mímica, teatro e cinema. Suas músicas, enganosamente simples, mas elaboradas com habilidade, podem até ter sido imitações. David Bowie podia ser um intelectual astuto ou um grosseiro vergonhoso, um visionário romântico ou um *bricoleur* pós-moderno antes de isso ter sido contemplado. Uma coisa era certa: durante 1972 e 1973, ele alterou o visual, o som e o significado do rock'n'roll. Apenas com essa realização, ele assegurou um lugar vital na história.

"A jaqueta era importada da França e feita de náilon, apesar de aparentar ser de couro. Ele chamava essa roupa de seu 'visual plástico James Dean' e posava com esta atitude: Ziggy Stardust, estrela do cinema, avistado em Hollywood, exposto para o seu prazer." – fotógrafo Mick Rock

Acima: A "butique cantante" em ação.

Bowie Transforma o Pop

Bowie vestindo um macacão preto, de plástico e todo costurado, desenhado por Kansai Yamamoto, que comentou: "Bowie tem um rosto incomum. Ele não é nem homem nem mulher. Existe essa aura de fantasia que o cerca. Ele tem talento".

ESTILO BOWIE

Haywood Stenton "John" Jones, pai de David, trabalhou para a instituição de caridade para crianças Dr. Barnardo's Homes. Nos anos 1960, Bowie ocasionalmente cantava para os órfãos.

Acima: Quando você é garoto, eles o vestem com uniforme. Bromley Tech era "a área elegante". Eu era um rapaz da classe trabalhadora indo para a escola com os nobres."
Abaixo: Uma cena semiautobiográfica de *Furyo – Em Nome da Honra*, em 1982.

John Jones era um homem firme e convencional, cuja principal influência sobre seu filho era sua reserva de classe média baixa. Depois de anos, Bowie relembrou sua "disciplina de ferro" e a mentalidade de tempo de guerra que marcou a geração de seus pais. Em uma entrevista de 1968 para o *The Times*, ele se queixou: "Sentimos que a geração de nossos pais perdeu o controle, desistiu, eles temem o futuro... Sinto que é basicamente por culpa deles que as coisas andam tão ruins". A inocência e a felicidade da infância são coisas que Bowie recordou muitas vezes durante o começo de sua vida adulta. Não havia nada de ambivalente em um verso como: "*I wish I was a child again/I wish I felt secure again*" [Queria ser criança de novo/Queria me sentir seguro de novo], que ele cantou em 1966. Seu primeiro LP, lançado no ano seguinte, era praticamente um lamento por uma infância reprimida: Existe uma terra feliz [*There is a happy land*], ele insistia, onde adultos não são permitidos ["*adults aren't allowed*"].

A puberdade quebrou o encanto da irmandade universal e encorajou a competição e, em retorno, o desenvolvimento pessoal. Na Bromley Technical High School (1958-1963), o adolescente David gostava de arte e perseguia as meninas. Mais do que isso, o garoto de escola magricelo desenvolveu uma necessidade compulsiva de se destacar entre a multidão e de testar os limites do gosto popular. As duas fotografias do tempo de escola revelam a transformação. À esquerda, em 1959, o pré-adolescente David, com seu corte de cabelo regrado e seu uniforme elegante, aparenta ser totalmente o aluno-modelo. Quanto à segunda (*abaixo*), tirada em 1962, seu corpo está inclinado de forma provocativa e sua cabeça está coroada com um topete estranho e moderno, com uma mecha loira grossa, acrescentada para um efeito dramático. Ele se tornou o clássico adolescente rebelde, cheio de atitude e autoconsciência.

Almost Grown. "Ele sempre estava envolvido em muitas coisas. David sempre quis ser diferente, embora naqueles tempos ele fosse apenas um desses rapazes." – George Underwood, amigo de longa data.

Página seguinte: "Eu não tinha senso de elegância e estilo quando criança, mas gostei disso depois. Um pouco tradicional".

Bowie comemorou seu aniversário de 50 anos com uma celebração notável no Madison Square Garden, Nova York, 1997.

EU SOU SEU FÃ

Em 9 de janeiro de 1997, Bowie celebrou seu aniversário de 50 anos (com um dia de atraso) diante de uma plateia de 20 mil pessoas no Madison Square Garden, em Nova York. Sem reviver os Spiders From Mars. Sem Iggy Pop ou Mick Jagger ou Tina Turner. Em vez disso, Bowie se cercou de alguns dos seus amigos mais distintos, como Sonic Youth, Billy Corgan – do Smashing Pumpkins –, Foo Fighters, Frank Black – ex-Pixie – e Robert "O que eu faço com esse batom?" Smith – do The Cure. O único outro cara mais velho era Lou Reed. Às vezes, porém, cabe aos novos aspirantes procurar Bowie...

Suede. Essa estratégia rendeu algumas capas de revistas extras ao Suede e assegurou ao insaciável Anderson uma reunião com Bowie para um encontro de cúpula e uma capa na *NME*.

Nine Inch Nails
A máquina de barulho tão detestável de Trent Reznor pegou carona na etapa americana da turnê *Outside,* de Bowie, que, sem coincidência, incluía "Hallo Spaceboy", música inspirada pelo Nine Inch Nails. Reznor remixou duas músicas de Bowie, "The Hearts Filthy Lesson" e "I'm Afraid Of Americans", e trabalhou com muitos músicos de apoio de Bowie.

Suede
Após 20 anos, a estratégia "Sou Gay... mas talvez não seja" foi revivida por Brett Anderson, do

Morrissey
O aficionado por glam Morrissey dividiu o palco com Bowie em 1991 para uma versão de "Cosmic Dancer", de Marc Bolan, e persuadiu Mick Ronson a produzir seu álbum de 1992, *Your Arsenal*, que incluía a música *à la* Bowie "I Know It's Gonna Happen Someday", com um encerramento ao estilo "Rock'n'Roll Suicide". "David Bowie tocando Morrissey tocando David Bowie" era muito bom para se perder, disse Bowie, que imediatamente regravou a faixa para *Black Tie White Noise*.

Nirvana
A reputação de David Bowie recebeu um estímulo inesperado quando a banda de Kurt Cobain, adepta ao grunge, fez uma apresentação excelente de "The Man Who Sold The World" para o especial da MTV *Unplugged*, em 1993. Apenas poucos meses depois, Cobain, nas palavras de sua mãe, "juntou-se àquele clube idiota", um "suicídio do rock'n'roll" na vida real. Cinco anos, foi tudo o que ele teve.

Placebo
Brian Molko, com seus olhos pintados de preto, estudou as estratégias de Bowie de perto. E ele foi generosamente recompensado com uma colaboração em estúdio – "Without You I'm Nothing" –, muitas menções de seu nome e uma aparição com David Bowie no show do Brit Awards de 1999.

ESTILO BOWIE

Uma rara sessão de fotos para publicidade dos Kon-rads, por volta de 1963. "Nós usávamos blazers de veludo dourados, eu me lembro, e calças de *mohair* marrons com gravatas de cores verde, marrom e branca, eu acho, e camisas brancas. Uma estranha combinação de cores."

Página ao lado: A pupila dilatada no olho esquerdo de Bowie, o aparente legado de uma briga com o amigo George Underwood, pode, como alguns sugerem, ter sido causada por um acidente com uma hélice de brinquedo.

Por volta de 1962, o visual *teddy boy* já pertencia à década anterior, mas remanescentes isolados do estilo – gravata fina, calça reta – ainda ganhavam reputação entre os garotos de 15 anos. Naquela época, os estilos já estavam sendo misturados, e os sapatos de bico fino alongado e as camisas com botão no colarinho de David, ambos importados recentemente da Itália, eram uma evidência do crescente visual modernista, um estilo sofisticado e em aspiração que contrastava com a postura agressiva de classe trabalhadora dos *teds*. Bowie posteriormente demonstrou entusiasmo pela nova geração ao jornalista Timothy White: "Estes não eram os *mods* chatos (que) chegavam de scooters... Eles vestiam roupas muito caras; eram bem-arrumados. E a maquiagem era uma parte importante disso; batom, blush, sombra de olho e base completa... Era muito elegante".

Chique, moderna e altamente individualista, a ética dos *mods* provou ser instantaneamente sedutora para aspirantes a dândis como David Jones e seu amigo, George Underwood. Mas seu espírito competitivo algumas vezes ia além da moda e da música. Uma discussão por causa de uma garota chamada Deirdre, em 1962, terminou quando George deu um soco no olho de David, deixando-o com uma característica definitiva que até mesmo ultrapassou sua contrariedade em se destacar sendo "diferente" – uma pupila dilatada permanentemente em seu olho esquerdo que deixa a impressão de que um olho é muito mais escuro do que o outro.

The King Bees, 1964. George Underwood está à extrema esquerda. David afirmou que os outros membros eram "alguns caras de Brixton que eu conheci em uma barbearia".

INFLUÊNCIAS E HERÓIS

Influências e heróis têm um papel importante na vida e na obra de Bowie.
Um entusiasta nato, que não pode evitar compartilhar sua paixão por escritores pouco conhecidos ou novas tendências musicais, Bowie praticamente inventou o capital cultural confeccionado sozinho. Fetichismo da mercadoria? Talvez. Uma exibição vazia? Bem, ele tem uma taxa de rotatividade, mas isso é mais um reflexo de seu anseio por novas ideias.

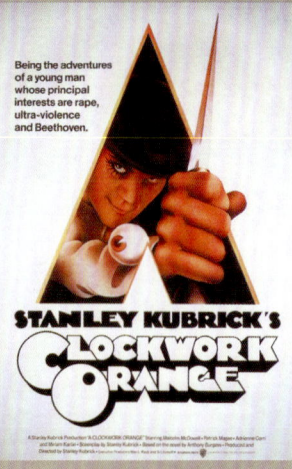

Filmes e ídolos do cinema forneceram a Bowie uma fonte inesgotável de material, dos quais ele tirou alguns títulos para suas músicas, algumas imagens para as capas de seus álbuns. Ele até fez uma ou duas contribuições memoráveis para o cinema.

Laranja Mecânica

O filme de Stanley Kubrick para o romance de Anthony Burgess provou ser tão perturbador que o diretor o retirou dos cinemas um ano depois de seu lançamento em 1971. Promovido como "as aventuras de um jovem cujos principais interesses são estupro, violência extrema e Beethoven", o filme foi plagiado por Bowie em seu visual, seu "*nadsat*" (vocabulário de rua) e em sua música tema, a versão com sintetizador Moog de Wendy Carlos à "Ode à Alegria" de Beethoven, que foi usada para anunciar a entrada dos Spiders no palco durante 1972 e 1973. A obra reapareceu como música de introdução da turnê *Sound + Vision*, de Bowie, de 1990.

Um Cão Andaluz

Burros mortos jazem dentro de pianos. Uma mulher, vestida em um traje masculino, cutuca uma mão decepada. Um ciclista inexplicavelmente cai de sua bicicleta. Seios anônimos são acariciados. Mas, antes de tudo isso, o olho de uma mulher é cuidadosamente cortado com uma navalha. O filme é *Um Cão Andaluz*, uma obra-prima do cinema de vanguarda feita pelos baderneiros surrealistas Salvador Dalí e Luis Buñuel. Exceto pela vez em que o Roxy Music o apoiou no Rainbow, esse curta-metragem de 17 minutos – projetado antes de seus shows da turnê Station to Station em 1976 – foi a melhor ação de apoio que Bowie já teve. E, talvez, a inspiração para a memorável piada de "jogar dardos nos olhos de amantes" ["*throwing darts in lovers' eyes*"].

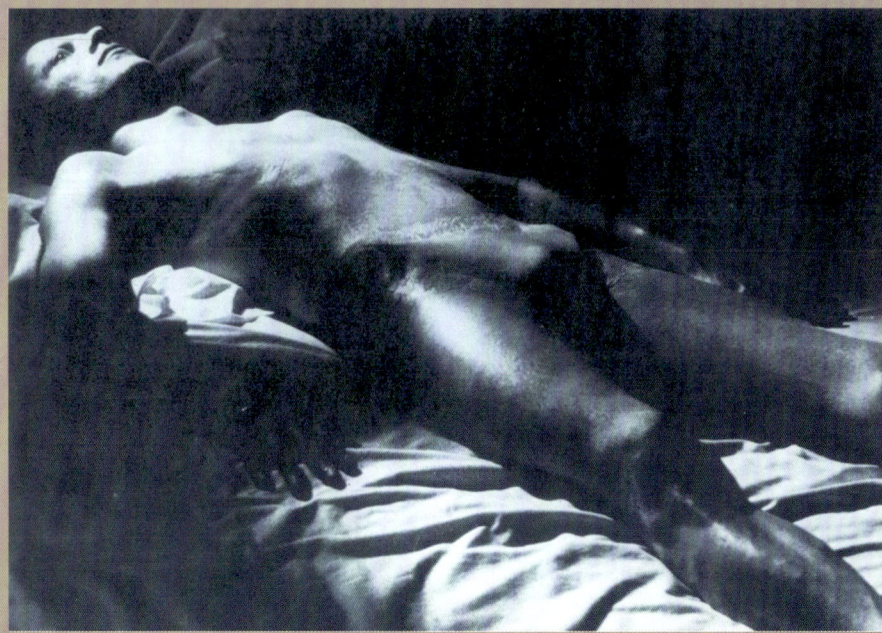

Bowie interpretando o alienígena no filme de 1976 de Nic Roeg, *O Homem que Caiu na Terra*.

FASCINADO PELO CINEMA

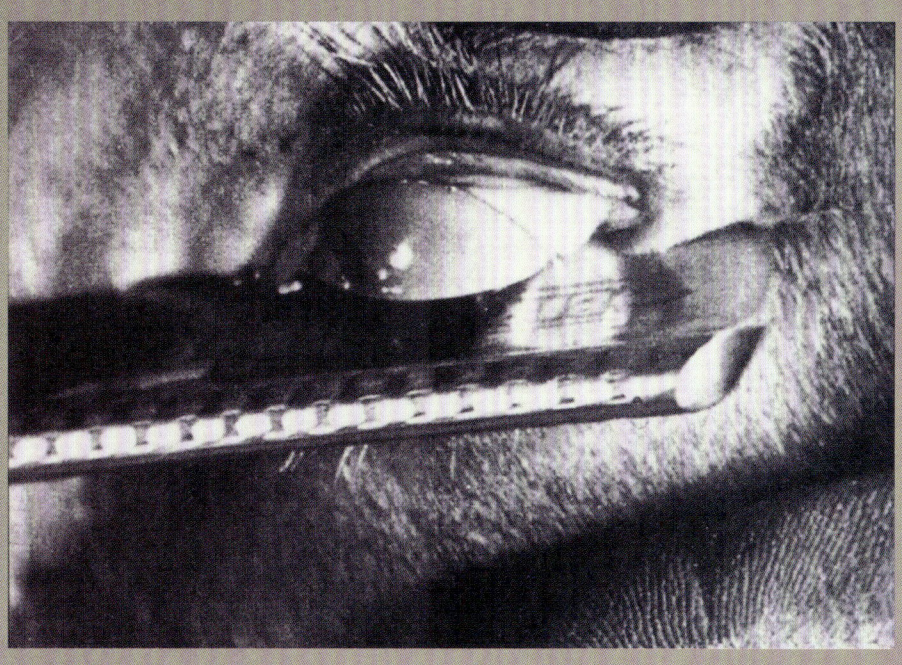

O curta-metragem surrealista de Buñuel e Dalí, *Um Cão Andaluz*, com sua cena controversa do corte no olho, contribuiu com uma ação de apoio surpreendente à turnê de Bowie de 1976.

Metropolis

A obra-prima de 1962 de Fritz Lang do cinema expressionista alemão, um estudo futurista da gloriosa *art déco*, atraiu a atenção de Bowie por causa de Amanda Lear. Depois de assistir ao filme, no início de 1974, ele devorou tudo que podia achar sobre Lang e assuntos relacionados. Muitos anos depois, Bowie estava pronto para fazer uma oferta pelos direitos do filme, até o produtor Giorgio Moroder obtê-los antes dele. *Metropolis*, e outro clássico expressionista *O Gabinete do Doutor Caligari*, forneceu a inspiração para todas as imagens no palco dos shows de 1976.

"Wild is the Wind"

Bowie reviveu a música-título desse melodrama [lançado no Brasil como *A Fúria da Carne*] de 1957, de George Cukor, estrelando Anna Magnani e Anthony Quinn, para *Station To Station*. No entanto, ele provavelmente só fez isso por causa da gravação dos anos 1960 de Nina Simone da música, a qual ele citou como a sua favorita.

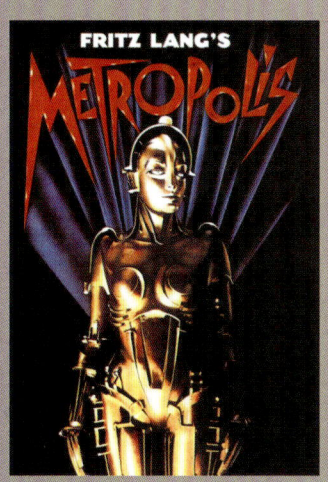

2001: Uma Odisseia no Espaço

Stanley Kubrick transformou uma história de Arthur C. Clarke em uma hipnotizante viagem de ácido cinematográfica em 1968. O desfecho – um astronauta à deriva no esquecimento – foi uma clara inspiração para a música de Bowie "Space Oddity"–, que também deve um pouco de seu sucesso à corrida espacial que teve fim em 20 de julho de 1969, quando Neil Armstrong se tornou o primeiro homem na Lua.

"Starman"

Aquele refrão soa familiar? "Era realmente para ser a versão masculina de 'Over The Rainbow', confessou o homem que já foi descrito como uma "Judy Garland para a geração do rock". A música se tornou popular por Garland no eterno *O Mágico de Oz* (*a esquerda*), de 1939.

"Beauty And The Beast"

A interpretação mágica de Jean Cocteau do conto de fadas *A Bela e a Fera* foi filmada em 1945 como *La Belle et la Bête* (*abaixo*). Bowie gravou sua versão para *"Heroes"*, de 1977.

INFLUÊNCIAS E HERÓIS

Richard Burton interpreta o "Angry Young Man", de Jimmy Porter, no filme *Odeio Essa Mulher*, de 1959, contracenando com Mary Ure, à esquerda, e Claire Bloom, à direita.

"Look Back In Anger"

Essa peça de John Osbourne, um texto central do movimento *Angry Young Men*, foi filmada por Tony Richardson em 1959 e popularizou a ideia do homem solitário protestando furiosamente contra sua má sorte [O filme foi lançado no Brasil com o título de *Odeio Essa Mulher*].

Lodger

O filme *O Inquilino*, de Roman Polanski, de 1976, foi um estudo mórbido sobre paranoia e insanidade, e, embora isso raramente seja reconhecido, uma provável fonte para o título do álbum *Lodger*.

"Dead Man Walking"

Sean Penn contracenou com Susan Sarandon nessa história real de meados de 1990, ganhadora de um Oscar [lançada no Brasil como *Os Últimos Passos de um Homem*].

"Seven Years In Tibet"

Sete Anos no Tibete, o relato de Heinrich Harrer como um ex-nazista fugindo dos Aliados que viaja para as montanhas do Tibete, onde se torna amigo do Dalai Lama, ofereceu o estímulo ideal para uma música de Bowie.

FASCINADO PELO CINEMA

1.2

É um Mundo Moderno

Entre 1963 e 1966, Londres se tornou a capital do estilo no mundo. Arrebatado pelo ruído ressoante da explosão da batida inspirada nos Beatles, a primeira geração pós-guerra da Grã-Bretanha se desfez da mentalidade do Serviço Nacional em favor de uma desordem de autoexpressão.

David Jones, já íntimo do espelho de seu quarto, estava perfeitamente pronto para se juntar à revolução cultural. Ele era obcecado por estrelato, gosto e estilo, o que, na verdadeira moda *mod*, mudaria conforme o clima. Sua atenção para tais assuntos lhe conferiu seu primeiro sabor da controvérsia da mídia quando, em novembro de 1964, foi convidado a um programa de televisão para defender o direito de os rapazes deixarem o cabelo crescer. Sua primeira preocupação, no entanto, foi talhar um nicho para sua cena musical. Infelizmente, era uma época para grupos, então David foi forçado a se juntar a outros músicos. Foi um período frustrante para ele, com o sucesso provando ser mais esquivo do que ele poderia imaginar.

Um Davie Jones recém-oxigenado com os King Bees, tocando "Liza Jane" no The Beat Room, da BBC2, junho de 1964.

Retrato de um jovem aficionado por arte. Usando calça de cetim, no flat do empresário Ralph Horton, em 1966.

"Eu não gostava de dirigir scooters", admitiu Bowie. No entanto, isso não o impediu de ter uma scooter personalizada para fins promocionais anos após a explosão do mod.

Usando botinas e terno com três botões com fenda dupla atrás: "Eu não gostava muito das roupas teddy. Gostava das roupas italianas. Gostava dos blazers e de *mohair*. Dava para conseguir um pouco dessas roupas localmente em Bromley, mas não de tão boa qualidade. Tinha de ir para Shepherd's Bush ou para East End".

PINTOR

I Am A World Champion, 1997 (abaixo). "Nem na música nem na arte tenho realmente um estilo, um jeito, ou uma técnica. Eu apenas mergulho, em uma onda de euforia ou em uma depressão que desintegra a mente."

Com *Head Of J.O*, de 1976, seu retrato de Iggy Pop, Los Angeles, 1990 (abaixo). No início dos anos 1990, Bowie mudou o nome de seu selo musical para Tintoretto Music, por causa do pintor italiano renascentista.

Durante o início dos anos 1970, David Bowie transformou o rock aplicando conceitos de arte contemporânea a um meio que vivia na sombra do Romantismo do século XIX. Ele se comparou a uma pintura de Rosetti, mencionou Andy Warhol a quem quer que ouvisse e buscou elevar a performance do rock ao *status* de grande arte. Bowie até se tornou patrono do artista belga Guy Peelaert, que foi contratado para pintar a capa do LP *Diamond Dogs*, de 1974.

Bowie era um esteta, com certeza, mas um artista plástico? Não de acordo com esta ironia dita durante uma entrevista em 1973: "Quando eu era um estudante de arte, costumava pintar, mas quando decidi que não era bom em pintura, comecei a escrever, para dizer as coisas que queria dizer por meio da pintura". Os tempos mudaram. Hoje, Bowie está tão envolvido com as belas-artes quanto com o rock. Ele não é apenas um patrono, mas um editor, um crítico e, mais importante, um artista expositor.

Seu interesse pela pintura foi estimulado por um professor da escola de arte. As aulas de arte de Owen Frampton encorajaram a liberdade de expressão, e David floresceu sob a direção de seu mestre, obtendo uma rara qualificação na matéria. Seu talento artístico também foi percebido em casa, onde ele pintou imagens como as das cavernas nas paredes de seu quarto.

Frampton, cujo filho guitarrista Peter também estava destinado a uma carreira musical, ajudou David a encontrar seu primeiro emprego como artista gráfico estagiário em uma agência de publicidade em West End. Ele ficou por seis meses. Fazer chá e tarefas servis tiraram seu entusiasmo. O estrelato pop, que lhe daria controle e fama, provou ser muito mais atraente. Foi quando isso falhou, e ele ficou sob as asas de um novo empresário, Ken Pitt. O entusiasmo de Bowie pela arte foi redespertado pelo de Pitt por Aubrey Beardsley e os vitorianos tardios.

Mas a grande revelação veio quando ele

descobriu Andy Warhol. Warhol trabalhou com as superfícies brilhantes da sociedade consumista, como latas de sopa e de coca-cola. Mas ele também engrandeceu horrores modernos, como a cadeira elétrica, acidentes de carro, o desejo da mídia por ver sofrimento. Ainda mais intrigante era a *persona* de Warhol, tão vaga quanto uma tela em branco. Possivelmente esta é a sua maior obra.

Fulham, 1995, com amostras de seu trabalho (em sentido horário, a partir da esquerda): *Little Stranger, Metal Hearth And The Black Coat*, 1993; *The Crowd Pleasers*, 1978; *The Remember II*, 1995; *Ancestor*, 1995.

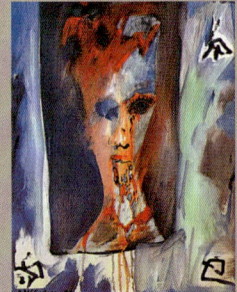

Bowie Spewing, de Paul McCartney, 1990 (à direita). David: "Quando se é um artista, você pode fazer tudo, em qualquer estilo. Uma vez que tem os instrumentos, todas as formas de arte são iguais no fim".

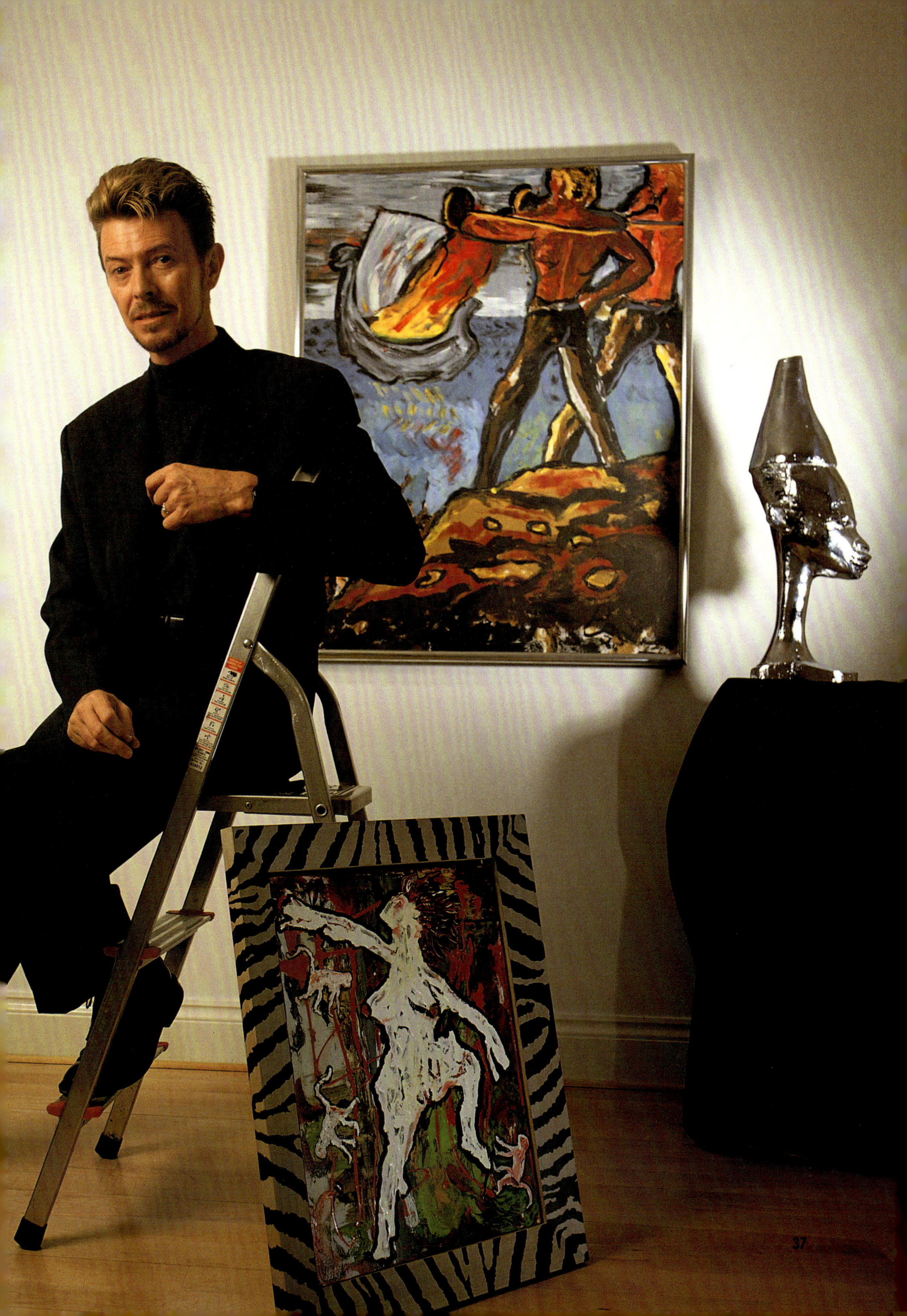

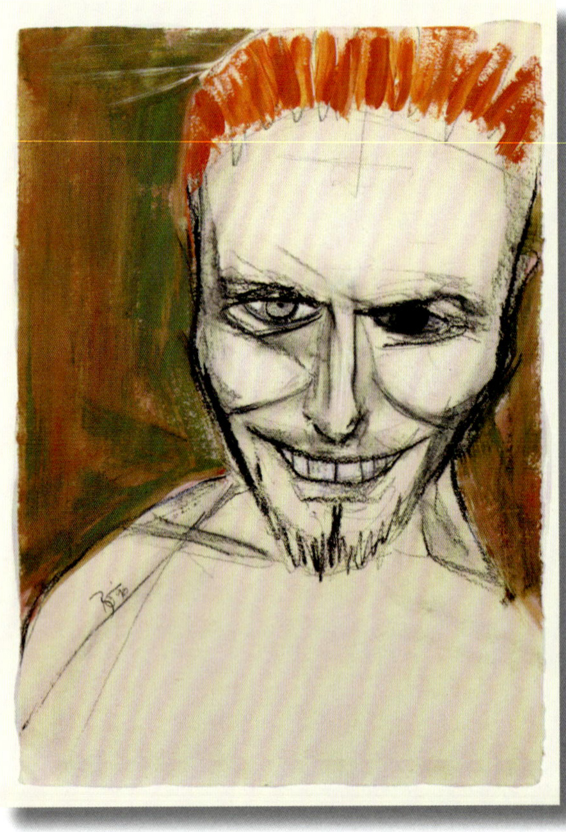

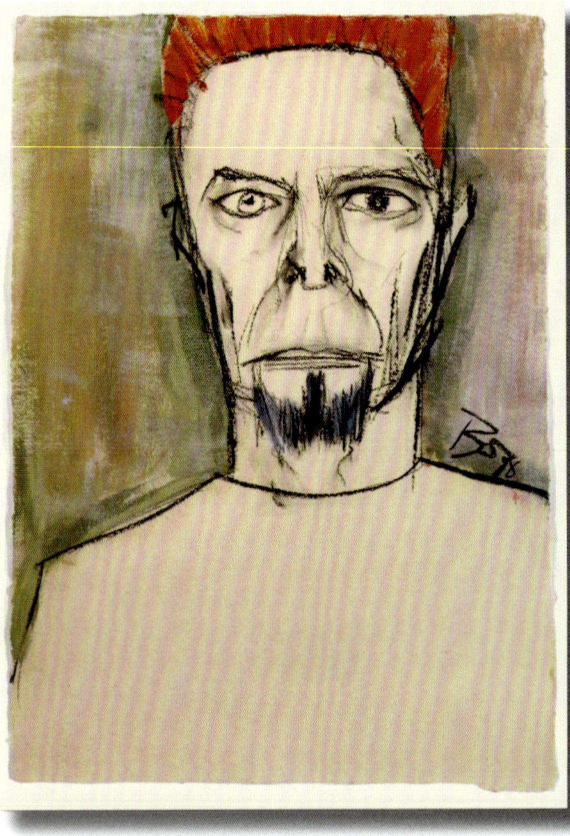

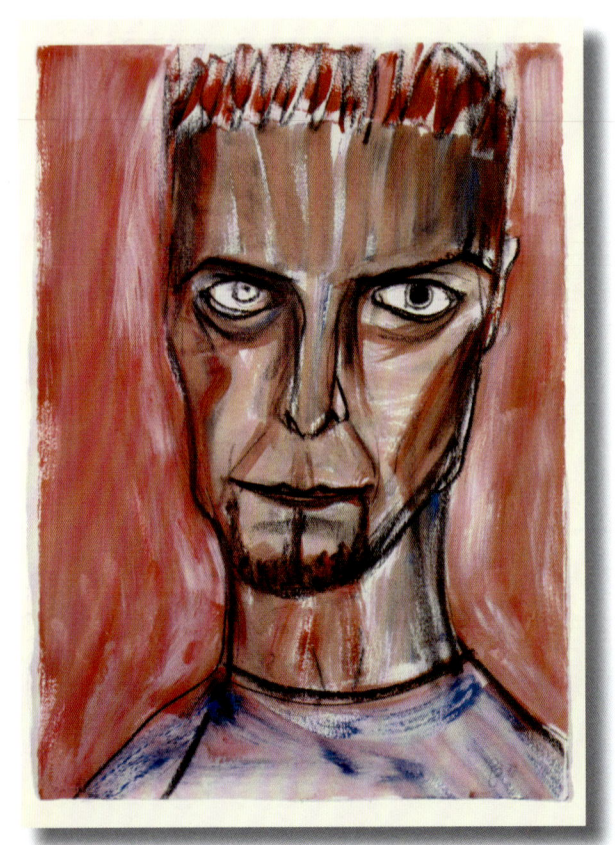

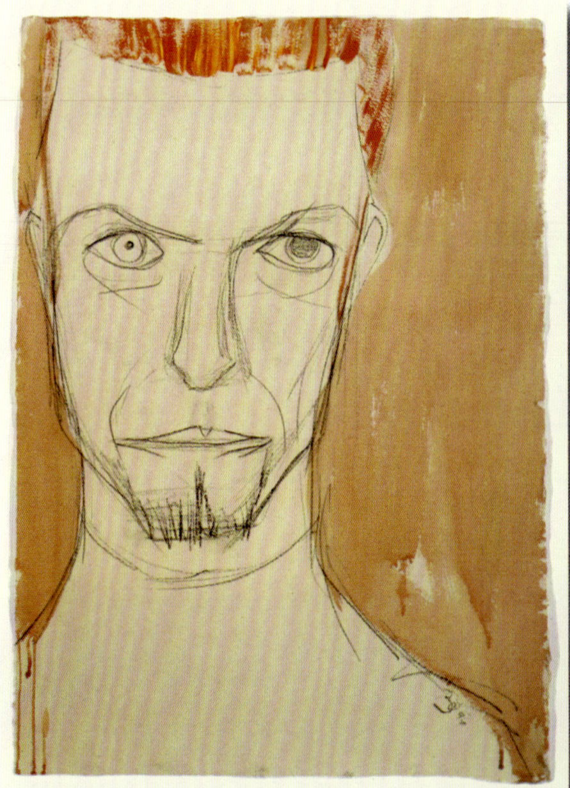

Quanto mais Bowie lia sobre arte moderna, mais percebia que o rock ainda estava na idade das trevas. Picasso e Dalí confundiram o público com mudanças repentinas no estilo e evidente autopromoção décadas antes. A arte provou ser poderosa o suficiente para resistir às estratégias antiarte dos dadaístas e dos surrealistas, cujas bombas-relógios visuais ameaçaram tornar a arte irrelevante. Todos esses assuntos estimularam Bowie e ajudaram a moldar a base intelectual para sua obra no início dos anos 1970. Bowie sempre rabiscava – o produtor Jeff Griffin, da Radio 1, lembra dele fazendo o rascunho, inspirado em Ziggy, de *The Entertainer Who Is Shot On Stage*, durante uma sessão de gravação em 1972. Mas foi durante as filmagens de *O Homem que Caiu na Terra*, em 1975, quando Bowie teve tempo e um deserto árido de sálvias no Novo México para contemplar, que ele começou a desenhar a sério. Na época da turnê de 1976, ele carregava um livro de desenhos para todos os lugares.

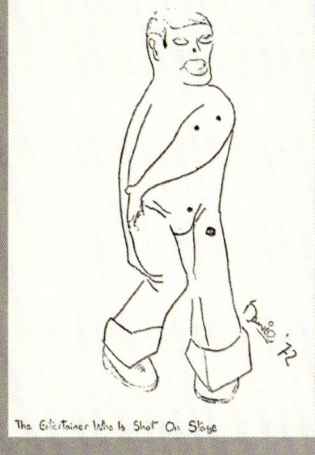

Seu desejo por arte se tornou totalmente intenso. Ele continuou a pintar, ocupou-se com livros didáticos e monografias de artistas, começou a investir em obras contemporâneas pouco conhecidas e se tornou um visitante assíduo do Museu Brücke de Arte Expressionista em Berlim Ocidental.

Retrato do artista em quatro partes. "Self Portraits", de 1996, disponível em www.bowieart.com.

Duas pinturas na coleção do Brücke inspiraram capas de álbuns: *Roquairol*, de Erich Heckel, forneceu o modelo para a pose envolvente de Iggy Pop em seu álbum com a colaboração de Bowie, *The Idiot*, de 1977; enquanto a pose similarmente angular do autorretrato de Gramatté foi adotada por Bowie em seu álbum *"Heroes"*. Uma terceira, a intensa e assustadoramente presciente *Lovers Between Garden Walls* (era Berlim, lembre-se), de Otto Mueller, foi uma inspiração para a faixa-título. As aspirações artísticas de Bowie e suas conexões foram mais bem percebidas durante os anos de 1990.

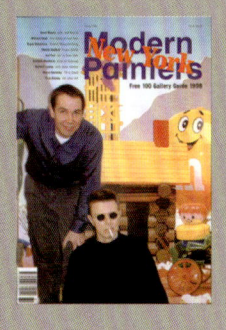

Acima, à direita: Com Balthus, no chalé deste em Rossinière, Suíça, junho de 1994.
À direita: Com Damien Hirst, em Cork Street, Londres, abril de 1995.

Em 1993, ele se juntou à equipe da revista trimestral *Modern Painters*, onde contribuiu com artigos e críticas sobre vários assuntos, incluindo Tracey Emin, Julian Schnabel e Jeff Koons (*com Bowie, acima*), arte africana e um artigo de 12 mil palavras sobre Balthus. Ele fez corte à geração BritArt, particularmente a Damien Hirst, com quem contribuiu um pouco de *"spin art"*. Ele também é um dos diretores da 21, editora especializada em livros de arte. Os títulos até agora incluem *Blimey!*, do artista/crítico Matthew Collings, e a biografia do artista fictício Nat Tate, de William Boyd.

A primeira vez que Bowie exibiu uma série completa de trabalhos de arte foi em

A tela *Selbstbildnis in Hiddensoe*, de Walter Gramatté, de 1921, foi a inspiração parcial para a capa do álbum "Heroes".

1994, quando *We Saw A Minotaur* foi incluída como parte de *Little Pieces From Big Stars*, uma coleção de arte de celebridades para arrecadar fundos. Em abril de 1995, a The Gallery In Cork Street montou sua primeira exibição sozinho, *New Afro/Pagan And Work 1975-1995*, uma retrospectiva que incluía obras figurativas influenciadas pelo Expressionismo, esculturas e desenhos de papel de parede gerados por computador. A maior parte da coleção foi vendida (uma obra faturou a respeitável quantia de 17.500 libras), estimulando uma segunda exibição na Basileia, Suíça, no ano seguinte. Desde então, Bowie se tornou cada vez mais fascinado por imagens geradas por computador, as quais ele agora vende por meio de seu *website* BowieArt.

Apesar de todo o comentário da mídia sobre misturar

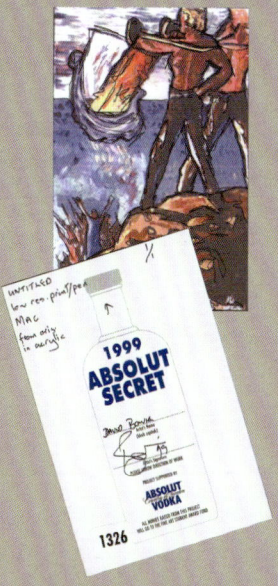

Acima: Bowie recentemente adaptou The Crowd Pleasers para uma exibição no Royal College of Art, onde a identidade do artista é apenas revelada após a compra. O preço? Apenas 35 libras.

informações, os críticos acharam difícil aceitar as aspirações de Bowie na arte. Afirmações como "Eu sou um populista da arte média e um budista pós-moderno que está ocasionalmente surfando pelo caos do fim do século XX" provavelmente não são a melhor forma de acalmar seus detratores. De acordo com sua agente, Kate Chertavian, essas suspeitas estão erradas: "Acho que a credibilidade dele cresce a cada ano e com cada projeto bem-sucedido que ele realiza". Ela declara que a obra dele permanecerá, "em parte porque ele é um dos primeiros a misturar meios como estes de maneira bem-sucedida".

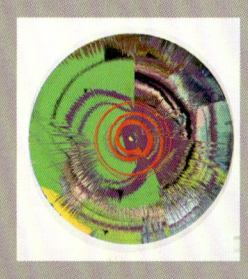

Damien Hirst e David Bowie... Beautiful, Hello, Space-boy Painting, 1995.

ESTILO BOWIE

"Eu não cortaria meu cabelo pelo Primeiro Ministro, sem falar na BBC", declarou Davie, desafiador, em março de 1965. Com ele está o produtor de TV Barry Langford, que reacendeu o debate sobre cabelo comprido para divulgar seu novo programa na BBC2, Gadzooks!

Seguro dentro da BBC Television Centre, antes da apresentação de "I Pity The Fool", com os Manish Boys. Bob Solly, organista: "Todos nós queríamos cantar. Só o deixamos participar porque (o agente) Les Conn nos deu a impressão de que a pessoa que estava vindo era o cantor americano negro de blues, Davy Jones!".

Antes de se aventurar no cultuado mundo do R&B e no universo elegante dos mods, David estreou no meio musical com uma banda de covers local, The Kon-rads. As primeiras sessões de fotos publicitárias mostram o grupo elegantemente vestido com ternos e gravatas combinando. David, surpreendentemente loiro e com um perfeito corte de cabelo com topete típico dos anos 1950, era o líder da banda e o foco visual, apesar de ser o membro mais inexperiente.

No início de 1963, ele ostentava o corte de cabelo dos Beatles, que estava na moda, encorajando a banda a considerar sua apresentação (aparentemente ele sugeriu que usassem ternos zoot ou roupas do Velho Oeste) e escrevendo suas próprias canções. Evidentemente, ele abandonou os antiquados e seguidores de fórmula The Kon-rads. Em vez disso, começou a fazer incursões às lixeiras da Carnaby Street à procura de roupas italianas caras jogadas fora, e apostou na música contundente que emergia dos clubes de Londres.

O rhythm and blues (R&B), um subproduto da cena jazz, foi a maior contracorrente musical em 1963, e uma força comercial dominante nos dois anos subsequentes, graças ao sucesso de grupos como The Rolling Stones, The Animals, The Yardbirds e Them. Mais que um estilo musical, o R&B era uma missão; seus seguidores eram fanáticos, geralmente rapazes rebeldes que invejavam o sucesso dos Beatles e de grupos de Merseyside, mas que os viam com suspeita.

Ao adotar a música, a atitude e o linguajar do homem negro americano, os rapazes brancos suburbanos ocuparam o alto nível cultural. A beatlemania era adorável, seguia o corte de cabelo dos Beatles e se encontrava em toda a parte. O R&B era seu primo grosseiro e pobre, que preferia ficar de fora, olhando para dentro.

Aproximadamente no ano seguinte, David Jones investiu em um par de calças casuais e coletes e ingressou no R&B. Menos preocupado com debates sobre purismo e "autenticidade" (ele preferia as novas tendências do jazz/soul do que os pais fundadores de Chicago e Mississippi Delta), ele liderou uma série de bandas (Dave's Reds & Blues, The Hooker Brothers), parecendo totalmente um aspirante a Brian Jones (Rolling Stones) ou Keith Relf (Yardbirds).

Depois de alguns falsos começos, David se juntou aos King Bees, cujo único single de 1964, "Liza Jane", se perdeu em meio à grande corrida pelo ouro do R&B. No entanto, a experiência permitiu-lhe satisfazer sua própria paixão pela moda, e como um rei dos King Bees, "Davie" incrementou o visual de colete tradicional e camisa com colarinho alto com um par bizarro de botinas. O dandismo não parou por aí, ele usava muitos anéis, uma gravata de cor brilhante e exibia um corte de cabelo em camadas que praticamente dobrava o tamanho de sua cabeça.

Dentro de meses, essa aparência de gnomo foi substituída pela completa aparência Keith Relf. O cabelo bob comprido e loiro favorecia mais suas feições proporcionais, emoldurando seu rosto clássico como uma "dolly bird", dos Swinging Sixties. Era um visual que testaria a paciência de qualquer cabeleireiro e aumentou a ira dos rapazes inconsistentes em cada esquina.

Agora vocalista com os Manish Boys, David foi "feito" presidente da International League For The Preservation of Animal Filament [Liga Internacional pela Preservação do Filamento Animal], posteriormente da Society For The Prevention of Cruelty To Long-Haired Men [Sociedade pela Prevenção de Crueldade a Homens de Cabelo Comprido], uma brincadeira publicitária arranjada por seu agente. Isso fez com que o nome dele aparecesse nos jornais, reclamando que "todos os que têm a coragem de deixar o cabelo crescer abaixo dos ombros têm de passar pelo inferno", e na televisão, onde ele disse ao apresentador do *Tonight*, Cliff Michelmore: "Nos últimos dois anos, temos ouvido comentários como 'querida' e 'Posso carregar sua bolsa?' lançados a nós, e acho que isso deve parar".

Em uma entrevista de 1964, David insistiu: "Eu antes alcançaria, como um Manish Boy, o *status* do qual Mick Jagger desfruta como um Rolling Stone do que acabaria como um artista solo pouco conhecido". Com seu grupo seguinte, The Lower Third, ele teve as duas formas, adicionando seu nome com o prefixo. Impaciente e ainda desesperado em busca de sucesso, ele moldou o grupo baseado no The Who, saltando do visual mod dos anos 1960, de Carnaby Street, para uma levada mais metropolitana do R&B. O primeiro single do grupo, "You've Got A Habbit Of Leaving", era uma nítida apropriação do som do The Who; eles até persuadiram Shel Talmy, o produtor do The Who, a participar da sessão.

Os Manish Boys em Mote Park, em Maidstone, 1964: "Há muitos criminosos lá. Foi a única vez na vida em que fui espancado. Esse grande idiota simplesmente bateu em mim na calçada e continuou a me chutar. Eu não tenho muitas boas memórias de Maidstone".

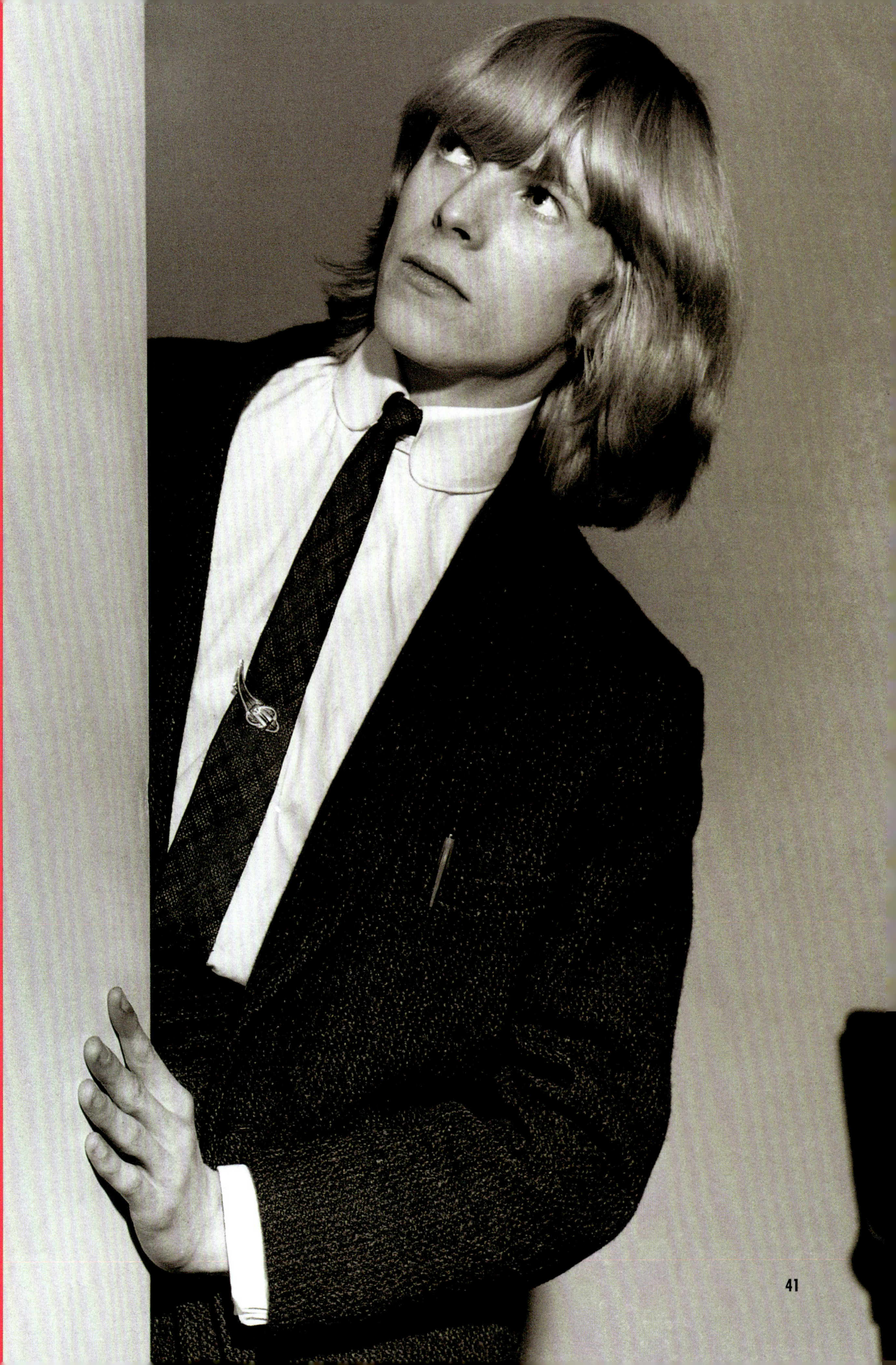

INFLUÊNCIAS E HERÓIS

Os espetáculos do artista mímico Lindsay Kemp se tornam sempre mais elaborados, mas a tanga continua a mesma.

Elvis Presley

"Eu vi uma prima minha dançar quando eu era bem novo. Ela estava dançando 'Hound Dog', de Elvis, e eu nunca tinha visto ela se levantar e se mexer tanto por alguma coisa. Isso realmente me impressionou, o poder da música." O David Jones aos 12 anos disse a um professor que pretendia se tornar "o Elvis britânico" – ele compartilhava com Elvis o mesmo dia de aniversário, 8 de janeiro.

Terry Burns

O meio-irmão mais velho de David era bonito, preocupado com sua imagem e, diferente de seu irmão mais novo, sempre em conflito com a família Jones. Ele apresentou David a livros beat, jazz e de filosofia, mas sua piora por causa da esquizofrenia, que se tornou um tema recorrente no trabalho de Bowie (mais notável em "All The Madmen" e "The Bewlay Brothers"), o levou ao suicídio, em 1985, inspirando outra música, "Jump They Say". "Eu vi tão pouco dele, e acho que exagerei sua importância para mim", disse David em 1993. "Eu inventei esse culto ao herói para descarregar minha culpa e meu fracasso, e para me libertar de meus problemas emocionais." No cartão que acompanhava suas flores no funeral, Bowie escreveu: "Você via mais coisas do que podíamos imaginar...".

Lindsay Kemp

Ken Pitt apresentou Bowie a formas burguesas de arte. Em 1967-1968, o dançarino com estilo próprio Lindsay Kemp, que treinou com o mestre da mímica Marcel Marceau, convidou Bowie para um mundo mais relaxado que girava em torno do Dance Centre, do Covent Garden. Lá, Bowie aprendeu sobre maquiagem, controle do corpo e personagens extravagantes, dos tipos que ele não encontrou nos círculos pop. "Maravilhoso, inacreditável", disse Bowie anos depois. "A coisa toda era tão excessivamente francesa, como o existencialismo da Rive Gauche, lendo Genet e ouvindo R&B. A vida boêmia perfeita."

Anthony Newley

Um intervalo decididamente estranho na longa marcha de Bowie pela descoberta de sua "verdadeira" voz foi a apropriação do estilo cortês do sotaque cockney do antigo astro do showbiz Anthony Newley. Seu álbum de estreia de 1967 poderia muito bem ter sido intitulado Bowie canta Tony. "Sim, temos um novo Tony Newley aqui, certo", disse com escárnio um crítico da *New Music Express*.

Jacques Brel

Bowie descobriu o cantor belga francófono Jacques Brel em 1967, por meio de um álbum tributo criado por Mort Schuman. "My Death", de Brel, foi um elemento fixo no repertório de Bowie entre 1969 e 1973, período em que foi totalmente integrado ao esquema de Ziggy. Outra música de Brel, "Port Of Amsterdam", foi lançada como lado B em 1973; nesse meio-tempo, a famosa conclusão "You're not alone", de Ziggy, também foi inspirada por Brel.

Scott Walker

O errante líder dos Walker Brothers, que pôs fim à banda e embarcou em uma carreira solo genuinamente enigmática, provou a Bowie que correr riscos musicais não significa necessariamente seguir as últimas tendências *underground*. Walker fez cover de músicas de Brel, encheu suas letras com referências cultas e cinematográficas e, David admitiu em 1993, namorou uma das primeiras namoradas de Bowie.

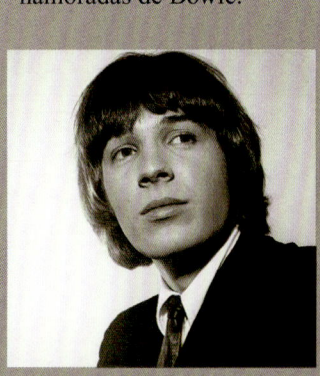

TODOS OS VELHOS CARAS

Ao lado, Jagger no Hyde Park, 1969. "David tem muito mais essência do que Mick. Bowie é um direcionador absoluto de tudo o que está na moda." – Nicolas Roeg, diretor de Performance.

Tony Visconti relembra a breve contribuição de Bolan (abaixo) em "London Bye Ta Ta": "Pouco antes de David cantar 'I loved her, I loved her', há uma guitarra bem alta e ruidosa – é o Marc".

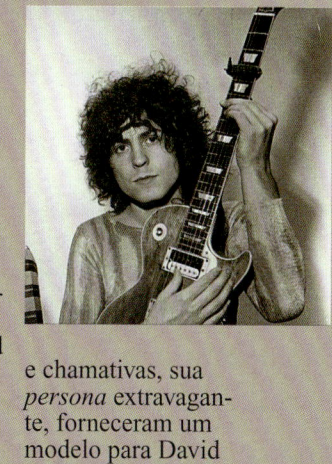

Black Tie White Noise inclui uma versão de "Nite Flights" de Scott, de um LP inspirado por "Heroes", de Bowie.

Mick Jagger

Bowie sempre teve uma admiração secreta pelo líder do Rolling Stones, um mestre dos disfarces, cuja habilidade de se transformar com o tempo proporciona o modelo para a longevidade do rock'n'roll. A roupa branca de Jagger feita por Mr. Fish, elegantemente usada no show dos Stones no Hyde Park em 1969, precedeu o "vestido masculino" de Bowie. (David estava presente na apresentação ao ar livre onde ele ouviu a pré-estreia de "Space Oddity" no alto-falante.) O personagem brilhante que muda de *persona* em *Performance* (1968) antecipou os enigmas de interpretação de papéis de Ziggy e outros.

Ray Davies

A influência do líder dos Kinks, especialmente de suas vinhetas bem-observadas da vida em Londres, não pode ser subestimada. Bowie encerrou *Pin Ups* com uma versão intensa de "Where Have All The Good Times Gone", e também expressou reconhecimento a "All Day And All Of The Night" em uma turnê de 1996.

Syd Barrett

Bonito, surpreendentemente talentoso e condenado pela maldição amarga da tragédia, o compositor original do Pink Floyd pode ter sido desdenhoso quanto ao single "Love You Till Tuesday" de Bowie ("Eu não acho que meus pés saíram sapateando) em uma crítica de revista, mas sua profunda desgraçada sem dúvidas forneceu um material de base valioso para Ziggy Stardust. As letras de Barrett abordavam misticismo, viagem espacial, observação social e uma dose prejudicial de teimosia infantil, espelhando-se naquela de Bowie no final dos anos 1960. David fez um cover do hit "See Emily Play", do Pink Floyd, para *Pin Ups*, em 1973.

Buda

O interesse de Bowie por essa filosofia oriental foi descartado como um pouco mais que uma moda por Angie Bowie e Ken Pitt, mas referências a ela continuam a aparecer em seu trabalho. O legado mais duradouro do Budismo em Bowie pode ter impactado em um nível subconsciente. Reencarnação, a troca de uma identidade por outra, é uma crença budista. Ao romper com seu eu mortal em intervalos regulares, pode-se dizer que Bowie estava simplesmente acelerando o processo.

Marc Bolan

Bowie não era o único aspirante a ex-mod de uma região fora de moda de Londres a alterar o curso do rock britânico do início dos anos 1970. Seu companheiro e um dia rival Marc Bolan, principal membro do T. Rex, com seus riffs de rock'n'roll revivalistas, suas roupas exibicionistas e chamativas, sua *persona* extravagante, forneceram um modelo para David se intrometer. Entre 1968 e 1970, eles tiveram o mesmo produtor, Tony Visconti, mas oficialmente colaboraram em gravações em apenas um dia, quando Marc tocou guitarra em "The Prettiest Star" e "London Bye Ta Ta", de Bowie. Depois de um período de intensa rivalidade, a dupla se reuniu brevemente para uma aparição no programa de TV de Bolan, em 1977, uma semana antes de Marc morrer em um acidente de carro. Bowie ocasionalmente interpretou o trabalho de Bolan, fazendo dueto com Morrissey em "Cosmic Dancer" e, em 1999, com o Placebo em "20th Century Boy".

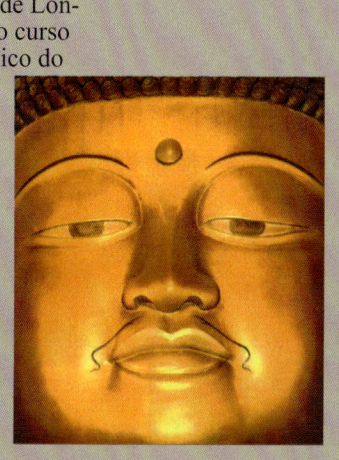

43

À direita: The Lower Third em Manchester Square, agosto de 1965.

Acima: Warwick Square, 1966. "Eu prefiro observar Londres de fora, e escrever sobre isso".

"Tinha alguns bons alfaiates. Eu costumava ir ao mesmo que Marc Bolan ia, um que era até bem conhecido em Shepherd's Bush. Eu me lembro de ter economizado e comprei um terno lá. Eu não tinha realmente um local para comprar roupas. Eu não vestia muito o que estava na moda, na verdade. Eu ficava bem feliz com coisas como Fred Perrys e um par de calças."

Ensaio para *Ready Steady Go!* com o The Buzz, março de 1966. O blazer era parte de um "terno bonito que foi feito em Burtons. De lã, com abotoadura dupla, com um toque eduardiano", relembra Bowie.

Conforme o estilo pop modernista de David se tornou mais extravagante, suas calças modernas, seus sapatos de bico achatado e o cabelo bufante altamente cultivado (e com laquê) apenas um passo adiante do grupo aventureiro, ele se tornou cada vez mais frustrado por falhar. The Lower Third abriu caminho para The Buzz, em 1966, mas sem mudanças apreciáveis no sucesso, David os demitiu antes do fim do ano, alegando dificuldades financeiras. O mais próximo que ele chegou do estrelato foi ir para as apresentações no Jaguar Mark X de seu empresário.

Mas a ajuda estava a caminho. Em setembro de 1965, o então empresário de David, Ralph Horton, estava discutindo sobre seu cliente com Ken Pitt, que contribuiu decisivamente para o sucesso de Manfred Mann um ou dois anos antes. Pitt o aconselhou que com tantos David Jones já lutando por um espaço nesse negócio, incluindo um jovem de Manchester, que em breve faria fama com os Monkees, Horton deveria se encarregar de considerar uma mudança de nome. Ele tinha usado o nome Dave Jay durante os tempos de The Kon-rads, mas para essa mudança decisiva ele se voltou para sua fascinação de garoto pelo Velho Oeste, e surgiu com um nome derivado de uma faca para caça popular usada por Jim Bowie, um herói na batalha do Alamo. Daquele momento em diante, ele seria conhecido como David Bowie.

Com a resposta masculina para o penteado de colmeia de Dusty Springfield, o artista antes conhecido como Jones visa um possível sucesso em carreira solo. Alguns afirmam que a mudança também foi inspirada por um tio misterioso que já havia sido abençoado com o nome Bowie.

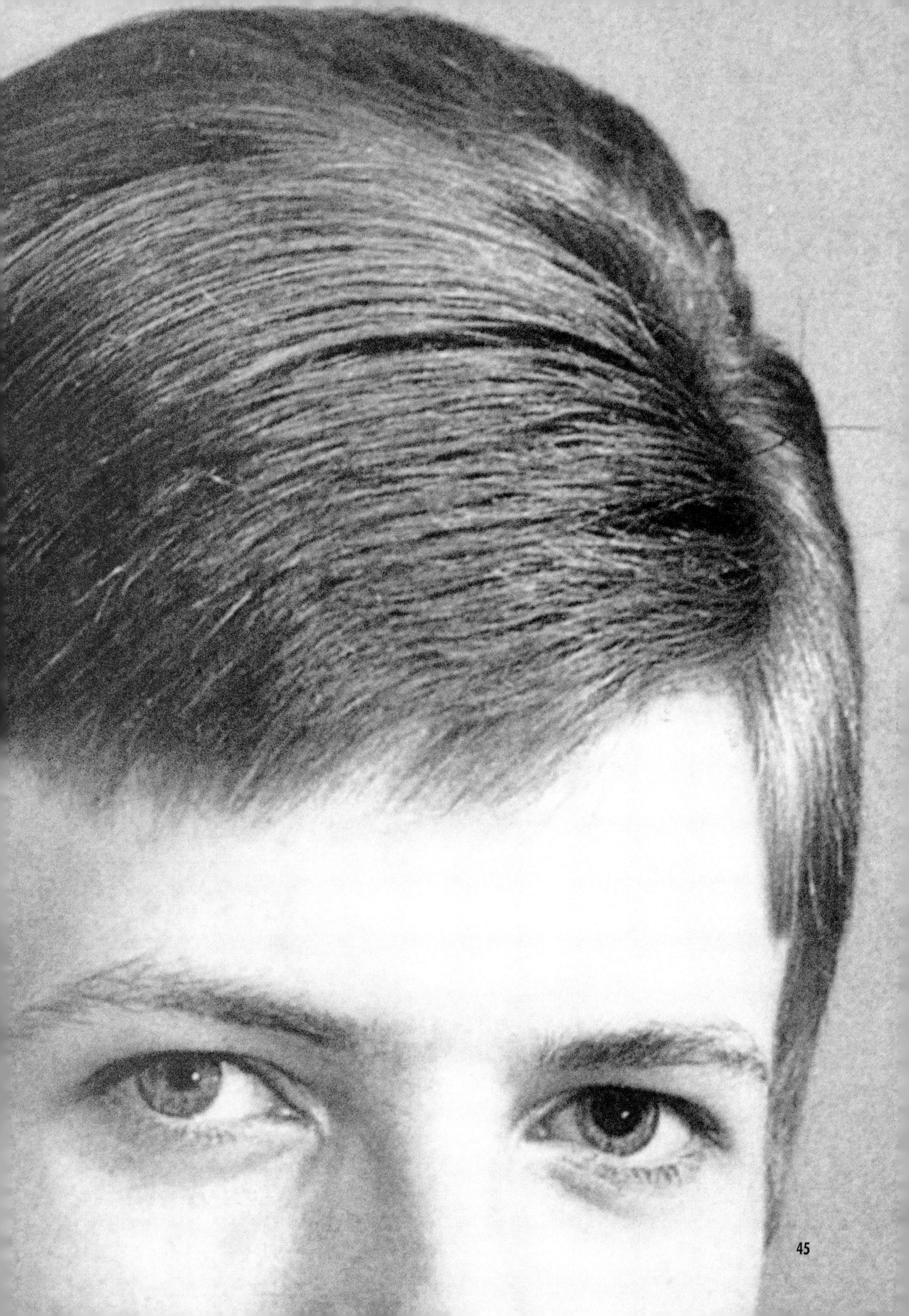

MICK ROCK

Bowie, fotografado com o fotógrafo Mick Rock, em julho de 1973: "David desenvolveu um senso verdadeiro de sua própria mística. Ele cria um estudo fascinante".

"Bowie é o primeiro artista pop a combinar a sensibilidade do cinema com aquela da manipulação da imagem no rock'n'roll, a apresentação autoconsciente do eu, é tão parte de sua natureza."

As fotografias de Mick Rock narraram os meses cruciais durante 1972 e 1973, quando Ziggy Stardust e Aladdin Sane estouraram no palco do mundo. Ele era o único câmera autorizado no grupo de Bowie regularmente durante esse período.

"A coisa visual é o que o estabeleceu, o exagero das roupas. Minha foto famosa dele mordendo a guitarra de Mick Ronson, que eles reproduziram como um anúncio em página completa no *Melody Maker*, foi vista por toda a parte, então isso ajudou muito. Quando eu conheci David, em fevereiro de 1972, durante os primeiros espetáculos de Ziggy Stardust, sua imagem era bem diferente do que ela se tornou no fim, quando ficou muito sofisticada. Ele tinha acabado de fazer o corte de cabelo. Estava mais loiro, mais na sua cor natural, mas não foi muito tempo antes de pintar no tom vermelho como conhecemos e amamos."

"Ele adora novidades, e irá incorporar quaisquer roupas ou movimentos ou atitudes novas no detalhe de seu repertório dentro e fora do palco."

Ele evidentemente captou o espírito da época de uma forma interessante. David é muito brilhante, mas ele também é extremamente intuitivo sobre pessoas e ideias. No verão, depois de Ziggy acabar, ele já estava produzindo o Lou Reed e o Mott The Hoople e estava impulsionando o Iggy. Ele se tornou influente muito rápido, não apenas em se tratando de rock'n'roll, mas em uma cultura mais ampla. Eu não acho que poderia se dizer que ele planejou isso tudo; ele era como uma força da natureza. David pensa muito positivo, sempre pensou, mesmo em seus momentos mais difíceis. Algo lhe aconteceu perto da época em que o conheci, e isso estimulou todo mundo em volta dele, inclusive a mim. Eu fui diretor de arte do álbum *Pin Ups* e reuni os filmes promocionais de "John, I'm Only Dancing", "Life On Mars?", "Space Oddity" e "The Jean Genie". Eu era um pouco Josef Goebbels naquele tempo! David tinha um jeito muito empático que o fazia inspirar os outros. Quero dizer, as pessoas ainda falam sobre *Transformer*, *Raw Power* e *All The Young Dudes* como sendo os álbuns mais significantes da carreira desses artistas. David era uma força centrífuga que direcionou esse momento mágico a tempo.

Foi tudo feito usando uma pequena quantidade de dinheiro, com ilusão. Eles raramente gastavam muito dinheiro com isso, não no princípio. A ilusão era dessa grande estrela, parecendo e atuando como uma estrela, e de repente ele se tornou uma. Marc Bolan era esperto e grande e chegou lá primeiro, mas ele não tinha o alcance e o poder de David, ou seu intelecto. David tinha uma música e um apelo visual notáveis; ele era ridiculamente glamoroso.

No fim das contas, acho que isso começou a exceder seus sonhos mais loucos. Ele cantava sobre ser uma estrela antes de ser uma; está tudo no álbum *Ziggy Stardust*. Antes dele, ninguém estava interessado nisso, especialmente na Inglaterra. Foi por isso que a negociação de *Hunky Dory* foi fechada nos Estados Unidos.

As sessões de fotos eram todas bem diferentes. Tirei algumas fotos ótimas em apresentações, porque ele sempre estava fantástico. Na verdade eu não era muito bom em fotos ao vivo, porque não tinha feito muitas antes de David, mas foi por meio dele que fiquei bom. Havia tanto comportamento de estilo em sua apresentação que ele era ótimo para se fotografar. Era como observar um caleidoscópio; ele simplesmente continuava mudando no palco.

Tirar as fotos aconteceu muito rápido. Havia pouquíssimo planejamento; era tudo ação, tudo sobre intercambiar e influenciar mutuamente, uma coisa intuitiva rápida. O controle do visual não foi criado. Simplesmente equivaleu a não permitir fotógrafos a entrarem e eles quiseram entrar mais ainda! Acho que ele foi o primeiro a jogar, e me tornei parte do jogo. Eu era o fotógrafo exclusivo porque ninguém mais estava interessada na época. Então tudo aquilo mudou e se tornou: "Só Mick Rock pode fotografá-lo". E isso funcionou muito bem.

Não fui avisado sobre aquela foto relacionada à felação, que tirei no Oxford Town Hall em junho de 1972 (*à direita*). Eu estava na frente do palco e, quando fui para o lado, David de repente fez isso. Eu me lembro dele saindo do palco e perguntando: "Você conseguiu pegar, você conseguiu pegar?". Eu não sabia se tinha sido planejado ou espontâneo, mas ele sempre estava buscando uma ação para romper fronteiras. E essa realmente fez isso!

Eu revelei as fotos na manhã seguinte e as levei ao escritório do GEM. David e Tony selecionaram a que eles mais gostaram e correram para imprimi-la. Os dois sabiam que aquela era uma imagem especial. Eles compraram uma página no *Melody Maker* e a divulgaram como um aviso aos fãs. Olhando para trás, é um pouco como Jimi Hendrix colocando fogo em sua guitarra ou Pete Townshend destruindo a sua. David deve olhar essa foto como sendo uma das principais imagens de sua carreira. Ela certamente fez uma declaração dramática e controversa.

A androginia estava no ar e David era, sem dúvida, a melhor manifestação disso. Era uma parte inata de sua personalidade. Para falar a verdade, David é muito mais um garoto – eu conheço muitas garotas com as quais ele fez sexo! Mas ele brincaria como os estudantes ingleses fazem, reunindo-

Página ao lado: Going Down I, com Mick Ronson, um momento seminal na história do rock. "Eu gosto muito de táticas para chocar. Eu quero alcançar as pessoas e obter uma reação. Eu não acho que tenha sentido fazer qualquer coisa artisticamente ao menos que isso impressione".

fazendo barulho no
o. Você não vê isso nos
ados Unidos, é uma coisa
to inglesa. Ele desen-
veu isso, o que se tornou
e dele.
le amava a câmera
ndo isso não era a ética
uele tempo. David daria
ocê o que você queria,
estava sempre disposto
so. Eu era capaz de traba-
isso, mas não me era
mitido fotografar Marc
an, pois ele e David
estavam se falando há
pos. Marc queria que
izesse coisas para ele e
ria mostrar o dedo para
id! Quando eles eram
s novos, foram próximos
um longo tempo, então
 deu errado. Quando
id cresceu, ele então se
iu generoso em relação
arc.
e sempre está disposto
go, mesmo atualmente.
nunca senta e fica; ele
 uma quantidade enorme
nergia. Ainda está no
role de sua imagem,
 agora também de seu
ino. Ele costumava ser
ante passivo quanto ao
 dos negócios, mas ago-
 envolve muito. Antes
ssinaria qualquer coisa
 ler, mas ele aprendeu
 seus erros."

47

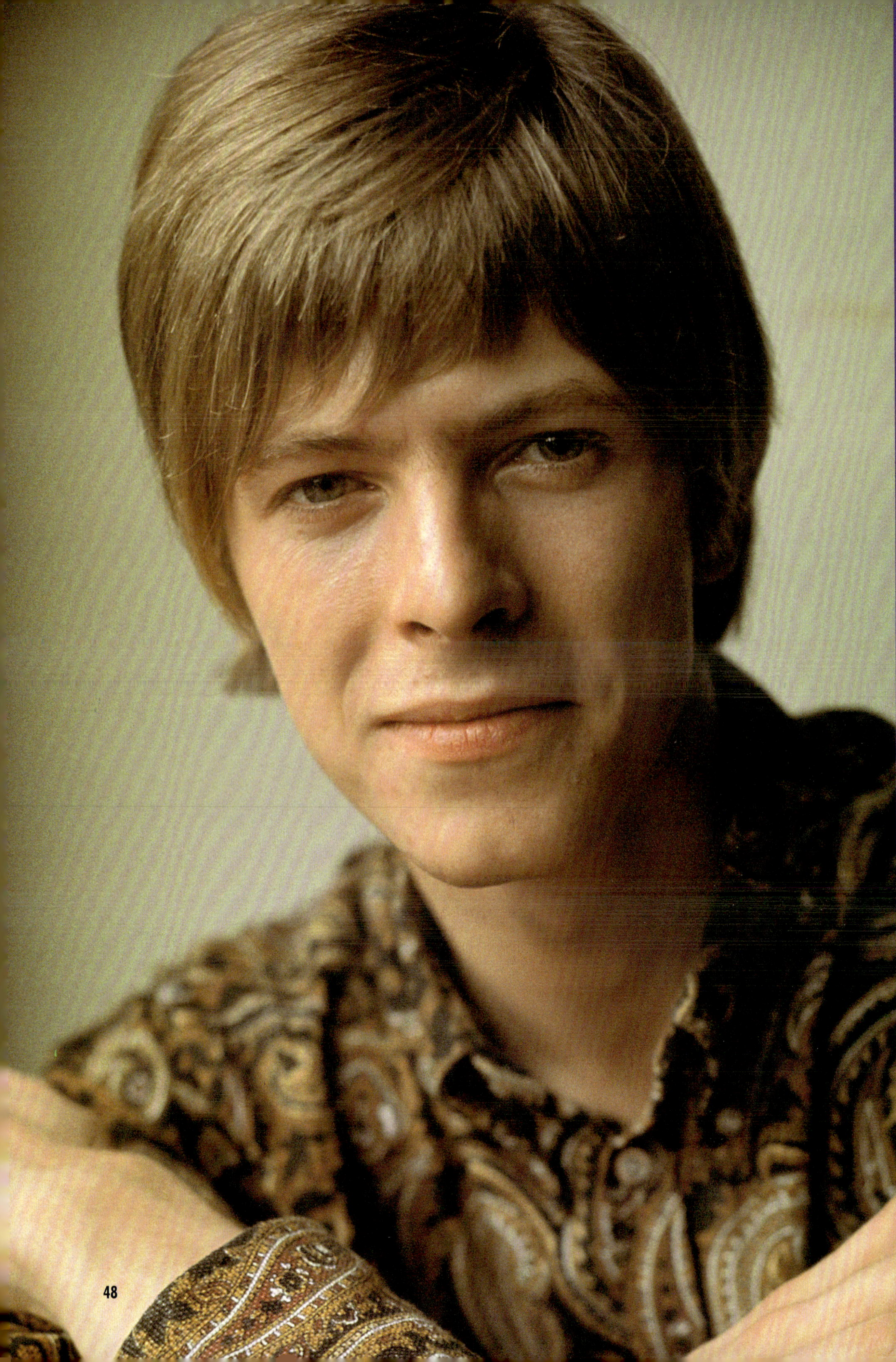

1.3

Bowie Renascentista

Em 1967, Bowie deixou os experimentos da juventude com o jazz, o R&B e a cena mod para trás. Ele se colocou sob a tutela do empresário Ken Pitt, ampliou seus horizontes artísticos prestando pouca atenção às tendências contemporâneas e começou a produzir um novo individualismo. A relação deles, narrada com carinho no livro de Pitt, *The Pitt Report*, foi, na opinião do cantor, "de certo modo, no estilo da de Pigmaleão". Bowie chegou a Pitt como um jovem marcado pela luta, desconcertado por três anos de fracasso profissional. Ele abandonou um pop star, seguro o suficiente em suas próprias habilidades de que poderia sair dos holofotes até as condições para um sucesso mais duradouro parecerem mais favoráveis. Ele disse posteriormente que era seu "período de aprendizagem".

A posteridade não foi sempre gentil com o papel de Pitt. Muitos acham que ele não tinha conhecimento do mercado que mudava rapidamente, no qual empresários poderosos como Peter Grant (Led Zeppelin) e Allen Klein (The Beatles, The Rolling Stones) não se intrometiam nos assuntos de criação de seus clientes, concentrando-se, em vez disso, em uma busca agressiva por dinheiro, segurança e mais dinheiro. Angie, ex-mulher de Bowie, rejeita o desejo de Pitt de moldar Bowie como uma "Judy Garland para a geração do rock", esquecendo-se de que durante o início dos anos 1970 Bowie se tornou quase exatamente isso. Sob Pitt, Bowie adotou uma voz exagerada de cockney como se ele aspirasse se tornar o Tommy Steele, ou o Anthony Newley da Love Generation. Talvez sim, mas o encorajamento de Pitt e sua dedicação à ideia de criar um pop star intelectualmente adepto e com muitas habilidades forneceu a base para o sucesso futuro de Bowie.

No entanto, a sede de Bowie por sustentação intelectual não foi totalmente criada por Pitt. Suas aspirações além da moda e da fama pop foram evidentes já em fevereiro de 1966, quando o *Melody Maker* publicou "Uma Mensagem para Londres de Dave": "Eu quero atuar. Gostaria de interpretar personagens. Acho que se tornar outra pessoa requer muito; requer alguma ação... Para mim, toda a ideia da vida ocidental – esta é a vida em que vivemos agora – está errada. No entanto, esses são conceitos difíceis de serem colocados em uma música". Um comunicado atual ecoa a mudança nos termos visuais: "As roupas estranhas, o cabelo comprido e aparência louca se foram, e, em vez disso, encontramos um vocalista e compositor calmo e talentoso em David Bowie".

Na primeira vez em que Pitt pôs os olhos em Bowie, depois de uma apresentação em Marquee Club, em abril de 1966, o efeito foi imediato: "Seu carisma crescente era inegável, mas fui particularmente influenciado pela habilidade artística com que ele usava seu corpo, como se fosse um instrumento de acompanhamento, essencial para o cantor e a música". Ele também reconheceu o intelecto inato de Bowie e quis alimentá-lo.

Em junho de 1967, quando seu primeiro LP foi lançado, Bowie anunciou: "Eu gostaria de escrever um musical. E realmente seria o máximo se uma ou duas músicas minhas fossem bem populares, e usadas por artistas como Frank Sinatra".

Página ao lado: Usando estampa cashmere. "Ah, esta é adorável. Foi tirada por volta de 1967. Eu tinha 20 anos. Eu estou bem jovem, bem novo. Também há esta camisa psicodélica."

JOGOS GAYS

Este CD europeu de gravações dos anos 1960, com uma fotografia alternativa com um vestido azul-acinzentado, das sessões de foto de *The Man Who Sold The World*, surgiu em 1995.

À direita: Liverpool, junho de 1973, com sapato plataforma com estampa de palmeira. "Oh, foi fabuloso. O melhor show de todos." – Holly Johnson

Abaixo: David afeminado. Em Santa Monica, outubro de 1972. Michael Watts: "A imagem atual de David é como a de uma rainha afeminada, um lindo garoto afeminado. Ele é absolutamente gay desmunhecando e com seu vocabulário gay".

Em abril de 1971, o *Daily Mirror* publicou um fragmento sobre a capa do último álbum de Bowie, *The Man Who Sold The World*. O cantor foi fotografado em repouso em um divã envolto com veludo azul. Ele estava vestindo o que ele chamava

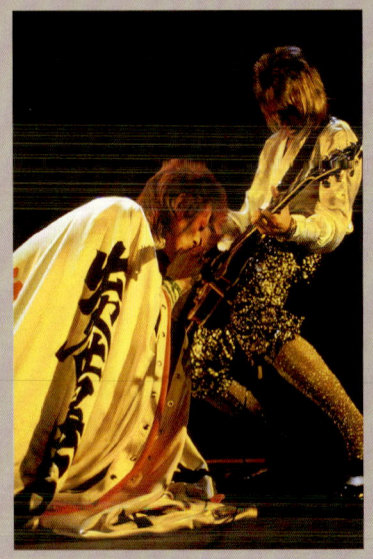

Going Down II: Ronno é atacado eroticamente durante "Cracked Actor", Earl's Count, maio de 1973.

de seu "vestido para homem". Contrariando a lascívia mal disfarçada do jornal, Bowie insistiu que não era "homossexual e todas essas coisas... minha vida sexual é normal". Meses depois, na sua entrevista mais famosa de todas, Bowie disse a Michael Watts, do *Melody Maker*: "Eu sou gay, e sempre fui, mesmo quando eu era David Jones". Nos anos seguintes, assuntos sobre sua orientação sexual foram considerados, mas deixados abertos à interpretação. Mas,

em 1976, Bowie confessou tudo para a revista *Playboy*, revelando uma bissexualidade intrínseca: "Não importa realmente com quem ou com o que foi, portanto que tenha sido uma experiência sexual. Então foi algum garoto da sala bem bonito, em alguma escola ou outra, que eu levei para casa e com o qual transei maravilhosamente na minha cama, lá em cima". Depois de 1979, o único "Rei do Camp Rock" continuou consideravelmente esquivo sobre o assunto, embora nos últimos anos ele tenha se referido a si mesmo como um "heterossexual enrustido".

A declaração "Eu sou Gay" de Bowie, em janeiro de 1972, foi um golpe de mestre que assegurou sua carreira. "A melhor coisa que eu já disse, eu suponho", ele confessou depois. Mas houve reservas. Charles Shaar Murray, da *NME*, lamentou o fato de que "foi necessário uma enorme quantidade de atos calculadamente exagerados para trazê-lo a um nível razoável de reconhecimento em massa". Com certeza era um ato vergonhoso de exagero, e mais bizarro considerando sua condição de homem de família – ele estava casado e tinha um filho pequeno –, e seu apetite apurado por *groupies*; a maioria delas eram mulheres ardentes.

No entanto, no mundo do rock, onde a homossexualidade era pouco reconhecida, seus comentários romperam com um dos últimos tabus. "Assim que seu artigo saiu", Bowie disse a Watts meses depois, "as pessoas ligavam e diziam: Não acredite nesse jornal. 'Você sabe o que você foi lá e fez? Você acabou de se arruinar'. Elas diziam: 'Você contou a ele que é bissexual'. E eu dizia: Eu sei, ele me perguntou!. Ninguém

vai se ofender por isso, todo mundo sabe que a maioria das pessoas são bissexuais". Infelizmente, apesar da proliferação de cabeleireiros unissex e butiques, eles não sabiam.

Havia um retrocesso inevitável. Os leitores escreviam expressando seus medos pelo que poderia se tornar um gênero ("fag-rock", sugeriu um) e especularam se ainda veriam o Elvis de drag. A *Music Scene* fez uma crítica ao que ela chamava de "A Tendência Feminina"; o respeitado crítico americano Lester Bangs soltou páginas e páginas de amargura sobre o "faggot rock".

Robert Christgau, do *Newsday*, questionou se "músicas sobre Andy Warhol escritas por um gay inglês (eram) suficientes para o público americano". A *Disc* perguntou: "Por que Bowie está se sentindo masculino?". A *Sounds* não poderia resistir a algumas insinuações de brincadeira, dizendo que o show de Bowie no Rainbow "quase não fez sucesso", e citando Elton John dizendo que Bowie "espalhou isso". Depois que o *Melody Maker*

fez de *Ziggy Stardust* o melhor álbum de 1972, um leitor reclamou que o jornal estava "agora adulando e lambendo as botas (cobertas de glitter prateado, é claro) de um artista drag... Se esse é o melhor álbum do ano em sua opinião invejada, o que esperaremos de sua escolha em 1973 – *Shirley Temple's Greatest Hits*? Deus ajude o rock". Seções da imprensa gay também estavam desconfiadas do show de aberrações da bissexualidade de Bowie, embora o movimento lésbico e gay geralmente recebesse bem o fato de que o assunto estava pelo menos sendo comentado. Peter Holmes, da *Gay News*, escreveu em 1972: David Bowie é provavelmente o melhor músico do rock na Grã-Bretanha atual-

Edimburgo, maio de 1973. Após 20 anos, ele se lembrou de sua entrevista ao *Melody Maker*. "Eu era bissexual muitos anos antes de eu fazer aquela afirmação, mas ela foi vista como uma grande jogada de marketing. Eu descobri que não era realmente bissexual, mas adorei flertar com isso, aproveitei o entusiasmo de estar envolvido em uma área que tem sido vista como um tabu social. Isso me entusiasmou muito".

mente. Um dia ele se tornará tão popular quanto merece ser. E isso dará ao rock gay um potente porta-voz". Um ano depois, a mesma revista antecipou o show de Bowie em Earl s Court com uma história de capa que dizia: "17 mil de nós estarão lá!".

A publicidade serviu bem para Bowie. Ele intensificou o debate adotando um visual cada vez mais andrógino, e demonstrando um ávido interesse por moda e teatro. A notícia pop de 1972 foi sintetizada em uma única fotografia: a foto tirada por Mick Rock de Bowie de joelhos "fazendo sexo oral" na guitarra de Mick Ronson foi rapidamente distribuída e, desde então, se tornou uma imagem que define o glam rock.

Fãs que investigaram as letras das músicas de Bowie para mais pistas descobriram muitas referências a uma certa sexualidade, algumas datam de seu LP de 1967. Na Espanha, um álbum de Bowie foi intitulado *El Rey Del Gay Power*.

A chegada de Bowie certamente expandiu a paleta de modelos de regra para uma geração de fãs do pop, e muitas celebridades gays importantes, ao revelar sua verdadeira sexualidade, desde então descreveram o efeito libertador que Bowie teve nisso. No entanto, no fim, a ambivalência sexual pessoal de Bowie pode ser mais bem compreendida no contexto mais amplo de sua obra. Tem mais a ver com a estética do afeminado do que ser gay. "O afeminado vê tudo entre aspas", escreveu Susan Sontag. "É a extensão mais completa, em sensibilidade, da metáfora da vida como teatro." E, conforme Sontag declara em seu ensaio "Notes On Camp": "A androginia é certamente uma das maiores imagens da sensibilidade afeminada".

Na região de Haddon Hall, a escolha de Bowie de roupa para o ar livre é menos do que apropriada.

Em 1993, Bowie refletiu: "Não acho que tenha feito algo que meus contemporâneos não tenham feito; a única coisa é que fui o único a falar sobre isso. Nos anos 1960, qualquer um que tivesse um senso de estilo aparentava ser gay. Eu queria me identificar com isso".

ESTILO BOWIE

Pierrot In Turquoise, no Mercury Theatre de Londres, março de 1968. A estilista do show, Natasha Kornilof, relembra: "Organza de seda! Aquela grande gola era rosa e marrom e eu a enrolei duas vezes em volta de seu pescoço, esse maravilhoso colarinho. Ele é um bom cabide de roupas".

Ken Pitt: "Agora você vê a origem de Ziggy Stardust. Ele estava tendo aulas com Lindsay Kemp. Eu não tinha ideia do que ele iria fazer. Ele correu de seu quarto e me fez prometer não olhar. Ele adorou isso. Apenas olhe essa mão, é totalmente Shirley Bassey".

Para isso, ele instalou Bowie em seu flat na Manchester Street, uma casa de solteiro de bom gosto, cheia de literatura clássica e pinturas. O círculo social de Pitt era notoriamente diferente de tudo que David conhecia. Colegas machões e fãs entusiásticas foram substituídos por empresários do showbiz e donos de negócios, chefes de gravadoras e agentes do teatro. Bowie foi encorajado a considerar uma carreira teatral. Para isso, Pitt o acompanhou a muitas produções importantes de Londres, incluindo *Oliver!*, de Lionel Bart, e *Aladdin*, estrelando Cliff Richard. E ele foi exposto à tradição musical europeia por meio do trabalho de Jacques Brel, que também foi acolhido pelo renegado Walker Brother Scott Walker. Quando ele não estava vestido para suas apresentações de mímica com Lindsay Kemp ou em seu uniforme de recruta para um minúsculo papel no filme *The Virgin Soldiers*, Bowie geralmente se parecia com um jovem Walker durante esses anos – polido mas com estilo, sério e frequentemente vestido com roupas escuras.

A visão ampla de Pitt sobre o talento artístico pop, com o cenário artístico crescente que surgiu no despertar da revolução hippie em 1967, encorajou Bowie a olhar além da composição. Isso foi porque Pitt foi incapaz de assegurar-lhe um novo negócio depois que o LP de 1967 de Bowie foi um fiasco. No entanto, David se ocupou com as aulas de mímica de Lindsay Kemp, interpretando o papel de Cloud em *Pierrot In Turquoise*, de Kemp, durante uma pequena turnê nacional. Ele escreveu peças e discutiu projetos de filmes com diretores promissores. No início de 1969, Pitt financiou um filme de 30 minutos, *Love You Till Tuesday*, ostensivamente para mostrar seu cliente com muitas habilidades. Apenas algo estava faltando: uma nova música. David veio então com "Space Oddity".

Lançada, mas não escrita, para coincidir com a chegada do homem à Lua, Space Oddity só apareceu mais tarde naquele ano, apenas semanas após a morte do pai de David. Os dois eventos apressaram o rompimento com Pitt. Desde 1967, o mundo mudou imensuravelmente, de forma que Pitt, um cavalheiro esteta com uma paixão pela cultura *fin de siècle* do período vitoriano tardio e uma desconfiança pela geração da TV, nunca poderia aceitar. (Quando Bowie adotou um corte de cabelo cacheado e despenteado, no estilo Bob Dylan, em antecipação ao perfil de seu público crescente, o desapontado Pitt enxergou apenas um "afro que deu errado".) Sucesso significava que Bowie agora tinha tanto a perder quanto a ganhar; seu aprendizado tinha acabado.

Na primavera de 1970, Bowie deixou de lado seu antigo mentor e se colocou nas mãos de seu novo empresário, Tony DeFries, e de sua esposa e grande líder de torcida, Angie. Não mais obrigado a manter um *status quo* pacífico com uma figura paterna, Bowie adotou o espírito contemporâneo com uma vingança: sexo, drogas, exibicionismo, indecência, tudo, na verdade, que ofenderia a sensibilidade mais tradicional de Pitt.

Threepenny Pierrot. "Foi um importante período de transição. A mímica não precisa de palavras."

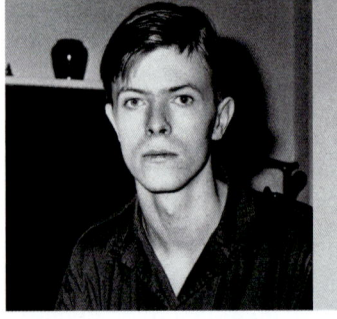

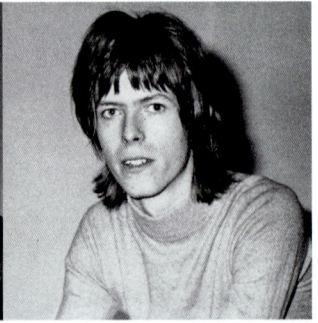

Acima, à esquerda: Outubro de 1968, Ken Pitt: "Ele estava indo para Elstree para fazer o pouco que tinha de fazer em The Virgin Soldiers (Bowie apareceu brevemente atrás do bar durante uma cena de luta). Pensei que podíamos explorar a situação. Eu tinha de tirar umas fotos dele usando o uniforme, então pedi a ele para trazê-lo para casa um dia. Tirei essa foto em seu flat em Clareville Grove".
Acima, à direita: "Esta foi tirada na noite antes de ele cortar o cabelo para o papel."

53

STARMAN: PRIMEIRA MORDIDA

"Laboratórios de arte deveriam ser para todos – não apenas para a minoria antenada... precisamos de energia de todas as direções, mentes e *skinheads* também."

A chegada do homem à Lua em julho de 1969 forneceu uma publicidade tópica e dificilmente não esperada para "Space Oddity", apesar de que isso aconteceria alguns meses antes de o single entrar nas paradas musicais.

O sucesso finalmente entrou no caminho de Bowie quando "Space Oddity", um memorável pedaço de esquisitice cósmica folk, estreou no Top 5 britânico em novembro de 1969. A música foi lançada em julho para coincidir com a iminente chegada do homem à Lua, mas músicas tópicas – e seus cantores –, raramente têm um prazo de validade longo. Ken Pitt acreditava que isso era meramente o primeiro de muitos passos gigantes, mas, para a maioria dos observadores, David Bowie tinha "um hit maravilhoso", escrito entre todas as suas atrações classicamente proporcionais.

Bowie aproveitou o seu momento. Ele participou de apresentações da indústria musical no continente, apoiou um "órgão eletrônico de bolso" chamado *Stylophone*, contribuiu com publicidade por meio de entrevistas e sessões de foto, e promoveu a música em turnê. A fama sempre foi o objetivo de Bowie, e ele interpretou seriamente o seu papel de Starman do fim dos anos 1960. Ele adquiriu um permanente encaracolado, um sinal em direção à moda hippie, mas que também havia sido adotado por grupos influentes como Marmalade e The Herd. O público pop de 1969 acharia difícil discernir qualquer diferença entre David Bowie e o próximo promissor em camisa solta de seda e calça hippie.

O lado negativo de sua recente fama era que "Space Oddity" ameaçava subjugá-lo. Em uma crítica ao vivo intitulada "Up-To-Date Minstrel", em dezembro de 1969, Tony Palmer, do *The Observer*, escreveu: "Eu percebi que Major Tom roubou o estrondo de seu criador, que na mente do público ele era a estrela do show, não David Bowie". Para a futura estrela, ser eclipsado por uma de suas criações era um grande golpe. Quando isso aconteceu de novo, em 1972, ele garantiu que ninguém teria dúvida de quem era a estrela.

Bowie ficou à deriva em um mercado pop que negava levá-lo a sério. O cenário rock preferia grupos. Quando Anne Nightingale sugeriu, no início de 1970, que ele poderia se tornar uma grande estrela romântica como Scott Walker, David respondeu: "Eu não gosto muito da ideia desse tipo de estrelato". Sua beleza e seu charme natural fizeram-no se tornar o sucessor do "Rosto de 1968" Peter Frampton, e ganhar como "Melhor Revelação e Maior Esperança" (*abaixo, com Cliff Richard*) em votações de revistas sobre música no fim do ano e sugeriram grandes coisas.

Bowie escolheu um caminho diferente. Na primavera de 1970, em um artigo intitulado "A New Star Shoots Upwards", ele contou a Penny Valentine, da revista *Disc*, que "suas próprias ambições vieram antes de qualquer carreira desse tipo". Ele já havia flertado com o estilo de cantor-compositor hippie no verão anterior, organizando uma série de "acontecimentos" no Beckenham Arts Lab e um festival ao ar livre. Agora ele estava dando as costas para o estrelato. Foi uma compensação tardia à contracultura, mas Bowie não foi convencido por gurus do antimaterialismo, dizendo à revista *Music Now!* o quanto ele gostava de dinheiro e como ele desprezava aqueles grupos hipócritas que sustentavam o novo credo mas perseguiam igualmente o sucesso.

Página ao lado: "Hole In The Ground" é uma faixa pouco conhecida que não fez sucesso no LP de 1969 de Bowie com título de mesmo nome.

Bowie listou suas paixões em dezembro de 1969, que incluíam "roupas excêntricas especialmente minha roupa espacial, que é de material genuinamente espacial e é quente no inverno e fresca no verão."

Em seu terno para eventos especiais bege, no Cafe Royal, Dia dos Namorados de 1970. Não foi particularmente prazeroso conhecer Cliff. Eu nunca fui um grande fã dele. Para um álbum em 1993, Cliff gravaria a contagem regressiva em Space Oddity no cover da música feito por Hank Marvin.

"Ah, o Stylophone! Marc Bolan me deu este. Ele disse: 'Você gosta deste tipo de coisa, faça algo com isto.' Eu o usei em Space Oddity, então funcionou bem pra mim. Era apenas um pequeno sinal que respondia a eletrodos. Soava terrível. A ideia aqui é que, se eu o promovesse, então eles me dariam um monte deles."

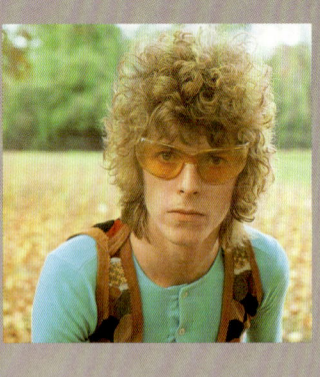

No Beckenham Free Festival. "Com 'Space Oddity', passei na frente desses *skinheads* mascadores de chiclete. Assim que entrei, parecendo um pouco com Bob Dylan com esse cabelo encaracolado e denims, fui vaiado. Em certo momento, cigarros eram jogados em mim."

55

1.4

Dame Meditation

A cozinha em Haddon Hall, 1970. "Chá? Sim, Eu quero." Bowie, mesmo não sendo a mais domesticável das criaturas, parece saber como manejar uma chaleira.

Significa muito para as tendências camaleônicas de Bowie que em 1967 o *Chelsea News* tenha sido capaz de afirmar que: "David está contente com o contentamento; ele é uma pessoa feliz e adorável, com uma natureza gentil que reina suprema sobre toda a agitação. Ele é a única pessoa que conheci que traz rimas para crianças e contos de fadas para o primeiro plano de minha mente". Na teoria, ele se adequava perfeitamente ao estereótipo hippie, mas com um Svengali burguês e uma individualidade bem desenvolvida que não requeria uma estética psicodélica, Bowie inicialmente desprezou o novo *underground*.

Ao rejeitar as modas brilhantemente coloridas do rock do *flower power* inspiradas no oriente, Bowie saiu de sincronia com as tendências prevalecentes. Diferente de Marc Bolan, que se deleitou no esplendor exótico da elegância hippie, Bowie achou difícil rejeitar sua sensibilidade mod arraigada e ambiciosa para um visual essencialmente somado para uma declaração perversamente contra a moda e contra o materialismo. De qualquer forma, ele pensou, isso não duraria.

Mesmo em 1967, a cultura hippie e David Bowie não eram completos inimigos. Seu interesse modesto por Budismo foi explorado depois da aventura dos Beatles na Índia, e embora tanto Ken Pitt quanto Angie Bowie tenham subestimado seu comprometimento, músicas atuais ("Silly Boy Blue", "Karma Man") e entrevistas foram salpicadas de referências. Bowie contou uma vez ao jornalista George Tremlett que ele dormia verticalmente em uma caixa de madeira, comia duas pequenas refeições por dia e observava longos períodos de silêncio, no que Tremlett não acreditou por um momento. Mas Bowie e seu produtor Tony Visconti realmente se uniram à Sociedade Tibetana e brevemente estudaram com um monge tibetano que morava em Londres, Chime Rimpoche.

O interesse contínuo de Bowie pelo Budismo foi revelado em músicas como "Seven Years In Tibet".

Little Wonder, o single autodepreciativo de Bowie de 1997, teve uma grande representação em seu envolvimento com o Budismo 30 anos antes.

Página ao lado: Com a banda pouco conhecida, The Riot Squad, em abril de 1967. Impus meu gosto teatral a eles. Essa era a primeira banda em que eu estava na qual maquiagem e calças interessantes eram tão importantes quanto a música. Eu queria que eles fossem os Mothers Of Invention ingleses. O cara que fez essas fotos era Gerald Fearnley, cujo irmão, Dek, tocava baixo no The Buzz comigo.

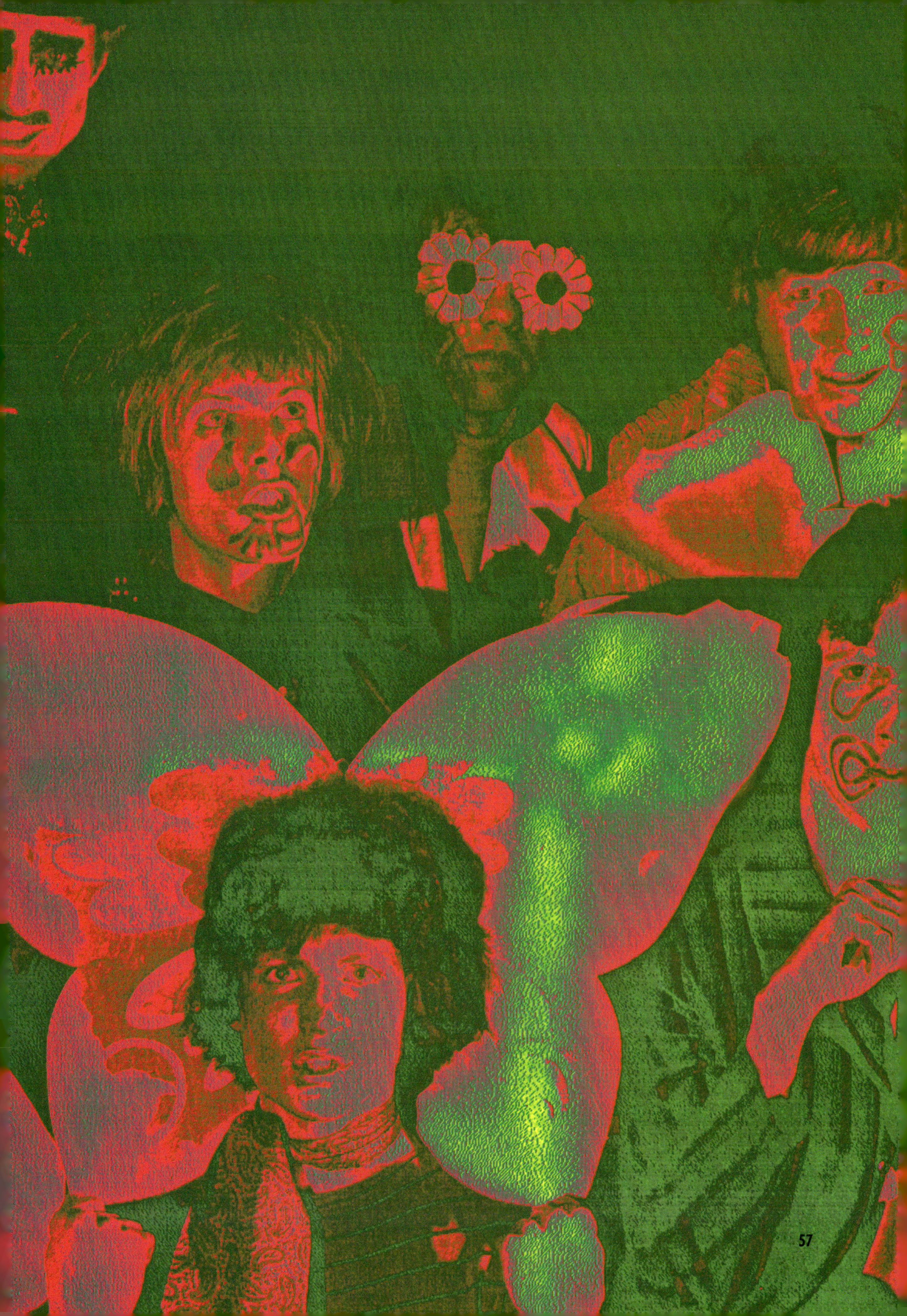

THE VOYEUR OF UTTER DESTRUCTION

Bowie é fascinado por criaturas mitológicas antigas. Sua arte de 1995, *The Voyeur Of Utter Destruction As Beauty* (abaixo) retrata o Minotauro. Vinte e cinco anos antes, era o Ciclope, o qual, conforme Tony Visconti relembra, era o título de trabalho para The Supermen. David disse: "Eu escreverei uma música sobre esses grandes caras com um olho no meio da testa. Eles são como super-homens".

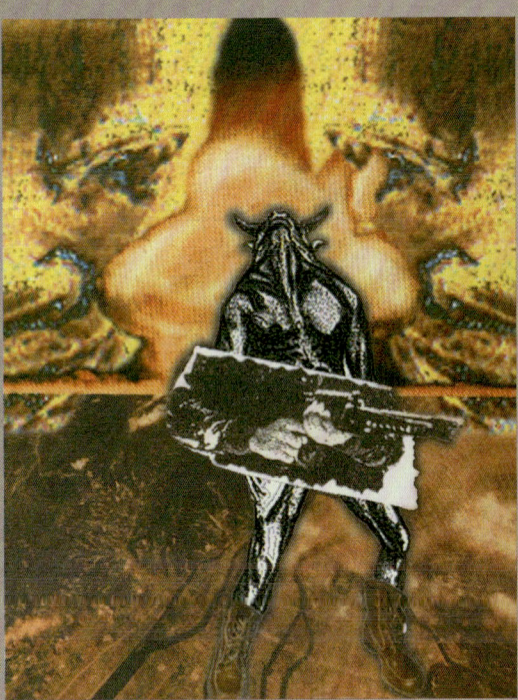

"Eu realmente acredito que Bob Dylan (com Joan Baez, à direita) e outros aceleraram as mudanças. O pacifismo finalmente encontrou uma voz."
Bowie, 1969

o verso: "*Put a bullet in my brain/And I make all the papers*" ["Coloque uma bala no meu cérebro e eu farei todos os papéis"], uma prévia considerável de Rock'n'Roll Suicide".

Conforme ele ingressava na vida adulta, esses sentimentos foram intensificados. "Please Mr. Gravedigger", um conto macabro sobre o assassinato de uma criança, e "We Are Hungry Men", que visualizava um mundo superpovoado à beira de uma catástrofe, foram lançadas durante o ano de paz e amor. Na verdade, a relutância do homem melancólico a usar drogas psicodélicas está provavelmente entrelaçada em tudo isso, temendo que o uso poderia despertar demônios que não deveriam ser perturbados. Já era confuso demais ser um espectador com um senso fragmentado de identidade sem adicionar ácido à equação.

Discutindo o destino da contracultura em 1974 com Charles Shaar Murray, Bowie

Como algum personagem na Revolução Francesa, Bowie pareceu manter seu "*Planet Earth is blue, and there's nothing I can do*" ["O Planeta Terra é triste, e não há nada que eu possa fazer"]. É um refrão incrível, mas esse verso memorável de "Space Oddity" também trai suas filosofias pessimistas que entregaram amplamente a visão de mundo de Bowie. Hoje, sem o apoio de um gabinete de remédios e uma comitiva de ajudantes imponentes, David Bowie é o cavalheiro consumado. Mesmo nos dias sombrios da metade dos anos 1970, ele não podia evitar irromper em um exterior comunicativo. Ele tende a manter isso bem escondido atualmente, mas por trás da convivência e das máscaras existe um emaranhado de noções e teorias que se somam a uma fascinação completa pelo colapso pessoal e pela catástrofe social.

"Eu pensei que iria expressar meus problemas escrevendo", Bowie disse uma vez, com isso reconhecendo a ligação comum entre criatividade e desespero. Seu conhecimento da tendência da família a doenças mentais foi um dos muitos fatores que podem ter contribuído para uma disposição intensamente direcionada a políticas de medo e desastre. Ele não estava sozinho: até mesmo a explosão popular e de protesto no início dos anos 1960, liderada Joan Baez e Bob Dylan, era uma resposta à perspectiva catastrófica da guerra nuclear. Uma das primeiras letras de Bowie, de acordo com um colega ex-membro dos Kon-rads, era baseada em uma notícia sobre um acidente aéreo ("I Never Dreamed"); outra, "Tired Of My Life", incluía

Bowie com Angie na Estação Victoria, 1973.

disse: "Eu nunca poderia levar tudo isso a sério, porque, como você sabe, sou terrivelmente fatalista. Sabia que nada aconteceria... Sou pessimista em relação a

58

coisas novas, novos projetos, novas ideias, no que diz respeito à sociedade. Acho que está tudo acabado, pessoalmente. Acho que o fim do mundo aconteceu dez anos atrás. É isso". Isso também não era revisionismo. Uma das primeiras impressões de Angie sobre David em 1969 foi que "a visão paranoica e a linguagem da obscuridade da vida eram a segunda natureza dele".

A busca de visões alternativas do mundo no fim dos anos 1960 elevou o trabalho de dois iconoclastas, o satanista Aleister Crowley e o filósofo Friedrich Nietzsche. Crowley, um pecador eduardiano que cultivava escândalo e tinha o apelido de "A Grande Besta", era um líder ocultista que procurava libertar a mente subconsciente por meio de uma mistura de *Mágicka* e sabedoria oriental. Dois bordões claros ressoaram nas barracas hippies: "Faze o que tu queres há de ser o todo da Lei" e "Todo o homem e toda a mulher é uma estrela". Aqueles que procurassem um pouco mais, descobririam outro: "Nada é verdadeiro, tudo é permitido".

Bowie admirava a obra de Crowley: "*I'm closer to the Golden Dawn/Immersed in Crowley's uniform*" ["Eu estou mais perto da Golden Dawn/Imerso no uniforme de Crowley"], ele admitiu em "Quicksand", de 1971. Infelizmente, a desgraça da insegurança que se seguiu sugeriu que Bowie não estava pronto para fazer o que ele queria ainda. Por volta de 1975, no entanto, o medo o dominou. Supostamente, jarros de urina preenchiam seu refrigerador como uma oferenda para afastar espíritos malignos. *White Stains*, um texto obscuro de Crowley, foi mencionado no álbum seguinte, *Station To Station*.

Bowie também tirou seu chapéu espalhafatoso para Friedrich Nietzsche, o pensador alemão do século XIX que conhecidamente declarou que Deus estava morto e promoveu a causa do destino pessoal. Uma música de 1970, "The Supermen", foi nomeada com base no conceito mais famoso – e controverso – de Nietzsche. A infantaria de Nietzsche, os Super-homens eram fugitivos do que o filósofo chamava de "moral de escravos", que rejeitavam a "verdade" da ordem moral prevalecente. A ideia, que subsequentemente foi distorcida pela ideologia nazista, tinha mais a ver com elitismo intelectual; quando Bowie cantou "*You gotta make way for the Homo Superior*" ["Você tem que abrir caminho para o Homem Superior"] em "Oh! You Pretty Things" em 1971, era parte identificação com Nietzsche, parte satisfação de desejo.

Bowie era atraído por Crowley e Nietzsche porque ele buscava a verdade, não importa o quanto perturbadora ela pudesse ser. Em outra música, Width Of A Circle, Bowie cantou: "*I ran across a monster who was sleeping by a tree/And I looked and frowned 'cos the monster was me*" ["Eu passei correndo por um monstro que estava dormindo perto de uma árvore/E eu olhei e fechei a cara porque o monstro era eu"]. Mas Bowie, que começou a se comparar a uma máquina fotocopiadora, viu sua desintegração pessoal como um espelho do mundo à sua volta. "Pessoas como Lou (Reed) e eu estão provavelmente prevendo o fim de uma era, e eu quero dizer catastroficamente", ele disse em 1972. "Qualquer sociedade que permite que pessoas como Lou e eu se tornem incontroláveis está bem perdida."

Em anos recentes, Bowie minimizou a importância da influência de Crowley. "Eu sempre suspeitei muito de alguém que diz que gosta de Crowley (à esquerda). Quicksand? Isso foi antes de tentar lê-lo, quando eu tinha sua biografia em minha capa de chuva, de forma que o título aparecesse. Era ler no metrô."

David Bowie e Lou Reed se encontram de novo. Seu realismo lírico corajoso forneceu um contraste notável ao romantismo inocente dos poetas do rock progressivo dos anos 1970.

O elemento de Ascensão e Queda em *Ziggy Stardust* ecoou projetos condenados de engenharia social como o Império Romano ou o Terceiro Reich. Bowie se tornou neurótico, insistindo que não viajaria de avião nem ficaria em um quarto de hotel acima do oitavo andar. Ele também insistiu que tinha "um estranho... desejo psicossomático por morte". Só após a morte de John Lennon, em dezembro de 1980, é que ele pareceu exorcizar aquela linha própria de autoemancipação e adotar uma visão de mundo mais positiva.

A filosofia de Friedrich Nietzsche teve considerável influência sobre o século XX e sobre a obra de Bowie.

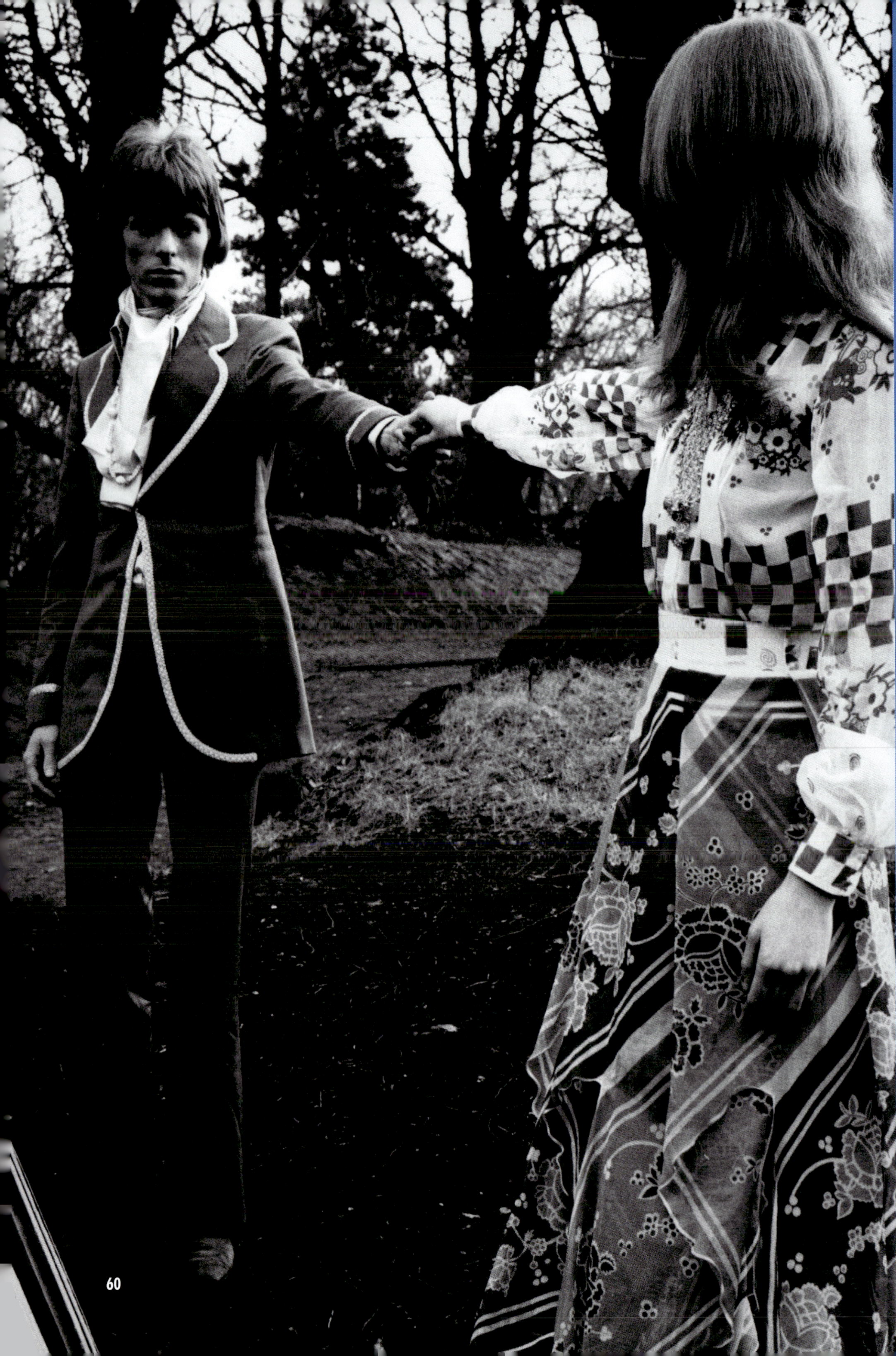

Página ao lado: Let Me Sleep Beside You. David de peruca com Hermione em Hampstead Health para a gravação do filme *Love You Till Tuesday*, janeiro de 1969. O terno cinza aço (de Just Men, por Nikki) foi adornado com fita azul cobalto, mas, quando ele apareceu em leilão em 1994, o trançado havia sido removido da lapela. "Isso é porque remodelamos o terno para ele usar no Malta Song Festival, em julho de 1969", explica Ken Pitt. O terno, com a camisa branca com babados (de Bob Fletcher) faturou 2 mil libras na Christie's.

À esquerda: Ziggy, respingado de tinta, dando um toque no teto alto e emoldurado de Haddon Hall. À esquerda, abaixo: "Isso é uma camisa de rúgbi? Este era o Beckenham Arts Lab. Muito pouco aconteceu nesses 'acontecimentos'. É quase um permanente que eu tinha feito. Não é meu melhor estilo de cabelo".

À extrema esquerda: Com um suporte de gaita no estilo de Dylan, cobrindo o produtor Tony Visconti, tocando baixo.

Acima: Uma rara imagem colorida do Growth Summer Festival and Free Concert, no Beckenham Recreation Ground, agosto de 1969. As músicas interpretadas incluem 'Buzz The Fuzz', de Biff Rose, e 'I Feel Free', do Cream.

Tendo apoiado uma cultura eurocêntrica, e acabando por descobrir que os rústicos deixavam tudo sair no estilo americano, Bowie ingressou nos meses de abandono inspirado em ácido com alguma reserva. Juntar-se à trupe de mímica de Lindsay Kemp foi pouco influenciado pelo cenário artístico hippie moderno, mas formar um trio que integrava diferentes artes, chamado Feathers, com a namorada Hermione Farthingale e o velho amigo John "Hutch" Hutchinson, foi certamente uma coisa muito típica de se fazer em 1968. No início de 1969, o experimento acabou, e Bowie, nesse momento "uma combinação de estudante de arte sem dinheiro e hippie hardcore", de acordo com sua nova namorada Angela Barnett, pegou carona na nova explosão de cantores-compositores. Ele tinha a esperança de abrir um clube folk no centro de Londres; em vez disso, foi forçado a se estabelecer em uma sala dos fundos no pub Three Tuns em Beckenham High Street, uma pequena caminhada da casa de seus pais.

Nominalmente preparado um "Arts Lab", o evento semanal era essencialmente um pocket show de Bowie, a atmosfera íntima dando-lhe a oportunidade para desenvolver uma relação com o público. Ele realmente começou a perceber isso, conforme esta citação não característica ao jornal underground *International Times*: "Eu sinto compaixão como uma fonte de energia; o indivíduo é menos importante do que a fonte de energia da qual ele é parte".

Esse interlúdio simples teve seu clímax no Growth Festival, realizado no parque Beckenham em 16 de agosto de 1969, e foi imortalizado em "Memory Of A Free Festival". "*We claimed the very source of joy ran through/It didn't, but it seemed that way* ["Nós reivindicamos que a própria fonte de alegria atravessou/Não, mas pareceu assim"], foi sua avaliação percebida no evento. Dois anos depois, Bowie interpretou a música no Glastonbury Festival como uma rosa no amanhecer – mas ele nunca escreveu outra música como essa de novo.

Com a namorada Angie como um divisor protetor, Bowie confidencialmente entrou no espírito de coletivismo em outubro de 1969, quando o casal se mudou para um flat no andar térreo em Beckenham. Para o carteiro, era o simples flat 7 da Southend Rd., 42, mas para Angie, David e os muitos visitantes de longa ou curta estadia que eles entreteveram durante os três anos seguintes, ele era referido como o Haddon Hall. Com suas janelas de vitral, seu teto moldado, sua galeria de menestrel, lareiras de azulejo, abajures ornamentados, camas *kingsize*, cortinas de veludo e tapetes orientais, era o perfeito alojamento pós-*Sgt. Pepper*, um oásis com antiguidades vitorianas compradas a baixo custo.

A colisão de um modo de vida livre, inspirado nos hippies, e um ambiente criado pelos marginalizados da burguesia era um paraíso boêmio. O lar da família Jones ficava próximo, mas culturalmente a distância era agora imensurável.

O marido na casa em Beckenham, com esfregão, mas sem balde, na entrada principal de seu novo lar. No porão havia o estúdio de ensaio chamado Haddon Hall, que, como Tony Visconti recorda, era apenas "uma adega. Era uma sala bem pequena, não tinha um estúdio de verdade lá".

O grupo de curta duração, Bowie, Farthingale e Hutchinson, em 1968. "Eu definitivamente não acreditava no Feathers", declara Ken Pitt.

No Paris Cinema Studios, da BBC, fevereiro de 1970: "Nós ouvimos que David Bowie era supostamente andrógino e tudo mais, mas então ele apareceu de cabelo comprido, roupas folk, e sentou em um banquinho e tocou músicas folk. Ficamos tão desapontados com ele. Vimos e dissemos: 'Olhe só esse velho hippie folk.'" Wayne County.

DANÇA COMIGO?

Apesar de uma carreira solo que teve mais sucesso do que a da maioria de seus contemporâneos a longo prazo, Bowie esteve envolvido em alguns duetos duvidosos.

Mick Jagger
O espetáculo desses dois gigantes tentando incendiar suas reputações em menos de quatro minutos em "Dancing In The Street", de 1985, não foi o incentivo ideal para doar dinheiro a fim de aliviar a crise na Etiópia. Parecia ser uma ideia melhor nunca permitir que eles chegassem perto de um estúdio juntos de novo...

Cher
Bowie fez um dueto com Cher em um medley de "Young Americans", que conta com sete versões em seu caminho, e uma versão de "Can You Hear Me" no programa americano de TV dela em 1975.

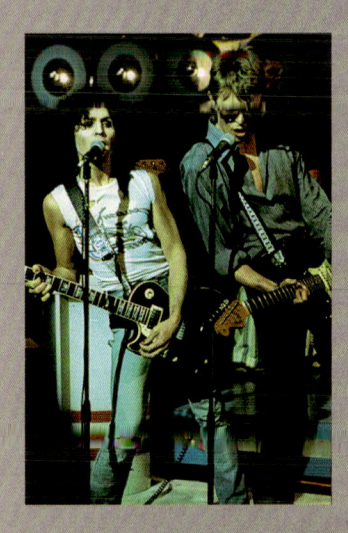

Placebo
Sem nenhum álbum para promover, Bowie ainda conseguiu fazer uma apresentação no show do Brit Awards de 1999, juntando-se ao Placebo para uma versão de "20th Century Boy", do T. Rex. Eles colaboraram de novo em um show em Nova York semanas depois.

Bing Crosby
O absurdo de dividir um palco simples com o antigo cantor romântico Bing Crosby para um medley de "Peace On Earth" e "Little Drummer Boy" quase fez com que Bowie rachasse a tela. Um mês depois, Bing faleceu no clímax de um jogo de golfe, e a colaboração, gravada para celebrar o Natal de 1977, levou cinco anos para aparecer em um single.

Marc Bolan
A única aparição pública das duas estrelas do glam rock aconteceu no episódio final do programa de TV de Bolan, *Marc*. Aí também, a colaboração "Sitting Next To You" foi atrasada quando a filmagem foi invadida e os plugues foram desconectados – mas não antes de Bolan ter caído do palco. Foi um fim caótico para uma relação competitiva, mas principalmente entusiástica, porque dias depois, nas primeiras horas do dia 16 de setembro de 1977, Bolan morreu em um acidente de carro em Barnes, West London.

John Lennon

Eles nunca dividiram um palco juntos, mas a sessão de estúdio de 1974 de Bowie com Lennon – uma pessoa entre as poucas que podiam inspirar respeito em Bowie – foi sua colaboração mais frutífera com uma estrela. Depois de visitar o ex-Beatle solitário em seu apartamento no edifício Dakota, em Nova York (onde o produtor Tony Visconti se lembra de Bowie estar tão nervoso que ele se sentou em um canto rabiscando), a dupla colaborou em uma versão de "Across The Universe", de Lennon, e trabalhou em uma nova música, "Fame". Não muito depois, Bowie admitiu que John também ofereceu muitos conselhos úteis sobre seus problemas nos negócios com Tony DeFries.

Marianne Faithfull

Bowie convidou Marianne Faithfull para uma participação no *The 1980 Floor Show*, filmado para a TV americana no Marquee Club de Londres, em outubro de 1973. Uma potencial suicida do rock'n'roll que já havia sobrevivido a uma tentativa de tirar sua própria vida, Marianne ainda estava obviamente fraca. Enquanto a dupla estava sem jeito ao cantar "I Got You Babe", o hit de 1965 de Sonny & Cher, sua roupa de freira com uma abertura na parte de trás fez algumas sobrancelhas dos músicos de apoio se levantarem. De acordo com Angie Bowie, David viu muito mais depois do show. "Ele queria transar com ela. Ela tinha sido de Mick (*página 62*), então ele também tinha que tê-la".

Queen

Os anos 1980 começaram de forma importante para David quando ele se juntou ao Queen em 1981 para o hino do soft-metal, "Under Pressure". A linha do baixo forneceu o riff, a disputa de vocal, o destaque. A gravação foi um grande sucesso em casa, mas o aspecto mais duradouro da colaboração foi a sugestão de Freddie Mercury (*acima, nos bastidores com Bowie no Live Aid*) de que Bowie poderia estar mais feliz na EMI do que na RCA. Quando Bowie se apresentou no Freddie Mercury Tribute Concert, em abril de 1992, ele foi suficientemente tocado pela situação para cair de joelhos e recitar o Pai-Nosso.

Tina Turner

Bowie era frequentemente visto com a efervescente estrela do soul durante os anos de 1980, mas misericordiosamente o produto de sua gravação foi restrito a apenas uma música, o single de reggae suave "Tonight". No ano seguinte, ele se juntou a ela no palco em Birmingham para um medley de duas versões de Let's Dance – o hit de 1962 de Chris Montez e a versão original de Bowie de 1983. Eles também fizeram um dueto em uma nova versão de "Modern Love", para uma propaganda de TV da Pepsi em 1987 (*abaixo*).

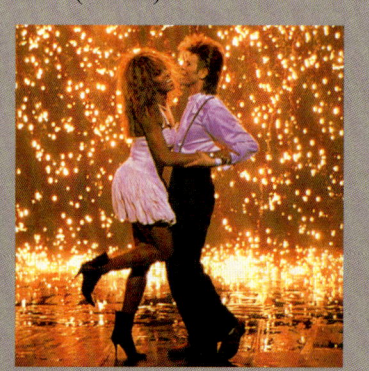

Bono

Os anos 1980 foram responsáveis por muitas reconstruções miraculosas, uma das mais surpreendentes foi a transformação do U2 de uma banda new wave de terceira categoria para uma banda que lota estádios. O líder Bono, que dividiu o palco com Bowie em Cleveland, Ohio, em 1990, para uma versão do clássico R&B "Gloria", do Them, já havia maquinado uma série de reinvenções no estilo Bowie que permitiu à sua banda projetar de forma bem-sucedida os altos e baixos da mudança musical durante os anos 1990.

Pet Shop Boys

Se a versão de álbum de "Hallo Spaceboy" de 1995 foi uma obra pulverizadora do barulho do Nine Inch Nails, então o remix do single foi praticamente um clássico da Eurodisco regravado, apresentando, a convite de David, a aclamada dupla de synth-pop. Ele se tornou o maior hit global de Bowie nos anos 1990, alcançando o topo até na Letônia.

No grande Haddon Hall, 1970. A apresentação de Peter Noone de "Oh! You Pretty Things" no Top of The Pops em 1971, com David ao piano, foi apagada pela BBC. Infelizmente, a aparição de Bowie com "The Jean Genie" no ano seguinte teve o mesmo destino.

Página ao lado: Cabelos e vestidos longos. "Um dia moraremos ao seu lado e sua grama irá perecer" era a ameaça frequente do Riot Squad. Mas, em abril de 1971, Bowie preferiu usar seu próprio jardim dos fundos para modelar este "vestido de homem" de veludo de seda feito por Mr. Fish. Em 1999, o ex-vocalista dos Dexys, Kevin Rowland, fez uma façanha parecida, com consideravelmente menos sucesso.

1.5

O Homem que Comprou o Vestido

Entre o astro pop moderado e falso hippie de "Space Oddity" e o completo andrógino Ziggy Stardust, existia... o vestido. O vestido preto justo de Liz Hurley não tinha nada a ver com a encantadora roupa de Bowie feita por Mr. Fish – nada além de uns poucos milhares de acres de papel de jornal.

Para alguém que prosperou nos símbolos e nas mudanças, o começo de uma nova década deve ter trazido um novo significado quase espiritual. A tradição oprime "como um pesadelo o cérebro dos vivos", escreveu Karl Marx, com seus cabelos compridos no século XIX; agora, com o início de 1970, Bowie viu a nova década como uma oportunidade para obter a mesma vantagem. Alguém lá em cima gostava dele, porque semanas depois os Beatles se separaram. Então os Rolling Stones anunciaram que estavam emigrando. Em um instante, ninguém estava no comando da direção do pop. Alguém aposta em um homem de vestido?

Bowie demonstrou suas habilidades com "Space Oddity". Com uma nova negociação de publicidade lucrativa, obtida por Tony DeFries, ele começou a se sentir como um verdadeiro compositor. Com o novo guitarrista, Mick Ronson, ele teve o complemento musical certo. E com Angie, com quem ele se casou em março de 1970, e DeFries, ele teve o apoio emocional e profissional de que precisava. Era uma equipe jovem e ambiciosa com muito discernimento dos negócios do rock. "Estávamos todos lá com o propósito de transformar David Bowie em uma estrela", recorda o produtor Tony Visconti.

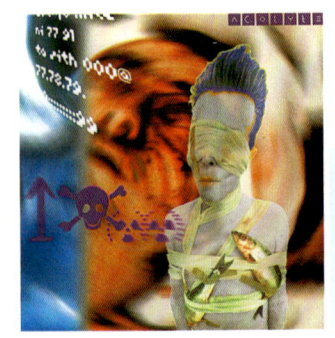

Bowie sempre gostou de peixes, mesmo usando dois deles nesta sessão de fotos de 1995. "O visual foi baseado em uma obra do artista de Viena, Rudolph Schwartzkogler", revela Bowie.

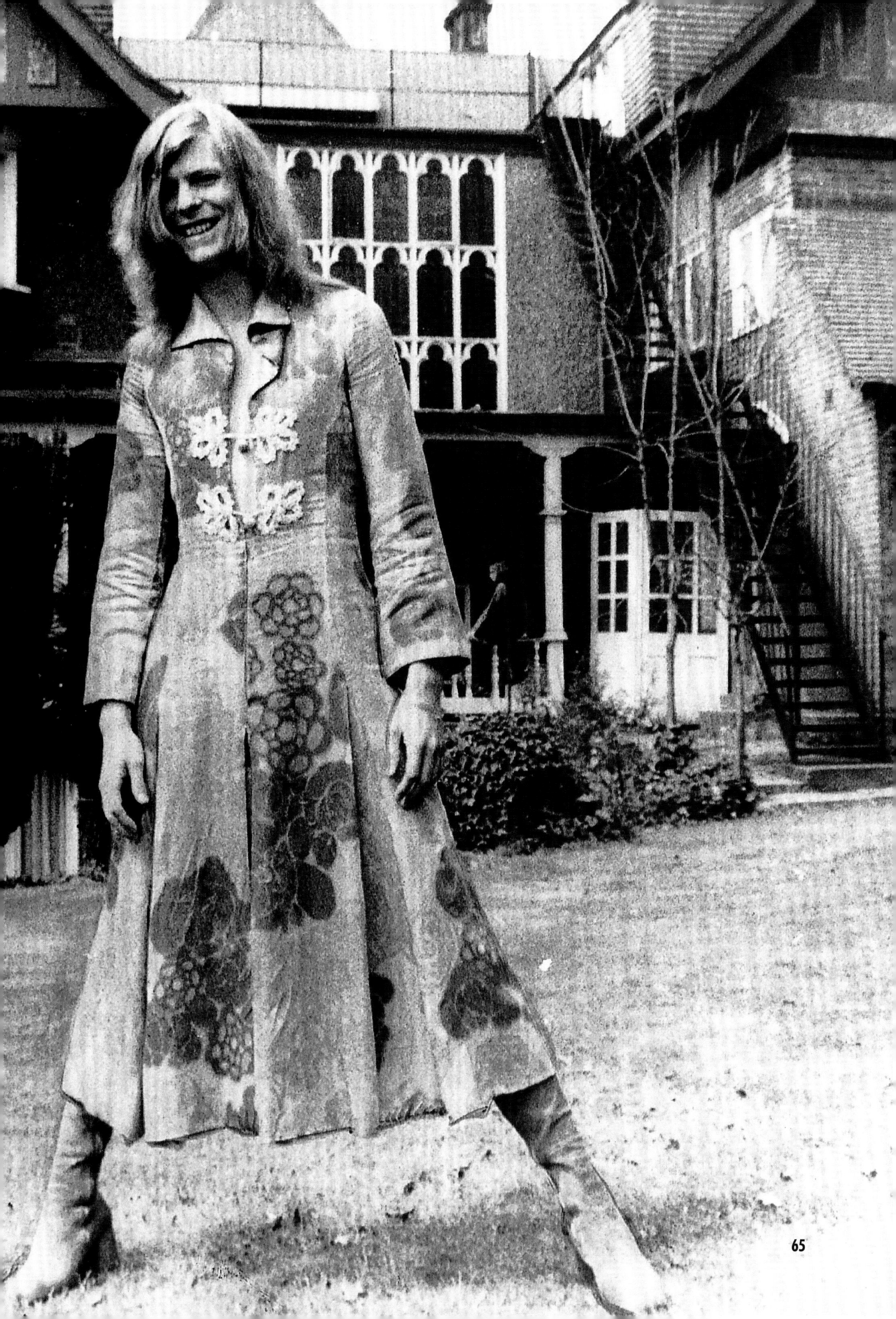

ANDY WARHOL

Sobre conhecer Warhol: "Foi fascinante. Ele não tem absolutamente nada a dizer, absolutamente nada. E ele tem esse rosto branco de pudim. Ele parece ser um pouco fora deste mundo, realmente inumano".

David Bowie mudou sua lealdade mais vezes do que ele provavelmente se importa de lembrar, mas a única influência mais duradoura em sua vida e sua obra, e a que provê a chave para seu trabalho nos anos 1970, é o ícone da Pop Art de cara pálida, Andy Warhol. Em 1973, no auge da paixão de Bowie, ele disse: "Eu acho que Warhol será... visto como tão importante quanto Michelangelo foi para a arte em seu período". O tempo não diminuiu essa visão. Na metade dos anos 1990, na abertura de uma exposição de suas próprias pinturas, ele repetiu a afirmação: "Andy Warhol foi um dos artistas mais influentes e importantes da segunda metade de seu século. Sua habilidade era confundir a arte o suficiente de forma que as barreiras foram desabando e então não existisse divisão entre a pequena e grande arte".

A maioria dos roqueiros dos anos 1960 e do início dos anos 1970 viam a si mesmos e a seus trabalhos por meio de um prisma dos românticos literários, caso o fossem. Idealistas intoxicados com o ar pungente do gênio individual, eles eram maestros abençoados com um dom peculiar. Apesar de ser uma pessoa talentosa, Andy Warhol subverteu esse mundo rarefeito e rompeu com ele. Certo, então mudar as barreiras entre comércio e as belas-artes foi uma notícia difícil para os deuses do rock. Mas desacreditar o papel de "artista" despersonalizando-se e fazendo os outros realizarem seu trabalho para ele (no estúdio ele confiava na "The Factory")? Por que ele queria fazer isso? Porque, no fim, nada era verdadeiramente original, ou mesmo particularmente importante; até os humanos eram recipientes vazios sujeitos ao que os suprisse. "Por que você não me fala as palavras e eu apenas as repito... Eu sou tão vazio que não consigo pensar em nada", ele disse a um entrevistador. Ao se apresentar como um artifício, como uma presença ausente, como um charlatão ou talvez um manipulador, Warhol se tornou o artista mais discutido em sua geração.

Bowie conheceu o trabalho de Warhol primeiro por meio de Ken Pitt, que conheceu o artista em Nova York em novembro de 1966, como uma forma de promover seus protegidos, The Velvet Underground, na Grã-Bretanha. Nada surgiu dessa tentativa, mas Pitt regressou com um acetato de seu primeiro álbum, que ele deu a David. Uma versão jazz de "Waiting For The Man" e uma apropriação de Venus In Furs em "Little Toy Soldier", de Bowie (ambas gravadas com The Riot Squad) se seguiram. *Hunky Dory*, de 1971, revelou o aprofundamento do interesse de Bowie. "Queen Bitch" foi uma brilhante interpretação do estilo do The Velvet Underground das ruas; "Andy Warhol" foi um tributo aficionado por um artista que revelou a paixão de Bowie por um artifício warholiano: *"Dress my friends up just for show/See them as they really are"* ["Vista meus amigos para o show/Veja-os como eles realmente são"]. Enquanto estava em Nova York em 1971, em uma visita promocional, ele foi até a Factory e fez uma apresentação improvisada da música. Warhol obviamente não se divertiu, e saiu, e acabou retornando para pronunciar algumas palavras sobre os sapatos Anello & Davide de Bowie, enquanto ele os fotografava.

Outro truque warholiano que Bowie copiou de forma bem-sucedida foi se tornar o centro de um turbilhão criativo e circense. Projetos como The Hype e Arnold Corns falharam em decolar, em parte porque Bowie ainda tinha de constituir algum ponto central de foco, mas, entre 1972 e 1973, ele promoveu Mott The Hoople, Iggy Pop e Lou Reed com grande sucesso. Bowie e seu novo modelo de exército foram o maior grupo de autoajuda desde que Brian Epstein promoveu sua lista de talentos de Merseyside por causa dos Beatles. Até os seguidores de Bowie – que incluíam Tony Zanetta e Cherry Vanilla, os acólitos de Warhol – se tornaram dignos de nota.

Depois da morte de Warhol, em 1987, Bowie prestou tributo a ele em uma música ("*Andy, where's my 15 minutes?*" ["Andy, cadê os meus 15 minutos?"] em "I Can't Read") e até retratou Warhol nas telas (*Basquiat*, à direita), sua interpretação sendo aclamada tanto por Lou Reed quanto pelo diretor de filme de Warhol, Paul Morrissey.

"O Sr. Bowie foi cuidadosamente arrumado para se parecer com Andy, com sua peruca cor de palha, de forma que parecia um ninho de cegonha em uma chaminé." – Quentin Crisp.

Mostrando o design do calçado, 1971. "Essas roupas era bem de Londres naquela época. Todo mundo estava usando essas coisas *underground* afeminadas. Os sapatos eram amarelo-canário. E eu suponho que o terno é fúcsia. Como a libélula de enfeite."

67

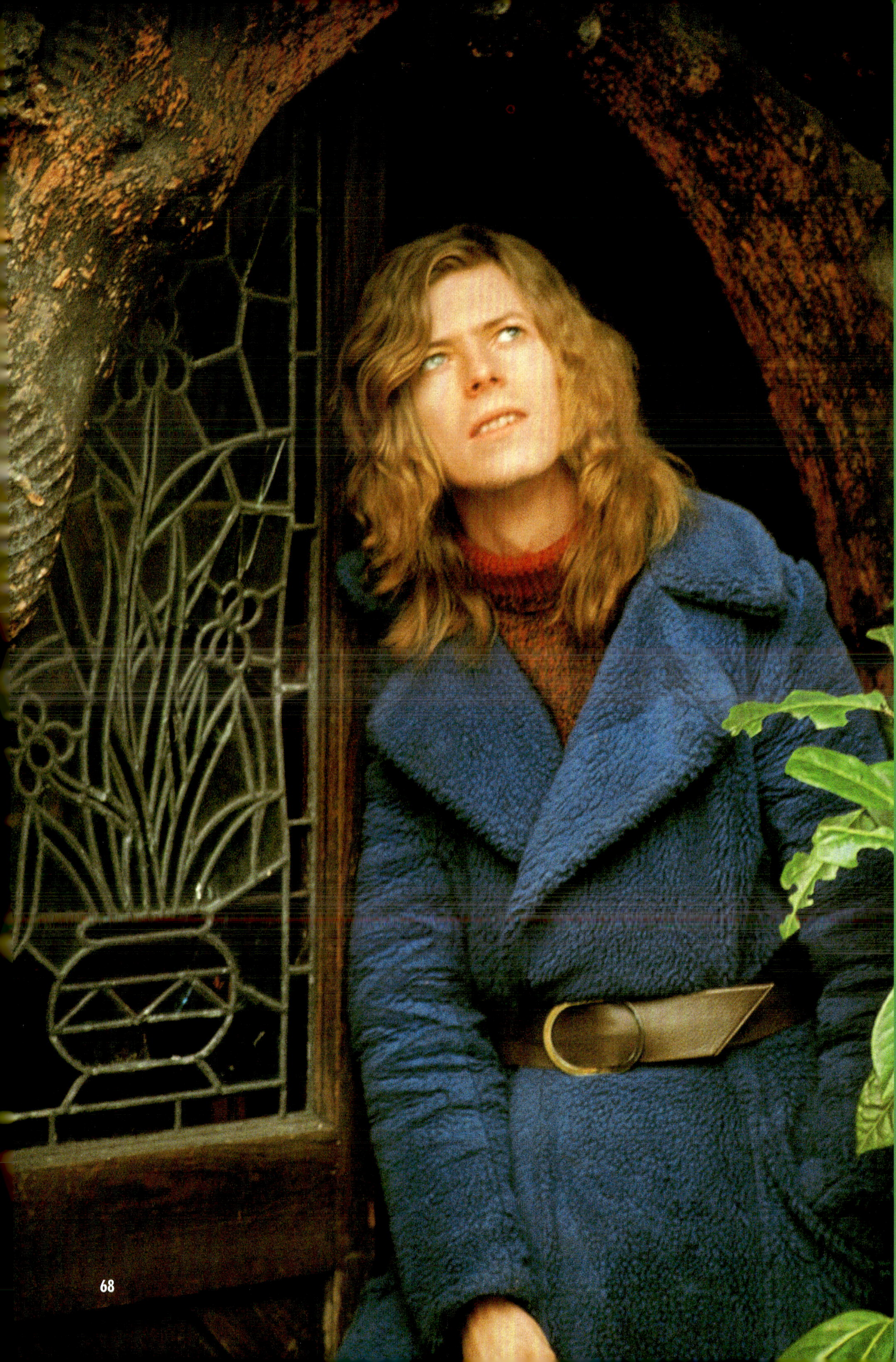

Página ao lado: I Think It's Gonna Rain Again.

Ensaio de calça para a capa de The Man Who Sold The World.

Em vez de tirar vantagem de "Space Oddity" com um seguimento no mesmo estilo, a estratégia de Bowie era conduzir a guerra musical de muitos fronts. Ele começou a compor músicas ao piano, de maneira não diferente de Paul McCartney, visando que outras estrelas as gravassem.

Ele adotou um papel de Svengali do pop, cercando-se de pessoas insignificantes para as quais tinha prometido fama – ou ao menos a oportunidade de gravar uma de suas músicas. Ele perseguiu sua carreira solo com o entusiasmo de um refugiado recém-liberto: ele experimentou hard rock (*The Man Who Sold The World*), cópias do Velvet Underground ("Queen Bitch") e trabalhos como cantor-compositor ("Life On Mars?", "Oh! You Pretty Things"). Mas primeiro veio o The Hype, uma aventura caluniada, mal-compreendida e efêmera que antecipou tanto a diversão corajosa quanto a intemperança nas roupas do glam rock. David Bowie decidiu agitar.

Hype: a própria palavra era como uma profanação ruidosa na linguagem vibrante da expressão do rock. Hype era uma maldição na cena, elogio barato que mascarava uma infeliz falta de autenticidade. "Eu suponho que você poderia dizer que escolhi o Hype deliberadamente, brincando", Bowie disse posteriormente. O quarteto, que incluía Mick Ronson e Tony Visconti entre seus membros, fez seu show menos popular em fevereiro de 1970, no Roundhouse, notável lugar hippie de Londres. Cada músico se vestia de uma personagem. Bowie, com calças justas de lurex, capa prata, cachecóis e botas de pirata, era o Rainbowman; acompanhado por Ronson, o Gangsterman (em terno dourado de tecido metálico e chapéu); pelo Hypeman de Tony Visconti, inspirado no Super-homem; e John Cambridge como Cowboyman. "Marc Bolan foi a única pessoa que aplaudiu", Bowie afirmou em seguida. Mas o evento marcou um divisor de águas: "Depois disso, o teatro era pra mim". E rock genuíno.

Liderando o The Hype, no Roundhouse, 1970. O violão esconde a calça-bombacha sobre as coxas de Bowie, estilo Super-homem: "Muito confuso, tinha muito material lurex nisso. Era tudo jeans e cabelo comprido naquela época, e nós éramos vaiados durante todo o show. Era ótimo!".

ESTILO BOWIE

O primeiro álbum de rock de Bowie foi *The Man Who Sold The World*. Entretanto, a capa era puro teatro. Ele explicou a John Mendelsohn, da *Rolling Stone*, que veio para "renovar o rock. Eu não quero deixar as minhas fantasias para subir ao palco – quero levá-las ao palco comigo". Mas primeiro ele tentou isso no Haddon Hall. Ele sabia exatamente o que queria. Enquanto o fotógrafo se ocupava com o tripé, Bowie aninhava seu corpo em um divã. Seu cabelo loiro estava comprido e ondulado como no estilo Veronica Lake. Mais espetacular ainda, ele estava usando o que ele descrevia como "vestido de homem". Uma peça de seda salmão, era uma das duas que ele comprou de Mr. Fish em uma liquidação de 50 libras cada, embora tenha sido na verdade desenhada como um vestido no estilo medieval.

A nova imagem atraiu os inevitáveis riscos contidos dos tabloides, mas a imprensa britânica do rock, suspeita com o exagero, via a interpretação literal de Bowie da moda unissex apenas como tola. Nos Estados Unidos, onde era relatado que ele "preferiria ser visto como uma Garbo moderna", e era "quase uma reminiscência desconcertante de Lauren Bacall", eles o levavam bem mais a sério. Talvez a sombra de olho e a bolsa de ombro, que ele acrescentou em sua viagem para lá, tenham assegurado isso.

Bowie agora estava se movendo em direção a um tipo diferente de estrelato, um que se devia mais à aceitação irônica e corrupta de Andy Warhol em Hollywood do que às homilias de comportamentos do rock. Pode ter sido "rock pantomima", mas Bowie nitidamente compreendeu a necessidade genuína por um tipo diferente de ídolo. Afirmando altivamente que "A música é o Pierrot, e eu, o intérprete, sou a mensagem", ele rejeitou a paixão pelo rock com técnica e tecnologia a favor de uma abordagem direcionada pela personalidade com uma diferença crucial – uma separação onisciente.

Nas mãos de Bowie, o estrelato não era meramente uma recompensa por um esforço artístico; era uma parte inextricável do processo criativo, tão crucial quanto mudanças de acordes e datas de shows. Isso era engenhoso e revelador. Ele escreveu músicas sobre Dylan e Warhol; ele mencionava Lennon e Crowley.

Ele não era uma estrela, mas já estava aprendendo a alimentar o seu *glamour*.

Capa original da versão do Reino Unido de *The Man Who Sold The World*, paródia de Bowie de uma pintura do artista pré-rafaelista, Dante Gabriel Rosetti. "Eu não tenho certeza se isso era realmente tentar ser provocante, era mais como uma reprodução dos anos 1960. Com certeza, foi mais provocativo quando usei o vestido nos Estados Unidos. O álbum não foi lançado com essa arte original nos Estados Unidos."

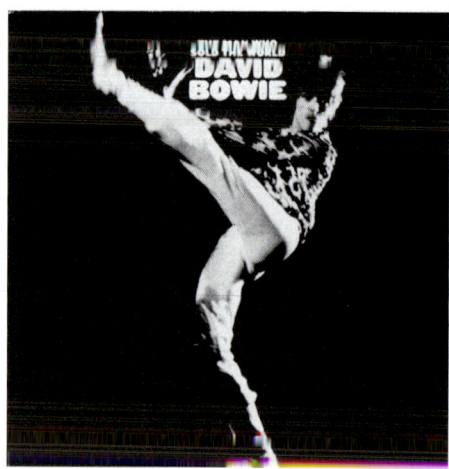

Acima: A capa igualmente potente de Brian Ward para o LP relançado em 1972.

À extrema esquerda: Lauren Bacall e (esquerda) Veronica Lake.

Página ao lado: Esfinge, 1971. No limiar de se tornar a oitava maravilha do mundo, Bowie inexplicavelmente adota um visual egípcio.

71

EU ME SENTI COMO UM ATOR

Acima: Como o poeta anárquico Herbert Beerbolm Baal em Play For Today, da BBC, transmitido em 1982. Abaixo: Bowie, Clark e Roeg no set de O Homem que Caiu na Terra, em 1975.

Nos últimos anos, Bowie tem feito pouco de suas buscas dramáticas: "A atuação é puramente decorativa. Não é algo que eu realmente considere como uma ambição". Ele nem sempre viu isso dessa forma. De volta aos anos 1960, quando ele estava com pouca sorte como cantor, foi a audições e aceitou papéis secundários em peças para a televisão – até um comercial de sorvete quando podia. Em 1973, cansado de seu papel de Ziggy/Aladdin, insistiu que estava cansado do rock'n'roll e estava considerando uma carreira no cinema. Quando ela veio, na forma de um alienígena em O Homem que Caiu na Terra, o diretor Nic Roeg disse a ele: "Seja você mesmo!". Desde então, Bowie buscou ativamente uma carreira no cinema, às vezes aparecendo em dois ou três filmes por ano. Houve uma ou duas atuações dignas de nota – seu retrato do major Jack Celliers, um prisioneiro de guerra japonês, foi convincente – mas seu papel mais legal e que mais lhe exigiu foi como John Merrick, papel principal em Elephant Man, produção teatral da Broadway de 1980. Seu envolvimento em muitos projetos não excepcionais, sem dúvida, diminuiu seu entusiasmo pela metade; seu único papel notável nos últimos anos foi interpretando Andy Warhol em Basquiat. Mas, apesar de sua falta de interesse, confessa, ele ainda faz mais filmes do que álbuns.

Como Thomas Jerome Newton em O Homem que Caiu na Terra, Bowie recusa a oferta de esfregar as costas de Candy Clark. Ele achou algo mais interessante para observar.

Página ao lado: Como o oficial prussiano Paul von Przygodsky, em Just a Gigolo, de 1978. "Escute, você ficou desapontado, e você nem mesmo estava nele. Imagine como nos sentimos. Eram mais 14 filmes de David Bowley gravados em um só."

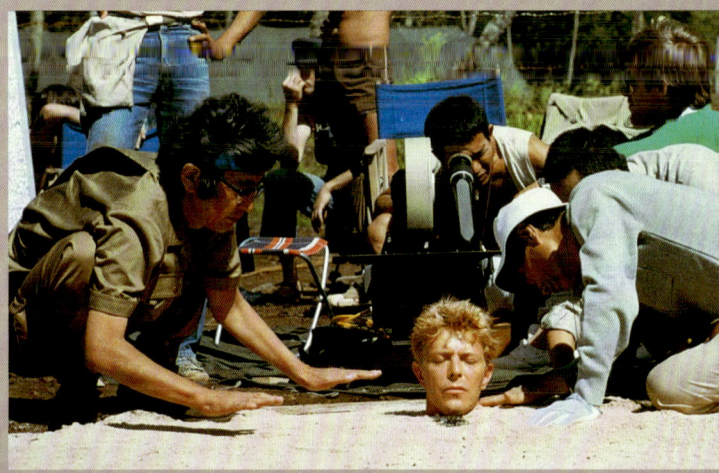

Mantendo apenas a cabeça, no set de Furyo – Em Nome da Honra, com o diretor Nagisa Oshima (acima, à esquerda), em 1982. Bowie: "Nunca tive uma experiência tão estimulante trabalhando em um filme. Eu faria um filme de nudez para ele num piscar de olhos".

Com Christopher Walken na première de Basquiat, em Nova York, em 1996. Bowie recusou o papel de um vilão no filme do James Bond de 1985, 007 Na Mira dos Assassinos, então ele foi para Walken.

73

Raygun
3rd anniversary issue
FABIOLA
SMART
David Bowie
Vibraciones
BOWIE EN VIVO!
The Music Paper
TIN MACHINE
PHENOMENON
rock&folk
IN fashion
TURNER & BOWIE
FOREVER COOL
MAJOR FALL LOOKS for men & women
HOT BODIES BEAUTIFUL SKIN
VANITY FAIR
SHOWY BOWIE
ROCK&FOLK
LOU REED
DAVID BOWIE
MOVIE STAR
L'UOMO VOGUE
Musique Info Hebdo
hours...
lo grand retour
de david bowie
THE DIG
Glam!
No.16
SMASH HITS
WINGS
THE POLICE
SOHO NEWS
David Bowie
Best
MAGpie
Direct Mail Order
Music Star
What made David doubt?
RECENSION
DAVID BOWIE
BETTE MIDLER
KUNG FU
HELLO!
THE WEDDING OF DAVID BOWIE AND IMAN
Rock SCENE
SECONDS
DAVID BOWIE
VIVA ROCK
11
Interview
CASH BOX
THE FACE
DAVID BOWIE
THE SUNDAY REVIEW
TONES+TV
Fi The Magazine of Music & Sound
DAVID BOWIE
INROCK
TAKE THAT
música & som
rock
DAVID BOWIE

creem
ALLMANS ON TOUR
DOOBIES
STONES
DAVID BOWIE
NYT
David Bowie
GAY NEWS
theatrecrafts
Bowie glows
TV Times
DAVID BOWIE
DE WERELD
ROCK SUPERSTARS
GIANT POSTER
DAVID BOWIE
PLUS A SUPERB COLLECTION OF COLOUR PICS!
Rolling Stone
STYLE
rockin'on
DAVID BOWIE
RED HOT CHILI PEPPERS
ROLLING STONE
Are You Man Enough for David Bowie?
The Primal Elvis Presley
Tom Hayden: Part II
OOR
Kan Bowie weer?
YAHOO! Internet Life
FREE MUSIC
HEALTH ONLINE
DAY TRADERS
rock & folk
DAVID BOWIE
BETTE MIDLER
DEEP PURPLE
MARIANNE FAITHFULL
Interview
David Bowie
Double Trouble!!
Telegraph Magazine
AN EARTHLING SPEAKS
SPECIALE 1982
Men at Work
De Gregori
Billy Joel
Supertramp
David Bowie
SONICS
THE MUSIC MAGAZINE
BOWIE
MUSICIAN
Bowie & Eno
THE FACE
DAVID BOWIE
DAVID LEE ROTH
RUDE!
Rolling Stone
the A list
David Bowie
APRIL '74 25p
LIVE
HARD
Les Inrockuptibles
Bowie
par lui-même
ARCHITECTURAL DIGEST
June 1973 · 20p
LET IT Rock
THE DAVID BOWIE TALK-IN
DR. JOHN
ATOMIC ROOSTER
MONKEE BUSINESS
MICKIE MOST
graffiti
DAVID BOWIE
POP
MUSICIAN
David Bowie interview
PSYCH-FURS
ALBERT LEE
KENNY LOGGINS
SUNNY ADE
switch
Bowie en su tinta
SONG HITS ANNUAL
WORDS TO OVER 110 SONGS!
BILLY IDOL

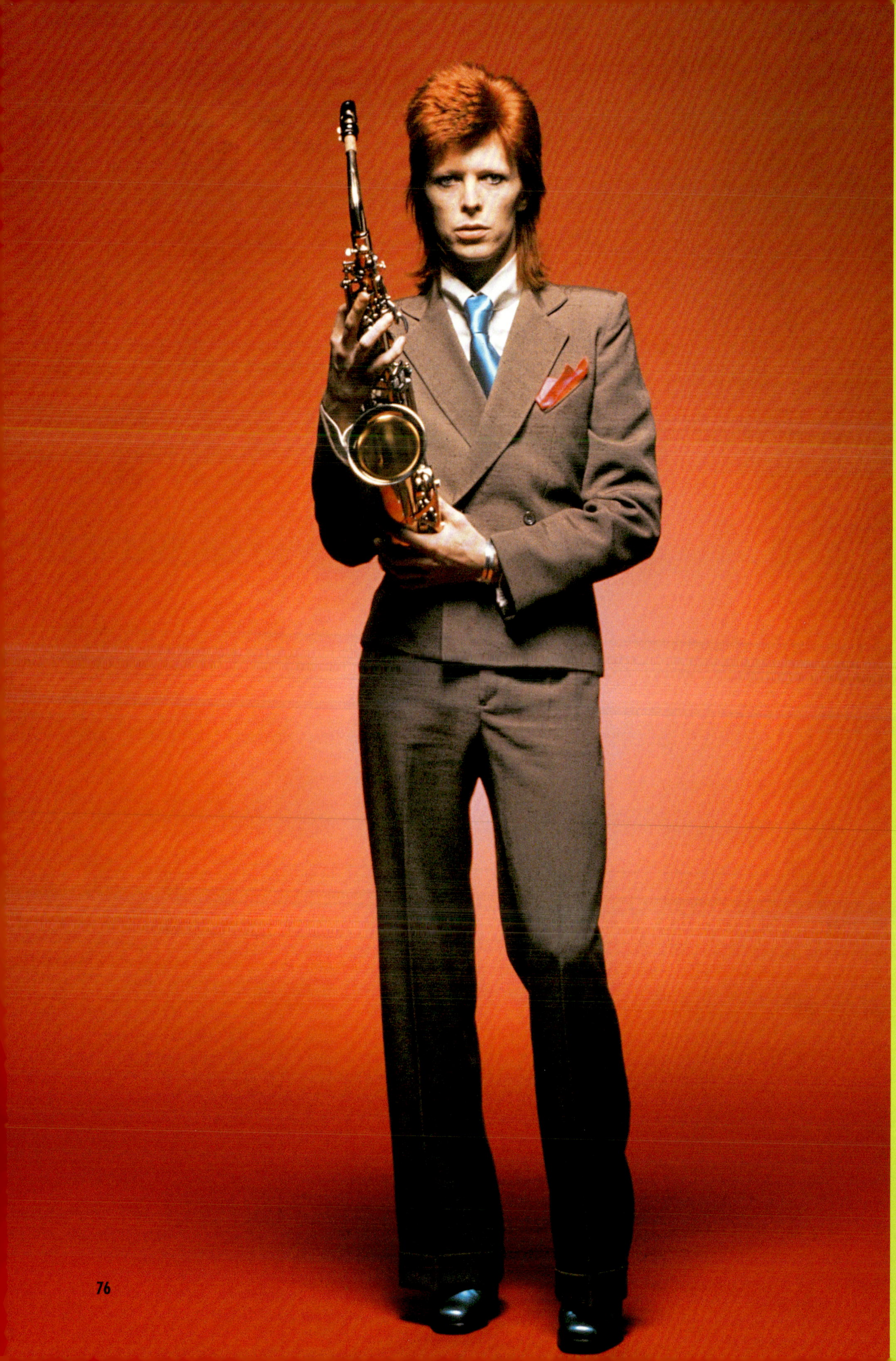

CRIAÇÕES CLÁSSICAS

Durante os anos 1960, David Bowie mexeu com a onda subcultural em constante mudança. Ele mostrou sinais de rebeldia durante 1967, quando não foi convencido pela Love Generation; mas, por volta do fim da década, ele sucumbiu à estranha fraternidade. Nos anos 1970 seria diferente. Protegido pela autoconfiança, e também por uma série de máscaras teatrais e estratégias inspiradas em Warhol, ele passou a década se reinventando de acordo com seus próprios desejos e tendências, uma batalha de um homem de estilo único que modificou o significado do visual e do impacto – do rock e do pop para sempre.

2.1

Ziggy Stardust

A ex-mulher de Bowie, Angie, escreveu em *Backstage Passes* que a criação de Ziggy Stardust foi "o primeiro ato poderoso em uma grande libertação". O foco era o adereço laranja de Bowie, o corte arrepiado do inferno (ou talvez de Marte) que foi concebido no Haddon Hall por Susie Fussey, estilista de um salão de cabeleireiros local em Beckenham High Street, e mantido com uma boa dose do tratamento popular anticaspa chamado Guard.

Angie descreveu o cabelo de Ziggy como "a única declaração de moda mais reverberante dos anos 1970", e por fim sua sede insaciável por exagero foi justificada. "Ele parecia tão ambivalentemente sedutor quanto era com seu cabelo hippie, longo e loiro." Angie continua: "mas essa nova bola de pelos vermelha moderna subiu as apostas. Agora ele parecia mais forte e mais selvagem; tão foda, mas muito estranho e, bem, muito imoral".

Página ao lado: Desenhado por Freddi Burretti, David posa com um terno marrom-chocolate com um blazer curto de quatro botões trespassado, e a calça de 70 centímetros de cintura, completada com uma barra de 5 centímetros, cortada para ser usada com botas plataformas.

A foto monocromática original de Brian Ward para a contracapa de Ziggy Stardust; o estúdio de fotografia de Ward ficava atrás da cabine telefônica. E se podemos acreditar em Joe Strummer, do The Clash, "a melhor coisa que Bowie já fez foi 'Get Off The Phone, Henry'". Para ser Tocado no Volume Máximo, como a lenda costumava dizer.

Página ao lado: "Eu queria pegar a dureza e a violência daquelas roupas de Laranja Mecânica – as calças para dentro das grandes botas e as braguilhas – e suavizá-las usando os tecidos mais ridículos. Era uma coisa dadaísta – essa extrema ultraviolência em tecidos Liberty".

Anos depois, Bowie percebeu que o guarda-roupa de Ziggy – que ele descreveu uma vez como sendo "um cruzamento entre Nijinsky e Woolworth's" – tinha sido copiado de *Laranja Mecânica*, de Stanley Kubrick. "Eu achava os macacões maravilhosos, e adorava a qualidade maliciosa, malevolente e viciosa desses quatro caras, embora os aspectos da violência não me empolgassem particularmente. Eu queria fazer uma mudança nisso, então... peguei esses materiais estampados, coloridos e costurados, e isso retirou a intensidade do visual violento dessas roupas, mas ainda assim reteve aquele visual terrorista, estamos prontos para a ação. E os coturnos... mudei a cor, deixei-os verdes e azuis, ou coisas assim... Tudo se encaixou perfeitamente com o que eu estava tentando fazer, criar esse mundo falso, ou esse mundo que ainda não aconteceu."

Ziggy Stardust começou a ter vida como um álbum conceitual sobre um personagem que vem do espaço para liderar o que Bowie posteriormente descreveu como "possivelmente a última banda na Terra". Como ele estava escrevendo músicas a uma velocidade alarmante, a ideia inevitavelmente foi diluída na época em que *The Rise And Fall Of Ziggy Stardust And The Spiders*

From Mars estava pronto para ser lançado em 1972. No entanto, o álbum serviu como um trampolim perfeito para Bowie combinar sua busca pela fama com suas necessidades musicais. O resultado foi muito significante. Ziggy reabriu espaço para uma tradição musical alternativa (Velvet Underground, Iggy Pop); legitimou a habilidade do rock de discutir sobre si mesmo (indo direto ao debate "Quem é Ziggy?", estimulado pela famosa campanha da RCA, "David Bowie é Ziggy Stardust"); levou o teatro do rock a novas dimensões; abriu os temas relacionados a gênero e política de identidade. Obviamente, o rock nunca mais seria o mesmo.

Números da sorte. Ziggy toca violão em Newcastle, janeiro de 1973. "A maioria das pessoas tem medo de cores. A vida delas é construída em tons de cinza. Não importa quão sério seja o estilo, use materiais coloridos e todo mundo começa a agir de forma estranha."

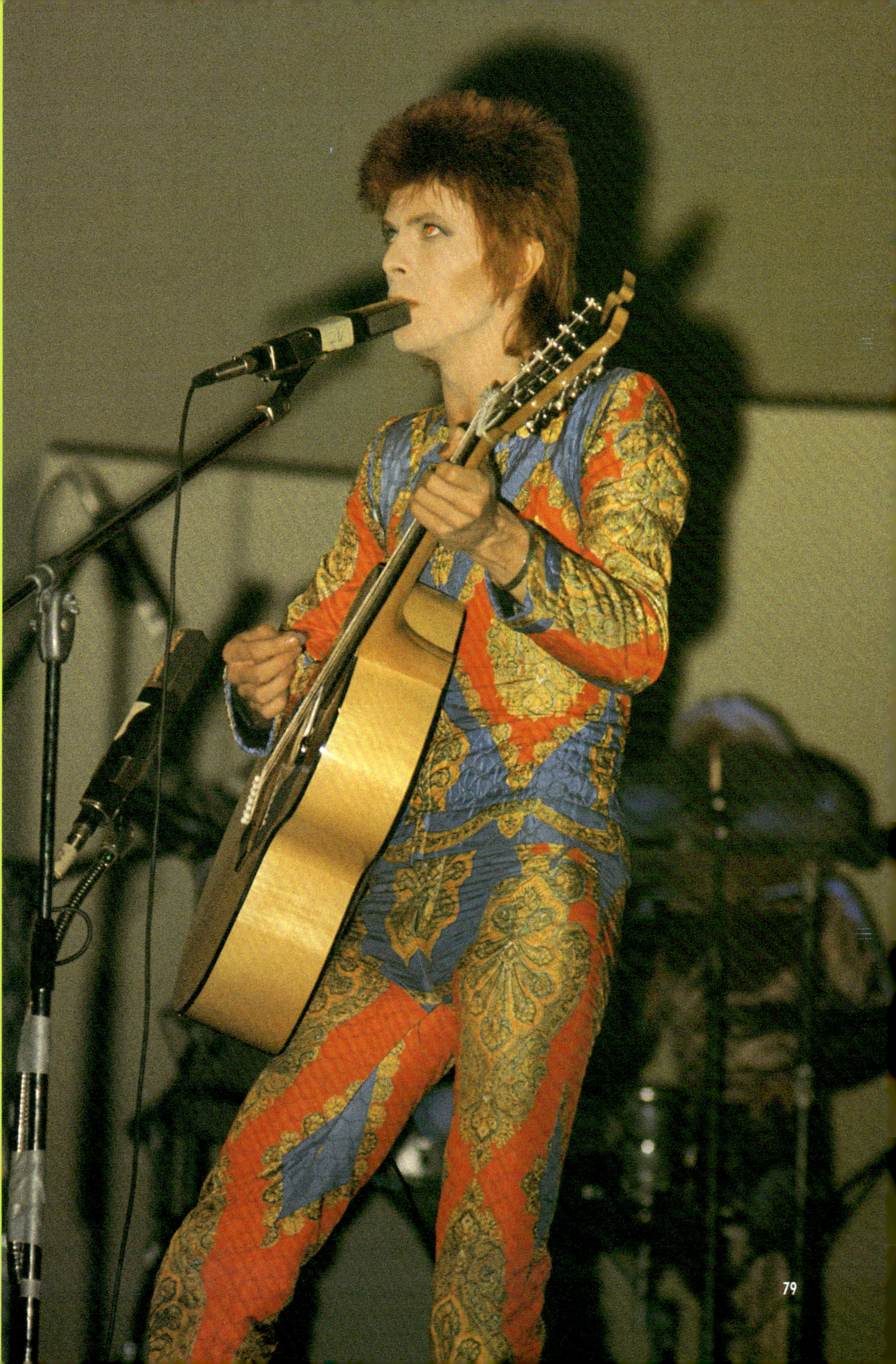

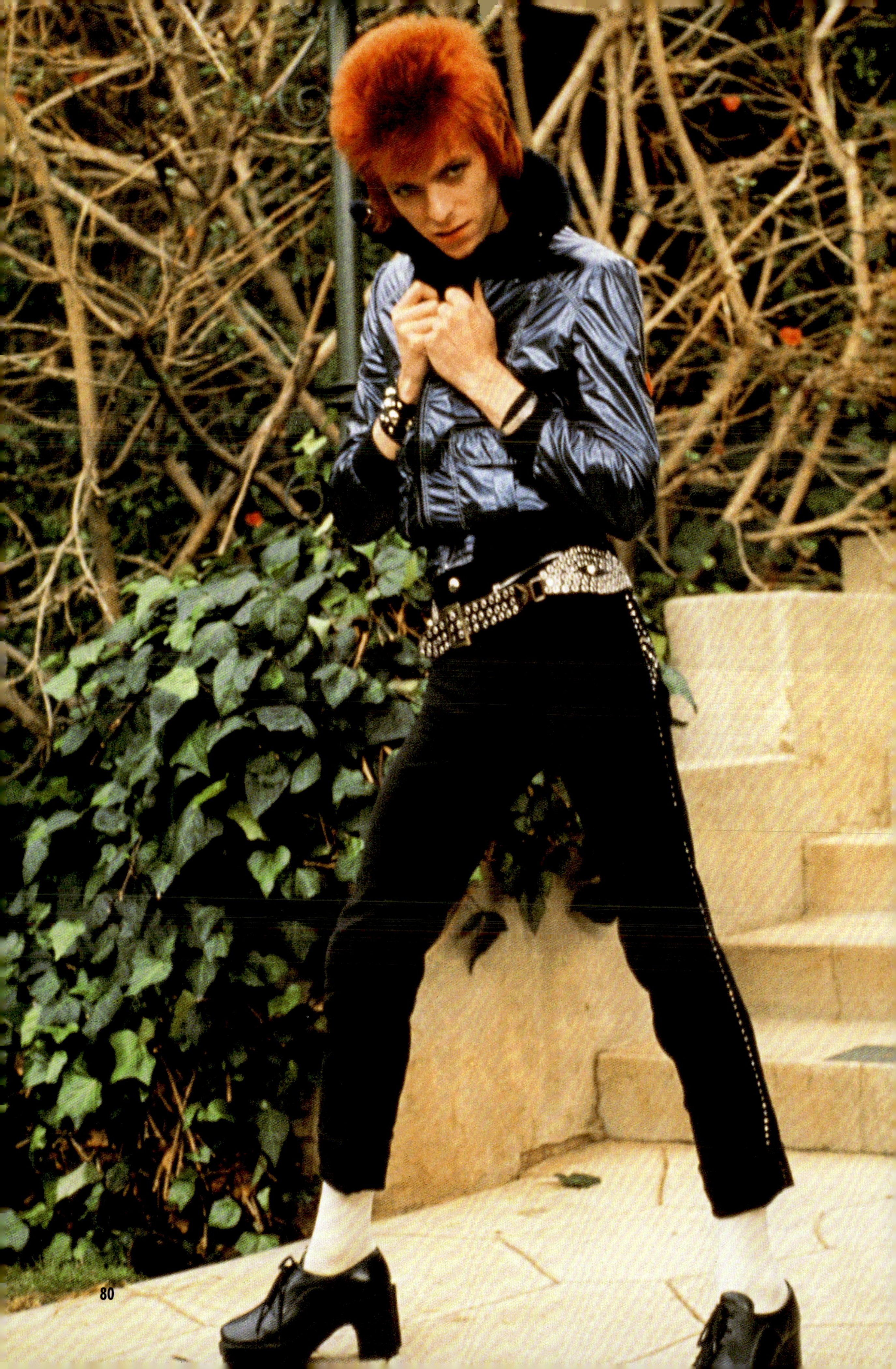

Página ao lado: Sapatos pretos, meias brancas, outubro de 1972. Bowie havia visto o estilo de cabelo na Harpers & Queen. "Era outubro de 1971, a primeira notícia de Kansai Yamamoto na Inglaterra. Ele estava usando uma peruca de leão kabuki em suas modelos, que era vermelho brilhante. Era a cor mais dinâmica, então tentamos deixar meu cabelo o mais parecido possível. Eu fiz com que a ex-mulher de Mick Ronson cortasse meu cabelo curto e o tingisse de vermelho Schwarzkopf. Eu o deixava em pé com muita escova e aquele terrível laquê antigo."

Abaixo: No Estúdio 8 da BBC Television Centre, 5 de julho de 1972: a apresentação de 'Starman' no Top Of The Pops é, sem dúvida, um momento definitivo na história do rock pós-Beatles.

Acima, à esquerda: Conversation Piece. Bowie interpretando "Hang On To Yourself" na turnê Aladdin Sane, em 1973. Abaixo: Compartilhando uma piada sobre o destino dos Spiders com Lou Reed e Mick Jagger, na festa de "aposentadoria" no Cafe Royale, em 3 de julho de 1973. Bowie havia descrito Jagger como "incrivelmente sexy e muito viril".

STARMAN: SEGUNDA MORDIDA

O garoto prodígio de um hit de 1969 era, em 1973, pouco reconhecido. Naquele tempo, as pessoas reconheciam sua música, mas não seu rosto. Agora, com seu cabelo de escova de limpeza, sua pele pálida e roupas sugestivas, revelando membros compridos, não dava para não notá-lo. Antes do glam rock, os roqueiros achavam o tema do estrelato muito desconcertante. Bowie, construindo o conceito em Ziggy Stardust, foi capaz de se juntar à nova geração de "Superstars", enquanto simultaneamente transcendia as associações mais sórdidas do estrelato simplesmente "interpretando" o papel. Bowie não foi a primeira estrela dos anos 1970, porque Marc Bolan chegou lá antes. Nem foi a mais popular, porque Rod Stewart e Elton John venderam mais discos do que ele. Mas ele era de longe o mais intrigante, simplesmente porque tornou o estrelato mais ligado à fantasia e mais ambíguo do que ele já era. Como confirma *Starlust*, a coleção de fantasias de fãs de Fred e Judy Vermorel, David Bowie era a melhor ajuda para a masturbação desde os estudos de Kinsey.

O estrelato, como John Lennon gostava de dizer, era uma forma de loucura. Uma década de Beatlemania o deixou cuidando de sua identidade fraturada que estimulou uma retirada para uma primeira terapia, e proclamando que ele não acreditava "nos Beatles". Bowie alimentou essa diminuída tomada do estrelato, também explorada no filme *Performance*, de 1970, estrelando Mick Jagger, afirmando que precisava de suas qualidades que distraem: "Ser famoso ajuda a eliminar os problemas de me descobrir", ele disse.

Bowie era o *baby boomer* que trouxe de volta a esperança de uma geração. Seu estilo Ziggy assumido no estrelato era vazio, efêmero e veio embrulhado em autodestruição. Era Syd Barrett sacrificando-se ao ácido, virando suas costas para a fama e pegando o lento trem para o hospital psiquiátrico. Era Iggy Pop ferindo-se no palco. Era Vince Taylor dizendo ser Jesus Cristo e sendo levado para uma casa de repouso. Era Brian Jones e Jim Morrison engordando e tendo fins tristes. Era Jimi Hendrix sufocando-se em seu próprio vômito. Esse era o tipo de estrelato no qual David Bowie havia mergulhado corajosamente seus dedos dos pés pintados de forma chamativa.

Quando ele não estava dizendo a seus amigos que preferia ficar longe do sol para não derreter, Bowie estava curtindo as armadilhas do estrelato. Ele saía com Mick Jagger, estava em contato com os principais garçons-chefe e se tornou um frequentador assíduo do QE2. Mas uma agenda de trabalho cansativa, com turnês sem parar, com sessões de gravação, aparições na TV e entrevistas encaixadas sempre que possível, inspirou Bowie a criar Aladdin Sane, um filho de Ziggy, baseado em suas experiências recentes. Substituir uma máscara por outra permitiu a Bowie exorcizar o que Ziggy havia se tornado – ou assim ele pensou. Não foi o suficiente. Em 3 de julho de 1973, em outra ideia brilhante melodramática, ele anunciou sua "aposentadoria" diante de uma plateia confiável. Ele veio para desarmar o estrelato, mas isso acabaria praticamente o destruindo.

81

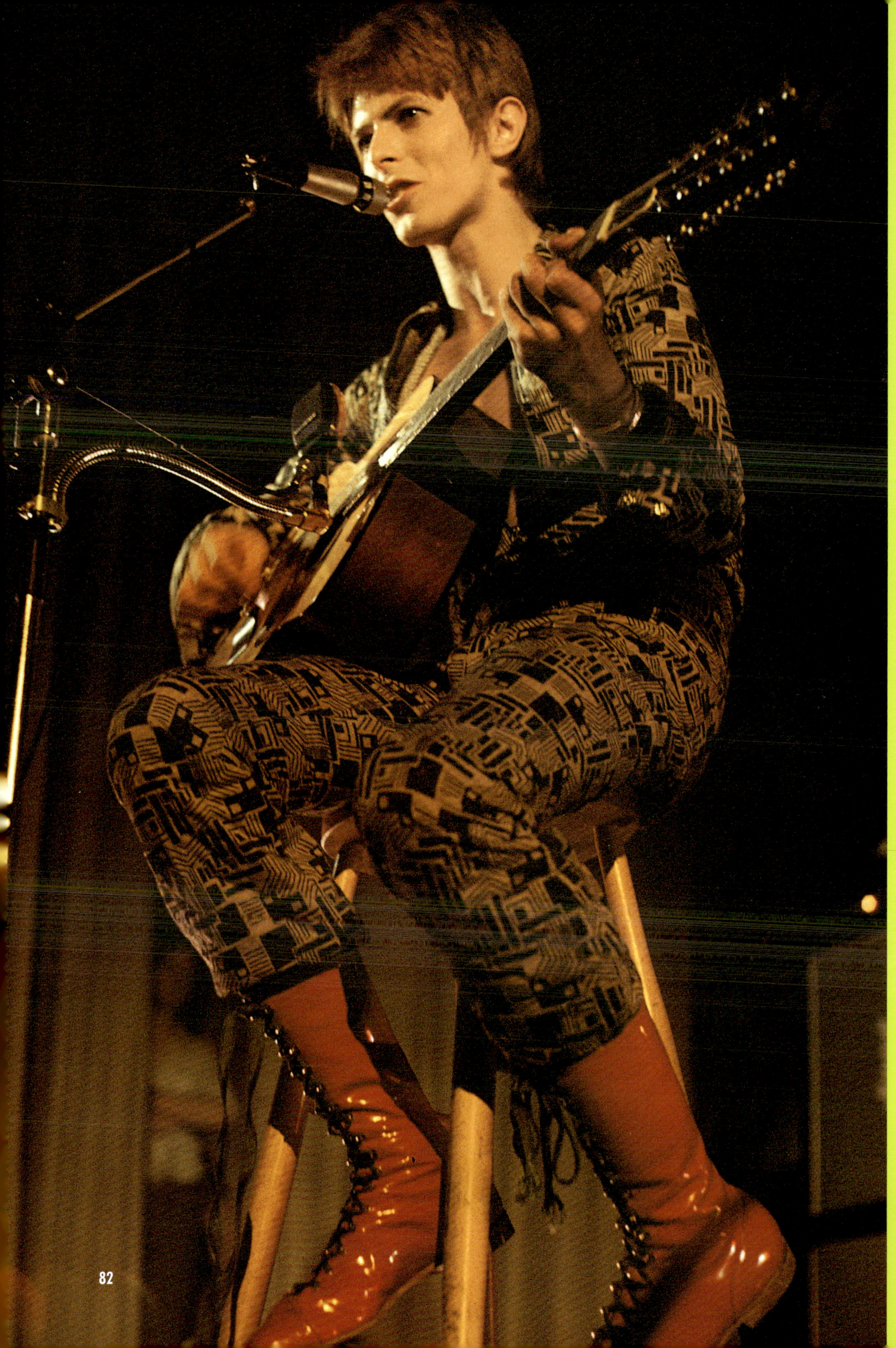

"O sax foi meu primeiro instrumento, mas toquei violão por muitos anos. O que faço preenche o som, e é claro que é um grande apoio."

Estrategicamente, Ziggy era uma ideia brilhante. Se Bowie era muito tímido para dar um salto de mudança do underground para o mainstream pop, como seu rival Marc Bolan fez, por que não pegar outra pessoa para fazer isso para ele? Essa foi a ideia que começou a se formar na mente de Bowie durante 1971 e nos primeiros meses de 1972, quando o revivalismo do rock'n'roll na forma de estrela moldada do glam rock emergiu para preencher o vazio deixado pelos Beatles. Felizes nesse novo espírito de diversão e economia musical estavam grandes personalidades com muito talento bem-moldado – Elton John, Rod Stewart e Gary Glitter haviam estado nas margens por anos, como Bowie e Bolan. Superando todos eles, Bowie – como Ziggy – emergiu durante o verão de 1972 entre uma precipitação de contradições. Rock ou pop? Gay ou heterossexual? Louco ou fraude? Salvador ou destruidor? Ninguém tinha certeza, mas eles não conseguiam parar de falar dele.

Quando a turnê Ziggy Stardust foi lançada oficialmente – com pouco alarde – no Toby Jug, em Tolworth, Surrey, em fevereiro de 1972, David Bowie estava simplesmente promovendo seu último álbum, *Hunky Dory*, e adiantando algumas músicas de seu álbum que estava por vir. Nessa época, sua agenda de shows praticamente sem pausa alcançou o Royal Festival Hall, Londres, em julho; para marcar o lançamento de Ziggy, ele cumprimentou o público com as palavras: "Olá, eu sou Ziggy Stardust, e estes são os Spiders From Mars".

Conforme Bowie e seu outro eu, Ziggy, obtiveram grande sucesso, a indiferença que o crítico Ray Coleman havia adquirido no Festival Hall se intensificou. Os shows se tornaram mais teatrais, com uma trupe de dança, imagens projetadas no palco, andaimes móveis, e até mesmo o som tocado da Nona Sinfonia de Beethoven da trilha sonora de *Laranja Mecânica*. "Um show de Bowie é sua antiga produção de Busby Berkeley... talvez esse tenha sido o show de rock mais conscientemente teatral já realizado", escreveu Charles Shaar Murray, não totalmente de forma positiva. David se tornou a Estrela de 1972, mas já existia um desconforto distinto com o qual ele estava lidando.

"Eu gostava de manter minha banda bem vestida. Na verdade, estou um pouco preocupado com a forma com que a banda caiu nisso tão facilmente. Eles tocavam hard blues, mas agora eles gostam da parte das roupas."

Acima: The Rainbow, 1972. Elton John: "Eu o vim seguindo desde 'Space Oddity'. E o segui em todos esses álbuns que não venderam, como *The Man Who Sold The World*, e coisas assim. Acima de tudo, apesar de todo esse lixo glamoroso, a música está lá. *Ziggy Stardust* é um álbum clássico."

"Os primeiros dois meses não foram fáceis. As pessoas acharam muito difícil, até termos um progresso musical. A aparência atual e tudo mais, quero dizer, foi como 'Ah, um bando de afeminados'. O que foi engraçado."

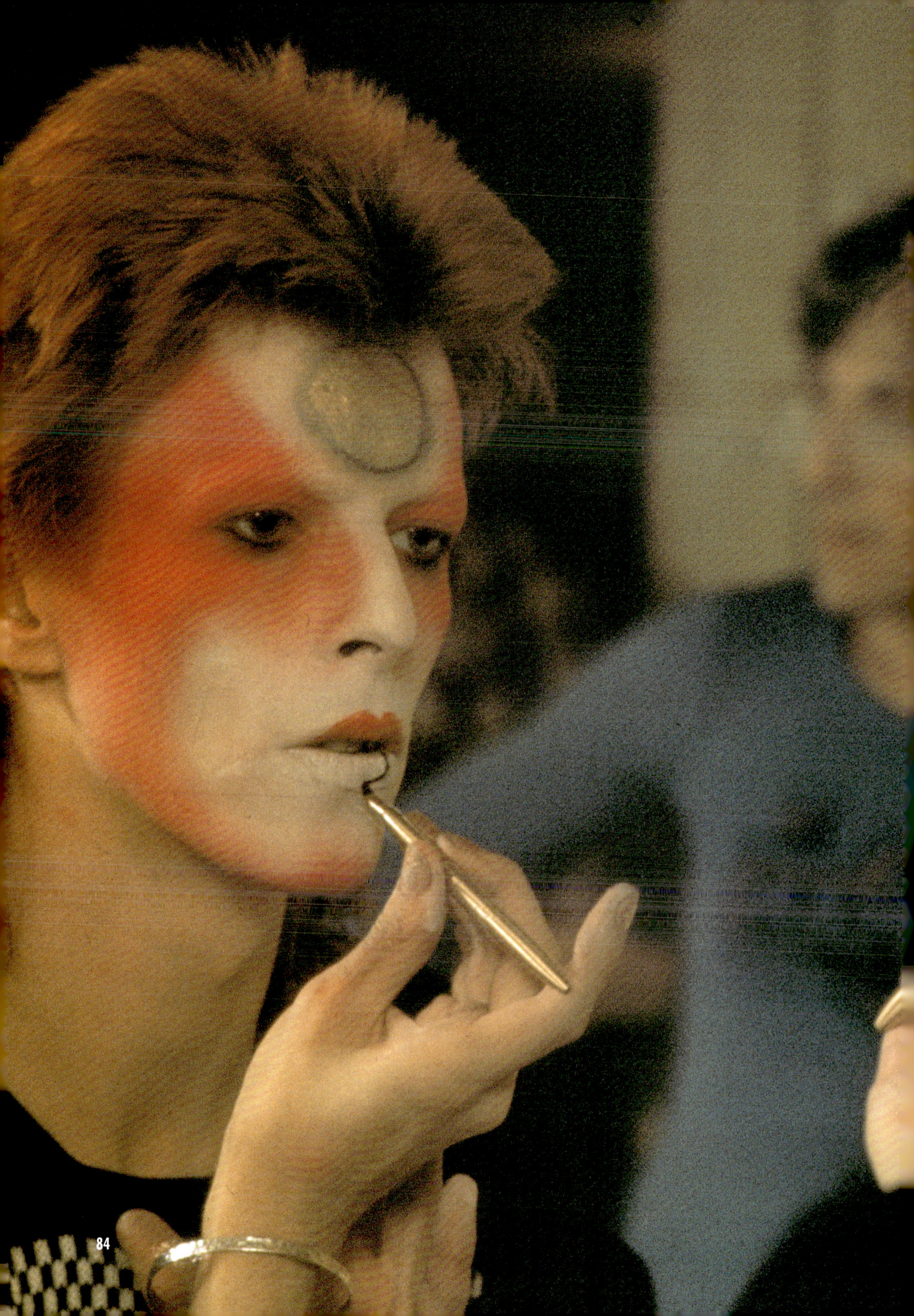

"Eu me cercava de pessoas que cediam ao meu ego. Elas me tratavam como se eu fosse Ziggy Stardust ou uma de minhas personagens, nunca percebendo que David Jones poderia estar atrás disso."

ESTILO BOWIE

Existia uma inquietação similar em um nível pessoal. Questionado em 1974 se ele acreditava que Ziggy era "um monstro", Bowie respondeu: "Oh, ele certamente era... Quando o escrevi primeiro, era apenas um experimento. Era um exercício para mim, e ele realmente cresceu meio fora de proporção, suponho, tornou-se muito maior do que pensei que Ziggy se tornaria... Ziggy simplesmente ofuscou tudo". Anos depois, Bowie admitiu que Ziggy estimulou "problemas reais, porque eu gostava tanto da personagem e era tão mais fácil para mim viver dentro dessa personagem que, com a ajuda de algumas substâncias químicas naquela época, se tornou cada vez mais fácil para mim modificar as fronteiras entre a realidade e a abençoada criatura que criei, meu outro eu... O outro eu e eu mesmo estávamos começando a nos tornar uma e mesma pessoa. E então você começa nesse caminho de destruição psicológica caótica".

Conscientemente se passar por uma outra personagem, e anunciar que esse artifício estava no centro de seu jogo, não foi meramente um triunfo da estética do rock; era crucial para a carreira de Bowie. Angie Bowie: "É de alguma forma comum, mas é verdade: ao criar Ziggy para sair e representá-lo, David nunca tinha de agir como ele mesmo em público se ele não quisesse, o que significava, por outro lado, que ele poderia buscar a arte e a aprovação sem ter de lidar com sua falta de autoestima, conforme o encolhimento, ou, de forma mais exata, sua frígida vergonha".

"Houve uma vez em que o vi se arrumando para o programa de Russel Harty, e me lembro de olhar para seu reflexo no espelho e pensar: 'Esse é o homem mais bonito que já vi'. Eu não me lembro dele sendo afeminado alguma vez, mas ele era bonito. Vem da estrutura óssea, acho. Era a beleza em oposição ao que é belo." − Ken Scott, produtor de Ziggy.

O ENIGMA DE ZIGGY

A criação mais enigmática de Bowie, que ascendeu do anonimato para o status de ídolo venerado e acabou jogando tudo para cima, foi um exercício intenso de realização de desejo que dizia muito sobre suas próprias aspirações e anseio por melodrama. Bowie como Ziggy logo se transformou no animal de laboratório mais mimado do pop, mas ele nunca conseguiria ter feito isso sem uma pequena ajuda de seus amigos...

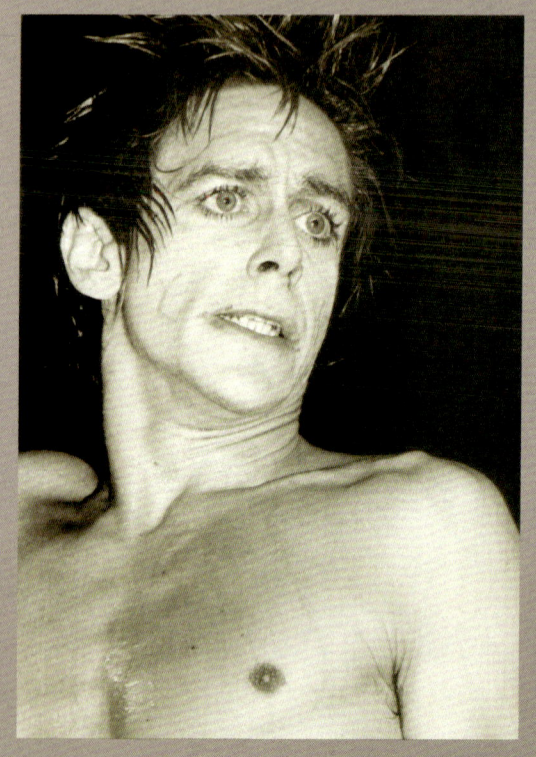

Iggy Pop

Acrescente na frente do nome de Iggy a letra mais estranha do alfabeto. Simples, não foi? (Bowie desde então afirmou, sem convencer, que "Ziggy" era o nome de uma alfaiataria que ele viu do trem.) De acordo com o vice-presidente da MainMan, Leee Black Childers, "Bowie era fascinado por Iggy porque ele queria ter acesso à realidade do rock'n'roll que Iggy vivia – e David Bowie nunca conseguiria viver isso, porque ele era um estudante de arte pequeno e fracote do sul de Londres e Iggy era um tranqueira de Detroit". Bowie retribuiu o favor ajudando a produzir três álbuns clássicos de Iggy: *Raw Power* (1973), *The Idiot* e *Lust For Life* (ambos de 1977). A dupla, que era praticamente inseparável durante 1976 e 1977, trabalhou em parceria esporadicamente desde então.

Vince Taylor

Vince Taylor realmente se tornou um dos blocos de construção do caráter de Ziggy. "Eu simplesmente achava que ele era bom demais para ser verdade; ele era de outro mundo, era algo mais, e ele definitivamente era parte do plano desse personagem estranho que veio de algum lugar." Durante os anos 1990, Bowie estava bem preparado para enfatizar a importância desse roqueiro pouco conhecido para o projeto de Ziggy. Taylor, ou simplesmente Brian Holden, da Califórnia, vindo de Middlesex, descobriu alguns adeptos à sua segunda onda do rock'n'roll em Londres, então viajou para a França, onde foi aclamado como o novo Elvis. Bowie o conheceu em Londres em 1966, no tempo em que Taylor estava, como Bowie recorda, "fora de sua toca; esse cara era doido, absolutamente genuíno. Eu não consigo me lembrar se ele disse que era um alienígena ou o Filho de Deus, mas ele deveria ser um pouco dos dois".

Taylor retornou para a França, mas uma turnê em 1967 acabou em catástrofe. "Nessa última apresentação", Bowie disse a Paul Du Noyer, "ele demitiu a banda e então entrou no palco vestido em um manto branco, como Jesus Cristo, e disse: 'Eu sou a Ressurreição, eu sou Jesus Cristo'. Eles quase o lincharam". Um genuíno Messias leproso, na verdade. Vince Taylor morreu na Suíça em 1991.

Marc Bolan

Bowie já esteve fascinado e consumido de inveja quando seu amigo e rival Marc Bolan fez uma transformação praticamente do dia para a noite, de um hippie primitivo para o primeiro ídolo do glam rock. Bolan, que declamava poesia, usava maquiagem e cabelo no estilo de Medusa, era um tipo estranho de pop star; dando uma dica a Ziggy Stardust, a última esquisitice do rock'n'roll. A influência de Bolan não para por aí. Os ajudantes de Ziggy, "Weird e Gilly", soam como personagens tirados de um poema antigo de Bolan. E suspeitas de que o membro do T-Rex inspirou "Lady Stardust" fo-

Havia pouco contato entre os rivais do glam Bowie e Bolan (à esquerda) durante o período de Ziggy. Entretanto, há poucos anos David revelou que tem a posse de fitas com algumas gravações demo secretas que ele havia feito com Marc em Los Angeles na metade dos anos 1970.

ram confirmadas quando seu rosto foi projetado em um telão durante uma apresentação da música no Rainbow, em agosto de 1972.

The Legendary Stardust Cowboy

Uma noite, um cantor de country pouco conhecido foi convidado para o programa popular americano de comédia *Rowan & Martin's Laugh-In*. A plateia o achou hilário; o cantor, conhecido como Legendary Stardust Cowboy, não estava se divertindo tanto e supostamente teria deixado o palco às lágrimas. Sua música era, como Bowie recordou afetuosamente, "a coisa mais anárquica e niilista que você já ouviu em sua vida", e já em 1972 ele era abertamente reconhecido com gratidão pela dívida de Ziggy ao verdadeiro Legendário.

Jimi Hendrix

Jimi "era canhoto", malvisto como "indeciso" e, quando ele usava seu lenço oriental na cabeça, apresentava um "estilo de cabelo desarrumado/Como algum gato do Japão". Hendrix era o talento do rock, embora o relutante superstar com três anos de fama e destruição narcótica chegou a um fim abrupto em setembro de 1970. "Ele era doidão", com certeza, mas "cara, ele sabia tocar guitarra". Existiam muitas referências óbvias na música "Ziggy Stardust" (vamos considerar "sem bronzeado" como uma licença poética) para se tratar de outra pessoa.

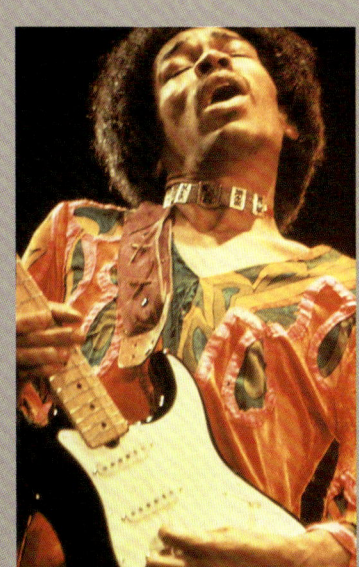

Outras teorias...

Tanto Alice Cooper quanto Todd Rundgren lideraram bandas dos anos 1960 chamadas The Nazz, o que novamente poderia ser uma referência ao Nazareno, também conhecido como Jesus Cristo... Antes de virar as costas para o estrelato afirmando ter visto a luz depois de viagem de ácido particularmente potente, Peter Green, do Fleetwood Mac, começou a usar mantos como homem da Galileia ou, talvez, um "Messias leproso". Outro ídolo da contracultura com a inspiração da Ascensão e Queda foi o favorito de Bowie por longo tempo, Syd Barrett, do Pink Floyd. A natureza trágica potencial do estrelato pop era o tema de um filme cult, *Privilege*, estrelado pelo ídolo dos anos 1960 Paul Jones e lançado em 1967. No mesmo ano, o mitologista Nik Cohn publicou *I Am Still The Greatest Says Johnny Angelo*, um conto fictício que trata da ascensão e queda de um herói da ficção. "Violência e glamour e velocidade, esplendor e vulgaridade, perigo e postura e estilo – essas são as coisas que ele valorizava, nada mais." E, sim, Bowie leu o livro... Se ele viu ou não o filme cult voyeur *Peeping Tom*, não se sabe, mas a similaridade entre a primeira cena e a capa do álbum *Ziggy Stardust* é estranha.

The Nazz, a banda de Todd Rundgren.

Acho que o que faço e como me visto sou eu me dirigindo às minhas próprias excentricidades e imaginação. É fantasia contínua. Atualmente, não há diferença entre minha vida pessoal e tudo o que faço no palco.

My Death: "Eu o vi interpretá-la em 1973. Fiquei tão impressionado que ele poderia tocar uma música de Rolf Harris e eu acharia demais." Ian McCulloch, do Echo And The Bunnymen

2.2

Aladdin Sane

Ziggy Stardust havia sido o cadete espacial do glam rock inspirado com um choque impudente de *Laranja Mecânica*. Aladdin Sane era Ziggy criado de forma maior, e até mais incompreensível. Seu símbolo principal era um raio estranho parecido com o símbolo internacional para perigo. Tudo o que Ziggy ameaçava se tornar se manifestou em Aladdin Sane. Foi uma criação que quase superou seu criador.

Bowie posteriormente descreveu Aladdin Sane como Ziggy vai à America. "Eu diria tudo o que poderia sobre Ziggy, mas criei essa coisa maldita, agora como que eu saio disso?". A América era, aos olhos de Bowie, "esse mundo alternativo sobre o qual eu falaria. Tinha toda a violência e toda a estranheza e bizarrices, e realmente estava acontecendo. Era como a vida real. Simplesmente estava em minhas músicas". Diferente de Ziggy, que havia sido criado na imaginação de Bowie, Aladdin Sane era sobre a realidade do estrelato. A separação calculada no estilo Warhol que Bowie aplicou a Ziggy Stardust mal teve uma oportunidade durante a era de Aladdin Sane, que pareceu acontecer durante a turnê americana de três meses no fim de 1972. Quando Bowie fez uma aparição nacional passageira no programa de TV *Russell Harty Plus*, no começo de 1973, era como se o Messias leproso houvesse finalmente aterrissado. O cantor que, não menos do que 18 meses antes, havia desapontado muitos amigos de Andy Warhol ao se assemelhar a um "velho hippie folk", agora sintetizava tudo o que parecia oposto para um gosto popular, ou até mesmo não popular. "Meu próximo papel será uma pessoa chamada Aladdin Sane", ele disse. Ninguém tinha dúvida de que ele já estava interpretando.

Em muitas formas, essa foi a criação mais perfeita de Bowie – o momento em que o monstro Frankenstein finalmente caminhou. Mas os paralelos com o cientista visionário estavam bem claros: com aproximadamente 50 quilos, Bowie estava magro de dar aflição e cadavérico, e tinha o visual de alguém que estava nas garras de forças que estavam prestes a destruí-lo. Umas das músicas que ele apresentou no programa era "My Death", de Jacques Brel; soou como uma música de funeral. Sua leitura favorita naquela época era *Um Estranho numa Terra Estranha*, de Robert Heinlein.

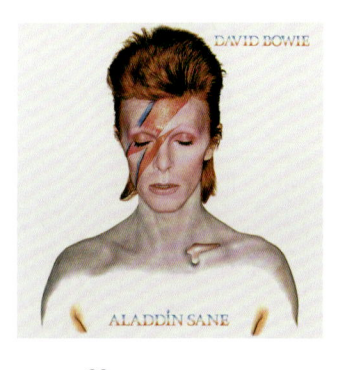

O raio em *Aladdin Sane* foi a insígnia mais conhecida de Bowie nos anos 1970. "Eu criei essa coisa de raio. Mas a lágrima foi (o fotógrafo) Brian Duffy. Ele a colocou posteriormente. Achei que ficava mais bonito." Vinte anos depois, quando Bowie viu o que Jones Bloom havia pintado nessa capa da *Q*, ele a descreveu como "insolente".

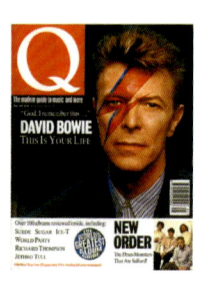

Página ao lado: 'Drive In Saturday' também foi interpretada no mesmo programa de TV. A música, Bowie recorda, tinha sido "escrita para o Mott The Hoople. Mas eles decidiram que havia chegado a hora de escreverem seu próprio single, então ela foi devolvida para mim. Eu estava tão perturbado que uma noite na Flórida fiquei bêbado e raspei minha sobrancelha!".

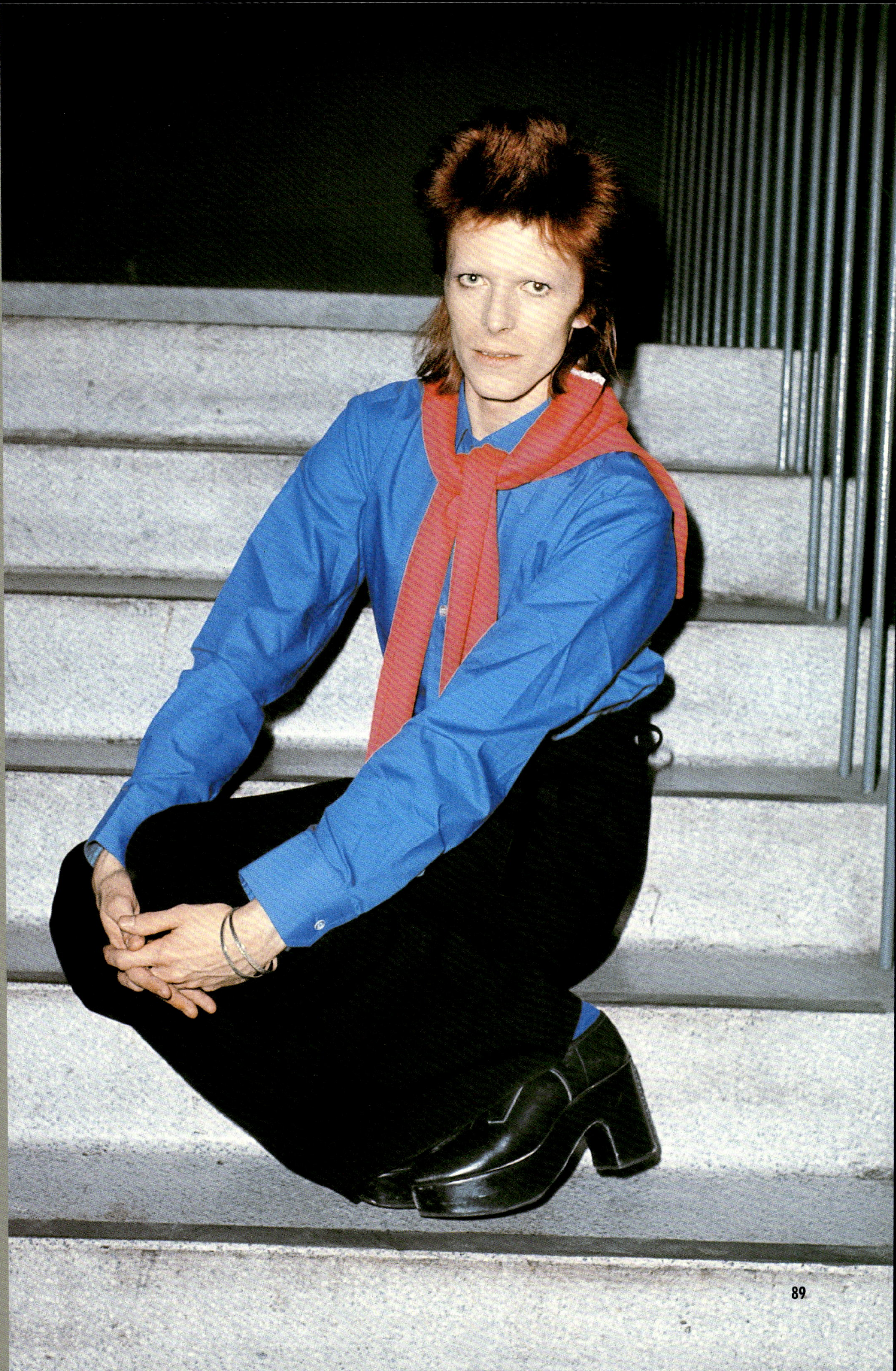

VOCÊ SERÁ RAINHA

Kim Novak celebrou seu aniversário de 45 anos com o coprotagonista Bowie no set de *Just A Gigolo*, em fevereiro de 1978.

Gravação do clipe de 'Miracle Goodnight', Los Angeles, fevereiro de 1993.

Rumores sobre a bissexualidade de Bowie fizeram maravilhas por sua condição heterossexual. "Eu tinha todas essas garotas tentando me levar para o outro lado. 'Vamos, David, não é tão ruim, eu mostrarei para você'", ele disse posteriormente. Sexo não era apenas um artifício para Bowie. Seu trabalho é cheio de insinuações e referências sexuais gráficas, e suas tendências narcisistas e voyeurísticas são bem documentadas. Depois de descobrir o sexo aos 14 anos, ele recordou: "Meu primeiro pensamento foi, bem, se alguma vez eu for para a prisão, saberei como me manter feliz".
Por muitos anos, particularmente durante os anos 1970, Bowie devorou groupies com o entusiasmo de um coelho que consome Viagra. Mas um apetite entusiasmado por prazeres carnais não o impediu de desfrutar – e de resistir, em um ou dois casos – de muitos relacionamentos longos e significativos.
Em 1976, quando Bowie estava provavelmente mais sarcástico, ele foi questionado sobre o amor. "Nunca estive apaixonado, para falar disso. Eu me apaixonei uma vez, talvez, e foi uma experiência horrível. Isso me apodreceu, me drenou, e era uma doença... Estar apaixonado é algo que gera raiva bruta e ciúmes, tudo menos amor, parece".
Seus comentários sugeriram uma necessidade psicológica profunda de se proteger da dor emocional – rejeitar o "amor" oferecia o mesmo tipo de proteção que as estratégias warholianas conferiram para sua vida pública.
O objeto de impropérios de Bowie era Hermione Farthingale: alta, bonita, artística e uma dama inglesa clássica que veio da classe média (e com um nome de morrer). O casal se conheceu no fim de 1967, enquanto ambos frequentavam as aulas de mímica e dança de Lindsay Kemp. Eles apareceram brevemente juntos, para uma cena em um drama da BBC TV, *The Pistol Shot*, e se apaixonaram por volta da primavera de 1968. Em agosto, Bowie se mudou do flat de Ken Pitt no centro de Londres para dividir um apartamento simples e elegante com Hermione em Kensington. Temporariamente abandonando os planos para uma carreira solo, ele formou os Feathers, um trio popular que misturava diferentes artes, com Hermione, que dançava, cantava ocasionalmente e concedia um ótimo acompanhamento para Bowie, e o guitarrista John Hutchinson. O trio apareceu em *Love You Till Tuesday*, um filme promocional de 30 minutos, no início de 1969. Mas dias depois estava acabado, Hermione terminou o relacionamento, aparentemente por ordem de seus pais, que acreditavam que ela merecia alguém melhor do que um cantor de pop batalhador.
Ken Pitt lembra-se de Bowie ter retornado ao seu flat magoado e inseguro". Profundamente traumatizado parecia ser mais exato, pois anos depois Bowie ainda estava afetado pela perda: "Tínhamos um amor perfeito, tão perfeito que ele acabou em dois anos. Éramos muito próximos, pensávamos parecido e passávamos o tempo todo em um quarto sentados no canto da cama". A última frase reprisa um verso de "An Occasional Dream", uma das duas músicas do álbum de Bowie de 1969 que tratavam do episódio. "Letter To Hermione" era mais reveladora: *"I tear my soul to ease the pain"* ["Choro para minha alma cessar a dor"], cantava Bowie; mas, por volta de 1970, a dor se tornou amargura: *"She took my head/ Smashed it up/Left my young blood rising"* ["Ela pegou minha cabeça/Esmagou-a/ Deixou meu sangue jovem subindo"], então *"I grabbed her golden hair/And threw her to the ground"* ["Eu segurei seus cabelos dourados/E joguei-a no chão"]. O título, "She Shook Me Cold" [algo como "Ela me Abalou"], dizia tudo. Alguns insistem que Hermione reapareceu como a "garota de cabelo castanho-claro", ou mesmo como Ziggy Stardust. O certo é que Bowie nunca permitiu se doer tanto a outra

No Cafe Royale de Londres, para uma coletiva de imprensa de *Just A Gigolo*, com a coprotagonista Sydne Rome, no Dia dos Namorados de 1979.

Divertindo-se no Alcazar Club, em Paris, com Coco Schwab, maio de 1976.

Bowie escreveu 'Even A Fool Learns To Love' quando ele estava com Hermione Farthingale. Ken Pitt: "Ela era uma musa. Uma garota encantadora, e a completa antítese de Angie, mas não acho que eles combinavam. Posteriormente me contaram que ela partiu depois que outro homem reapareceu em sua vida".

"The Wild Eyed Boy From Freecloud", de 1969, foi aparentemente escrita para o filho de Mary Finnegan, Richard.

Com Bianca Jagger, deixando a casa noturna Chez Castel, em Paris, junho de 1977.

parceira, pelo menos não por muitos anos.

Com sua boa aparência e sua mente animada, Bowie não deixou de ter admiradoras, incluindo mais do que sua quota justa de garotas elegantes em busca de um pouco da agitação do rock'n'roll. Um encontro antecipado com a riqueza e o bom gosto veio por meio de Dana Guillespie, uma estudante de teatro de 14 anos com uma paixão por cantores de R&B atraentes e criativos. Já no caminho de adquirir suas famosas medidas de aproximadamente 112-66-94, Dana escolheu seu Manish Boy preferido em uma noite de 1964 no Marquee Club e o levou para casa para uma noite de paixão. Os dois rapidamente se tornaram almas-gêmeas, encontrando-se em cafeterias e, posteriormente, no flat de Dana; mas como ela estava de olho em Bob Dylan e ele em obter sucesso, o relacionamento esfriou. Dana permaneceu presente por muito tempo na vida de Bowie, ajudando-o a juntar os cacos após a partida de Hermione e novamente durante a metade dos anos 1970, quando ele estava passando por uma fase traumática.

Entre Dana e Hermione veio Natasha Kornilof, uma *designer* de roupas e cenários que foi a principal rival de Lindsay Kemp pelos afetos de Bowie durante o inverno de 1967-1968. O caso foi conduzido entre sessões de pintura de cenários como pano de fundo, mas acabou depois que Kemp "arranhou" os pulsos e ela engoliu muitas pílulas para dormir uma noite. Depois, Kornilof desenhou roupas de Bowie para sua turnê mundial de 1978, mas sua criação mais memorável foi a roupa de Pierrot para "Ashes To Ashes".

Depois de um breve relacionamento com a jornalista Mary Finnigan – que deu a Bowie um quarto livre em seu flat em Beckenham, que escutou entusiasticamente seus pensamentos sobre Budismo e o ajudou a estabelecer o Beckenham Arts Lab –, Bowie achou seu par perfeito – Mary Angela Barnett, uma estudante de Negócios de 19 anos, norte-americana e tagarela. Ela cuidou de seu ego e o cultivou, demandando pouco mais do que a oportunidade de desfilar sua futura estrela como um gatinho premiado. O apoio de Angie foi crucial: ela abordava gravadoras, agentes e jornalistas; encorajou seu tímido garoto inglês a sair um pouco e se misturar com o público do rock; e forneceu o anel mágico de confiança do qual ele precisava.

O casal se conheceu em 9 de abril de 1969; em um ano, eles estavam casados. Há rumores de que isso era apenas uma estratégia para David obter o Green Card, que permitiria a ele viver e trabalhar nos Estados Unidos. Não que havia muita chance de isso acontecer quando o casal deixou o Cartório de Bromley, em 20 de março de 1970, como marido e mulher. Bowie estava lutando para tirar vantagem do sucesso de "Space Oddity", estava no processo de dispensar seu empresário e demonstrou pouca inclinação para fazer apresentações ao vivo, e mesmo para escrever material novo.

Por volta de 1973, tudo isso havia mudado. David e Angie se tornaram uma versão mutante dos sofisticados e tradicionais Mick e Bianca, garantiram a criação de manchetes a cada lugar em que iam, mas ambos já haviam se aproveitado um do outro. A monogamia nunca foi o principal em seu relacionamento, e agora, vivendo em Chelsea, no centro do território do roqueiro, os favores vinham abundantes e rápidos. Enquanto Angie saía para fazer compras exorbitantes, ou estava tentando fazer sua carreira como modelo decolar, David entretinha uma série de mulheres em sua residência exclusiva em Oakley Street. Quando uma delas, a impressionante adolescente negra de Chicago, chamada Ava Cherry, se mudou para lá (inicialmente a pedido de Angie), a tensão foi muito grande e Ava foi mandada embora para um flat próximo.

Bastidores do programa de TV de Rona Barrett, Good Morning America, 1975.

Bowie originalmente escreveu "Andy Warhol", de Hunky Dory, para Dana Gillespie cantar.

A mãe de Bowie, Peggy, participa do casamento dele com Angie. Bowie: "O segundo maior erro da minha vida foi me casar com aquela mulher. Parece que a revista *Hello!* estava neste também!"

92

Página ao lado: Com Iman, no Aeroporto Internacional de Los Angeles, 1992.

Ava Cherry, a funk-soul sister.

O Amor é Estranho. Com Romy Haag no Alcazar Club, em Paris, maio de 1976.

Social Kind Of Girl. Curtindo com Susan Sarandon em Nova York, 1983.

VOCÊ SERÁ RAINHA

Enquanto Angie se tornava cada vez mais irrelevante, Ava era nova, divertida e diferente. "Ele era fascinado por pessoas negras", ela disse ao *Gillmans*. "Garotas negras, todas as garotas com as quais ele dormiria quando eu estava com ele eram negras". Isso quando ele não estava curtindo breves relacionamentos com Amanda Lear – musa de Salvador Dalí –, Marianne Faithfull ou, posteriormente naquela década, a transexual Romy Haag. Bowie descobriu emoções exóticas na companhia de duas mulheres mais velhas, Oona Chaplin e Elizabeth Taylor, mas, por volta da metade dos anos 1970, a mulher dominante em sua vida foi sua assistente "Coco". A estrutura organizacional gloriosamente caótica da MainMan permitiu a Coco – como era conhecida Corrine Schwab, uma ex-assistente do promotor de shows britânico Peter Bowyer – a oportunidade de evoluir de secretária no escritório em Londres para assistente pessoal de David durante a turnê americana de 1974. Caminhando no vácuo criado pelo impasse entre Bowie e Tony DeFries, sua compostura e seu jeito culto foram exatamente o que Bowie precisava durante esse período tenso em sua vida. Mas sua escalada ao topo, que foi completada por volta do fim dos anos 1970, trouxe inimigos a ela. Alguns diziam que a cortina de ferro que ela vestia em volta de seu dever era uma forma de desarmar rivais. Outros sugeriam que

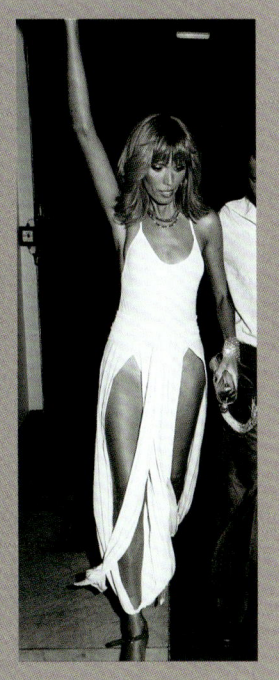

Com Coco Schwab, no Royal Box, Live Aid, 1985.

Coco era outra criação de Bowie, uma mãe substituta que fazia o trabalho sujo por ele – e levou a artilharia antiaérea para isso, de forma que a boa reputação de David permaneceu imaculada. Rumores de que eles estavam para se casar foram numerosos durante a metade dos anos 1980, mas infundados; Coco permanece a conselheira leal e confiante de Bowie. Flertes com Jee Ling, a atriz chinesa que desfrutou um momento carinhoso com Bowie durante o clipe de "China Girl", Marie Helvin, Susan Sarandon e a dançarina latina Melissa Hurley (que foi noiva de Bowie por mais de dois anos) durante os anos

Não tenho certeza se você é um garoto ou uma garota. Amanda Lear acompanhou, durante os anos 1970, muitos roqueiros bem conhecidos.

1980, pareciam inconsequentes por comparação. Bowie parecia destinado a viver seus dias como um playboy divorciado até uma noite em outubro de 1990, quando ele foi apresentado a uma modelo somali de 34 anos, Iman Abdul Majid, em um jantar arranjado por seu cabeleireiro, Teddy Antolin. Foi, como ele disse depois, amor à primeira vista. "Independente, bonita, financeiramente estável e diferente do tipo comum de mulheres de mente vazia que conheci no passado". Iman reacendeu o desejo dormente de Bowie por um envolvimento romântico genuíno, e ele a cortejou com cruzeiros no mar Adriático e viagens ao Japão, onde eles concretizaram sua relação com tatuagens um para o outro. No primeiro aniversário deles, David a pediu em casamento nas margens do rio Sena, apoiado pelo "feito de Sinatra", "April In Paris". Os dois se casaram em uma cerimônia civil na Suíça em 1992, e repetiram o evento para benefício de seus amigos e da revista *Hello!* em Florença, Itália, em junho. Bowie, vestido em um terno que ele desenhou com Thierry Mugler, escreveu a música de fundo. Agora ele afirma ser um homem transformado: "Houve um tempo em que eu não conseguia olhar para uma mulher sem avaliá-la de uma forma sexual. É maravilhoso isso não acontecer mais. Fazer 50 anos me ajudou. Minha libido começou a encolher!. Até agora, tudo bem".

Com Melissa Hurley, em 1989. Ela foi dançarina na turnê Glass Spider, de Bowie.

Com Iman em Cork Street, Londres, 1995. A filha deles nasceu em agosto de 2000.

93

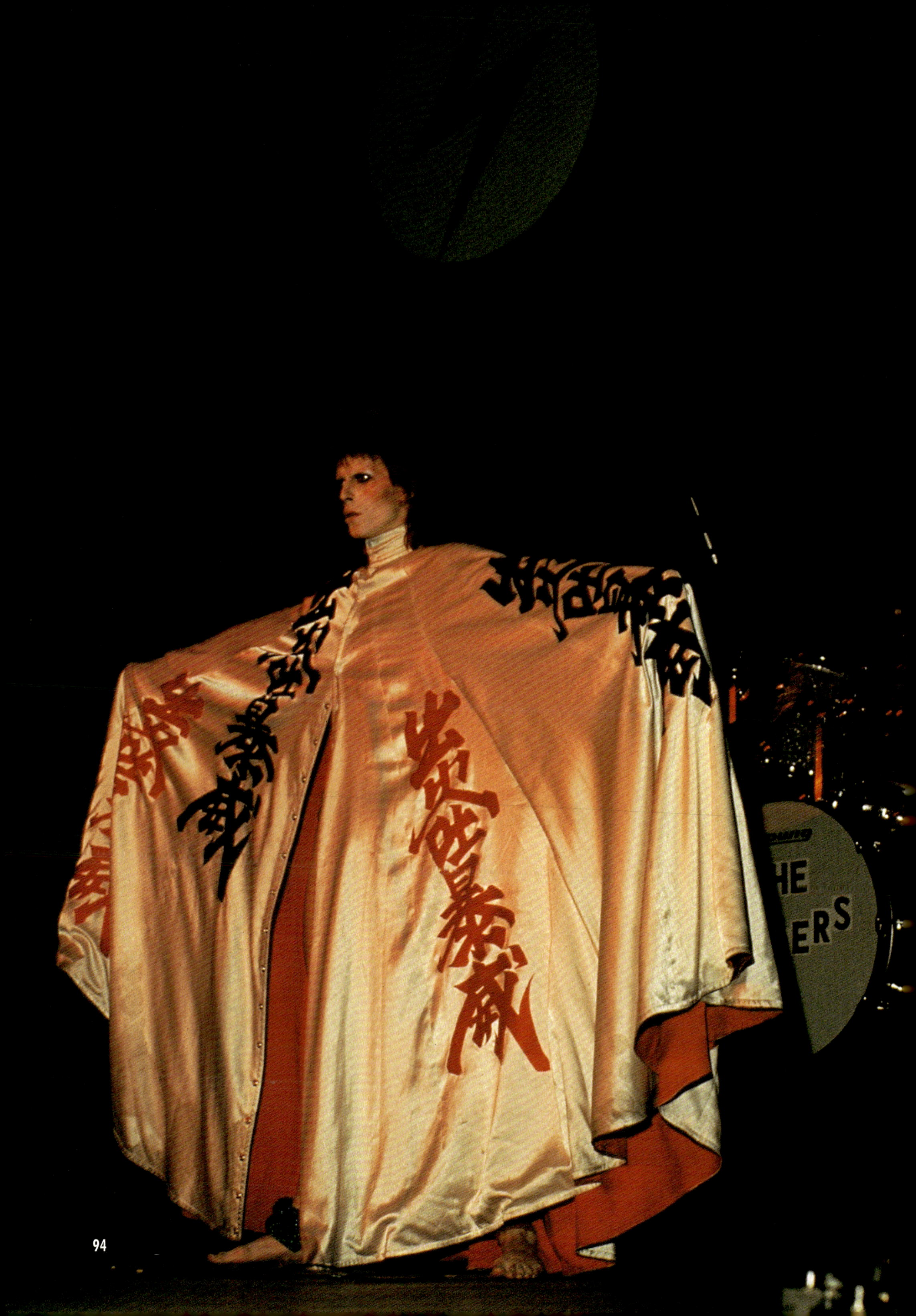

Nenhuma roupa era fora dos limites para Bowie, nem mesmo roupa para gestante. "Ninguém compreendia o modo europeu de se vestir e adotar a pose comum assexuada e andrógina. As pessoas todas gritavam: "Ele usa maquiagem e está vestindo roupas parecidas com vestidos."

Bowie finalmente conheceu Kansai Yamamoto, quando ele estava em turnê pelo Japão em abril de 1973. "Ele me ofereceu praticamente um guarda-roupa inteiro porque sabia que eu ia usar suas peças e percebeu que Ziggy estava se tornando muito popular. Foi a primeira conexão real entre um estilista e uma estrela do rock."

Nesse tempo, The Sweet, Gary Glitter, Rod Stewart e até mesmo os Rolling Stones descobriram as alegrias de se vestir, mas as transformações rápidas deixaram todos eles estagnados. Não era incomum para ele fazer seis trocas de roupa por noite durante a primeira metade de 1973. Agora, fortemente influenciado pelas maquiagens, interpretações de papéis e roupas do teatro japonês kabuki, ele adquiriu um novo guarda-roupa completo, com peças do estilista japonês Kansai Yamamoto, a peça central sendo sua roupa magnífica "Spring Rain", que ele tirava para revelar uma série de roupas íntimas que incluíam uma tanga de lutador de sumô, uma malha de ginástica listrada azul e vermelha e pequenas sungas. Seu cabelo, agora quase angular, de forma não natural, havia crescido e era acentuado por um refletor redondo em sua testa feito por Pierre Laroche. (Laroche também criou o estilo para a capa do LP *Aladdin Sane*.)

"Essa foi a primeira roupa japonesa que tive. Originalmente usada por uma criatura das florestas; por causa disso que tinham pequenos animais divertidos nela."

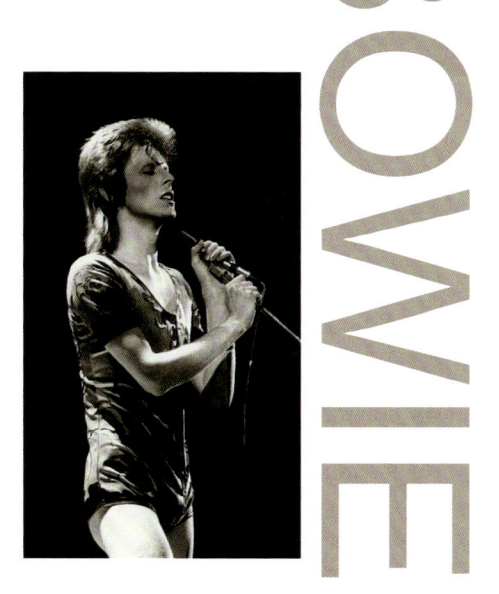

Página ao lado: Em 1999, David foi questionado se conseguia se lembrar do que estava escrito em sua capa japonesa. Sua resposta? "Podia muito bem querer dizer: 'Pegue suas batatas aqui'."

ESTILO BOWIE

O fato de que seu pai fumava excessivamente atrapalhou para diminuir sua atração pelo estilo. "Eu ainda era muito desengonçado e desajeitado, querendo descobrir minha atitude. Os cigarros meio que supriram isso rapidamente". Começando com os casuais cigarros Weights roubados de seu pai, em busca de emoções, David Jones logo se graduou em Dominos, adquiridos aos pares em uma banca de jornal local. Na época em que trabalhava para uma agência de publicidade no centro de Londres, ele seguiu o exemplo de muitos ilustradores de lá e começou a experimentar uma variedade de marcas exóticas e estrangeiras, invariavelmente. Incitado por Gitanes, um fumo francês forte e pungente, ele logo adquiriu um hábito pesado que, durante seu auge, na metade dos anos 1970, o fez chegar a quatro maços por dia. Os cigarros estavam em suas músicas ("*Time takes a cigarette/Puts it in your mouth*" ["O tempo pede um cigarro, coloque-o em sua boca"]), tornaram-se um acessório vital nas publicidades, um artifício teatral no palco (ele sempre usava um fósforo para acendê-los) e uma parte integral de sua iconografia.

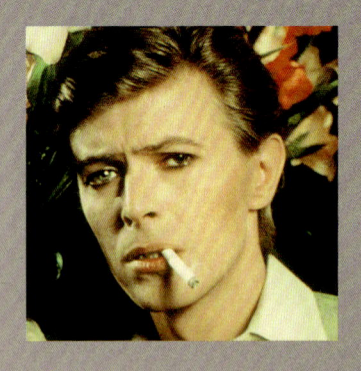

Bowie trocou de marcas durante o começo dos anos 1980. "Eu não consigo pensar em um momento em que eu não pensava em morte", ele contou ao líder do Pulp, Jarvis Cocker, mas ao trocar o gosto forte do Gitanes pelo Marlboro vermelho, meio forte, ele estava fazendo uma concessão moderada para questões de saúde. Por volta de 1988, ele mudou novamente para o Marlboro Lights.

Uma prova de que os cigarros não eram bons para a saúde de David veio em novembro de 1991, quando um maço de Marlboro atirado no palco por uma fã no Brixton Academy atingiu seu olho. No entanto, ele entusiasmadamente continua fumando: atualmente, Bowie desfruta de seu primeiro cigarro do dia com um café após o desjejum, e chega ao travesseiro todas as noites com a satisfação de ter devorado outros 39 cigarros ou mais ao longo do dia.

David conseguiu abandonar a cocaína, o excesso de álcool e as groupies. Ele até teve seus notáveis dentes tortos corrigidos. Mas, apesar de imergir em *O Método Fácil de Parar de Fumar*, de Allen Carr, de ouvir fitas de autoajuda, e da acupuntura e da hipnoterapia, sua relação de amor/ódio com os cigarros continua intensa. "Encher sua boca de cimento ajuda muito", essa é a sua afirmação mais recente e resignada sobre a probabilidade de ele parar de fumar.

Como muitos de sua geração, Bowie associou o cigarro ao *glamour* de Hollywood (Dietrich, Bogart, Sinatra, *à direita e abaixo*), à liberdade intelectual (Sartre, Kerouac) e aos bad boys (os vigaristas).

CIGGY POP

Ciggy e Iggy: a única vez em que eles cantaram juntos no palco, China Club, em Nova York, dezembro de 1985.

96

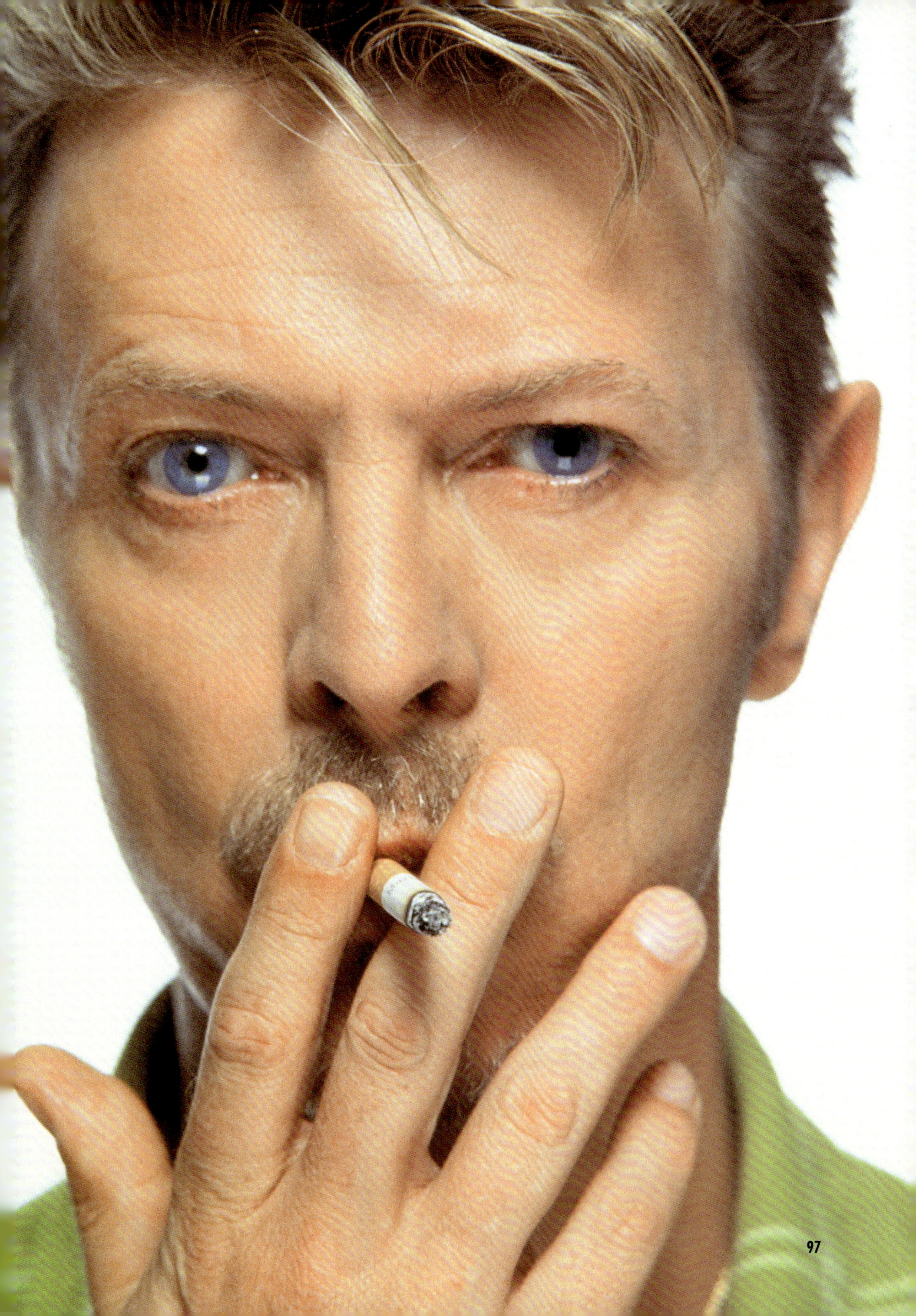

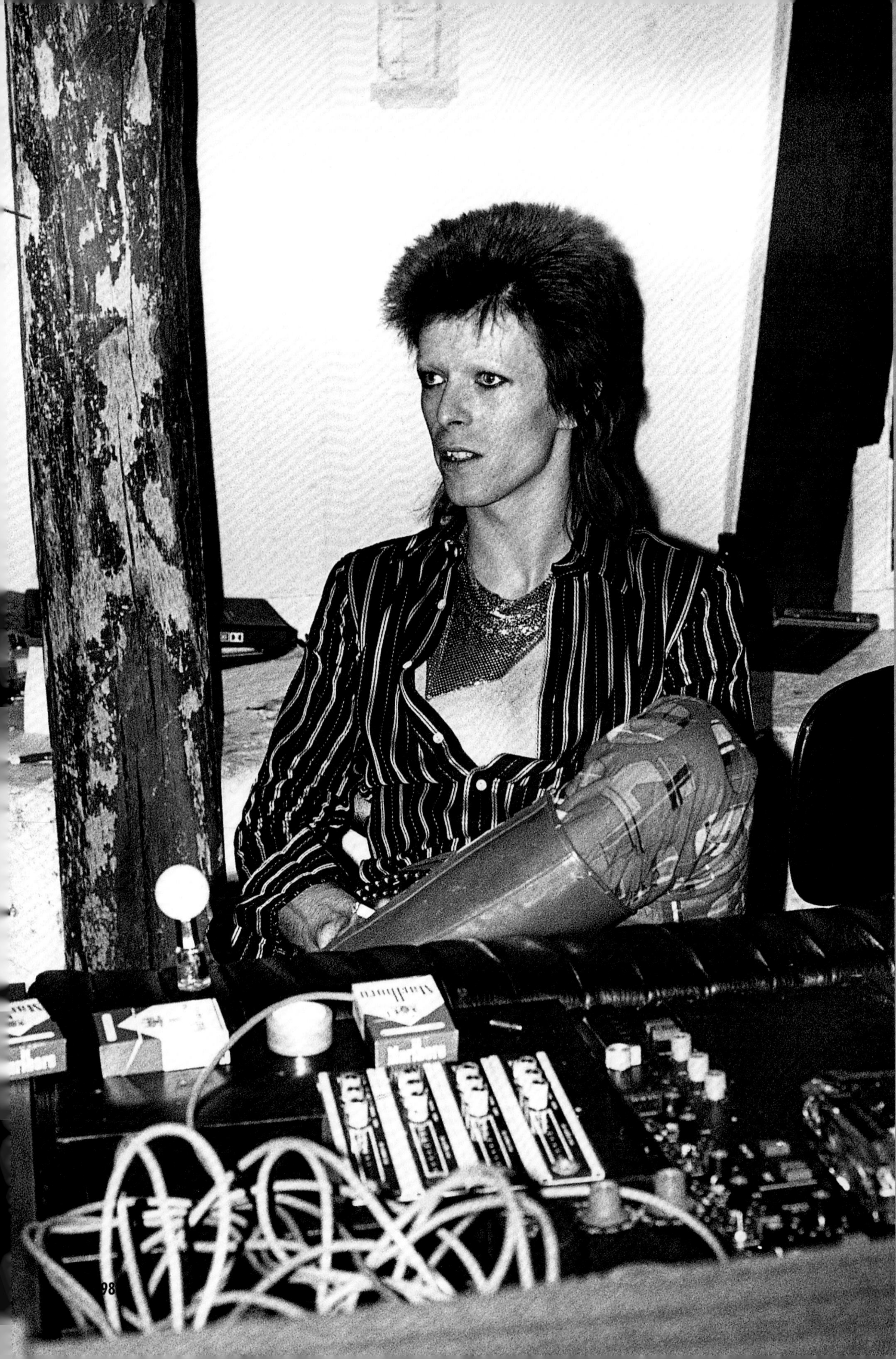

As expectativas para o álbum *Aladdin Sane*, lançado em abril de 1973, provaram-se impossíveis de serem cumpridas. Bowie era o roqueiro mais comentado do mundo, mas a o álbum foi ligeiramente denunciado como acelerado e inconsistente – exatamente as qualidades que fizeram dele mais duradouro que o seu predecessor. Intercalados entre incursões do rock'n'roll vintage ("The Jean Genie", "Panic In Detroit", uma versão de "Let's Spend The Night Together", dos Rolling Stones) estavam sinais da tradição musical do teatro alemão ("Time"), da vanguarda ("Aladdin Sane") e do rock galvanizado de Nova York ("Cracked Actor").

Em um show em Nova York, em fevereiro de 1973, Bowie fez sua entrada por meio de uma caverna iluminada por apenas um refletor e com globos revestidos com espelho de cada lado. O que se seguiu foi uma apresentação tipicamente controlada com Bowie retornando em saltos de 15 centímetros para um encerramento com "Rock'n'Roll Suicide". Mas ele não contava com uma fã que pulou no palco e deu um beijo em sua bochecha. Bowie desmaiou, caiu no chão e foi apressadamente carregado, deixando o público pensando se tinham acabado de presenciar a morte de Ziggy Stardust/Aladdin Sane. Ou até mesmo a de David Bowie.

Quem quer que ele fosse, continuou a viver, pelo menos até aquela noite em julho de 1973, quando Bowie aposentou Ziggy/Aladdin e quase possivelmente ele mesmo. Motivos ocultavam-se atrás da decisão imediata de parar, até que Bowie posteriormente admitiu: "Eu sabia que era o fim dos Spiders. Eu sabia que já tinha feito tanto quanto podia no contexto daquela banda". Dias após o show, ele justificou a decisão: "Era isso que Ziggy fez e isso que eu tinha de fazer também... Eu estava naquela estrutura particular de mente, em que eu era Ziggy e isso tinha de ser feito. Eu tinha de acabar com a banda... Vince Taylor havia feito o mesmo. Ele simplesmente parou e eles o tiraram. Era parte de um modelo, uma profecia autorrealizável". A aposentadoria não significava necessariamente ser "retirado": em 1965, depois de sua exibição Flowers, em Paris, Andy Warhol anunciou sua aposentadoria da pintura para se concentrar nos filmes – e nunca mais olhou para trás.

Interpretando "Love Me Do" com o guitarrista convidado Jeff Beck no Hammersmith Odeon, em Londres, 3 de julho de 1973.

Watch That Man. No Radio City Music Hall de Nova York, Dia dos Namorados de 1973.

Página ao lado: Não menos do que três maços de Marlboro em evidência, em uma gravação de Lulu no Château d'Hérouvillé, próximo a Paris, julho de 1973.

À esquerda: Bowie vestiu esse terno desenhado por Freddi Burretti, o paletó com uma estampa complexa feita de lã, adornado com veludo rubi e forro creme, no programa Russell Harty Plus em janeiro de 1973. Ele foi vendido na casa de leilões Christie's em 1998 por 2.600 libras.

Páginas seguintes: Londres, maio de 1973, bastidores de Behind The Fridge, de Peter Cook e Dudley Moore. Bowie estava acompanhado de Tony Visconti, a primeira vez que eles se viam depois de três anos: "O David que eu conhecia tinha cabelo castanho-claro, e ele foi para a cozinha com o cabelo laranja arrepiado, sem sobrancelha e com um terno metálico. Nossa babá derrubou a mamadeira de meu filho no chão quando ela o viu!"

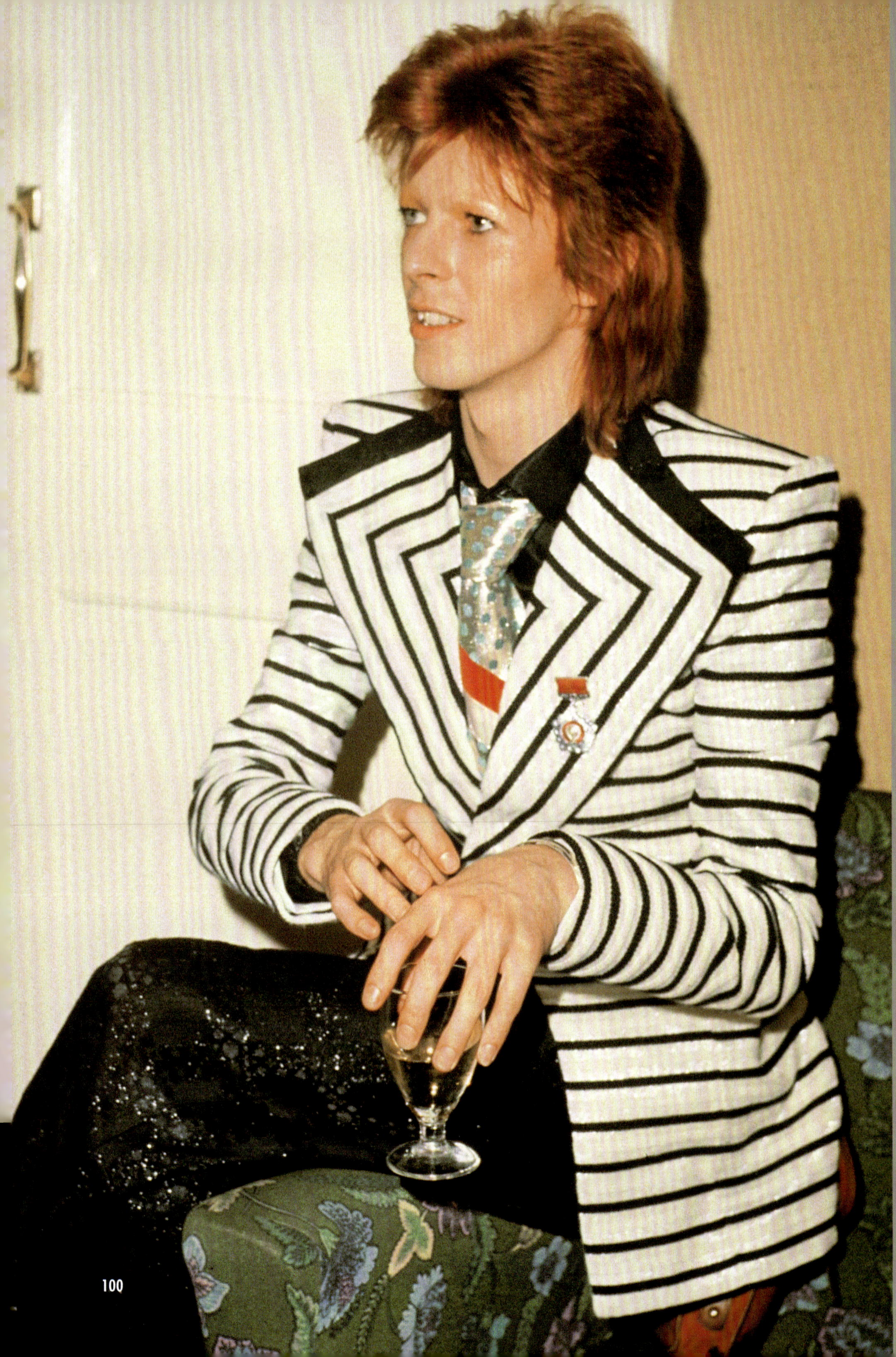

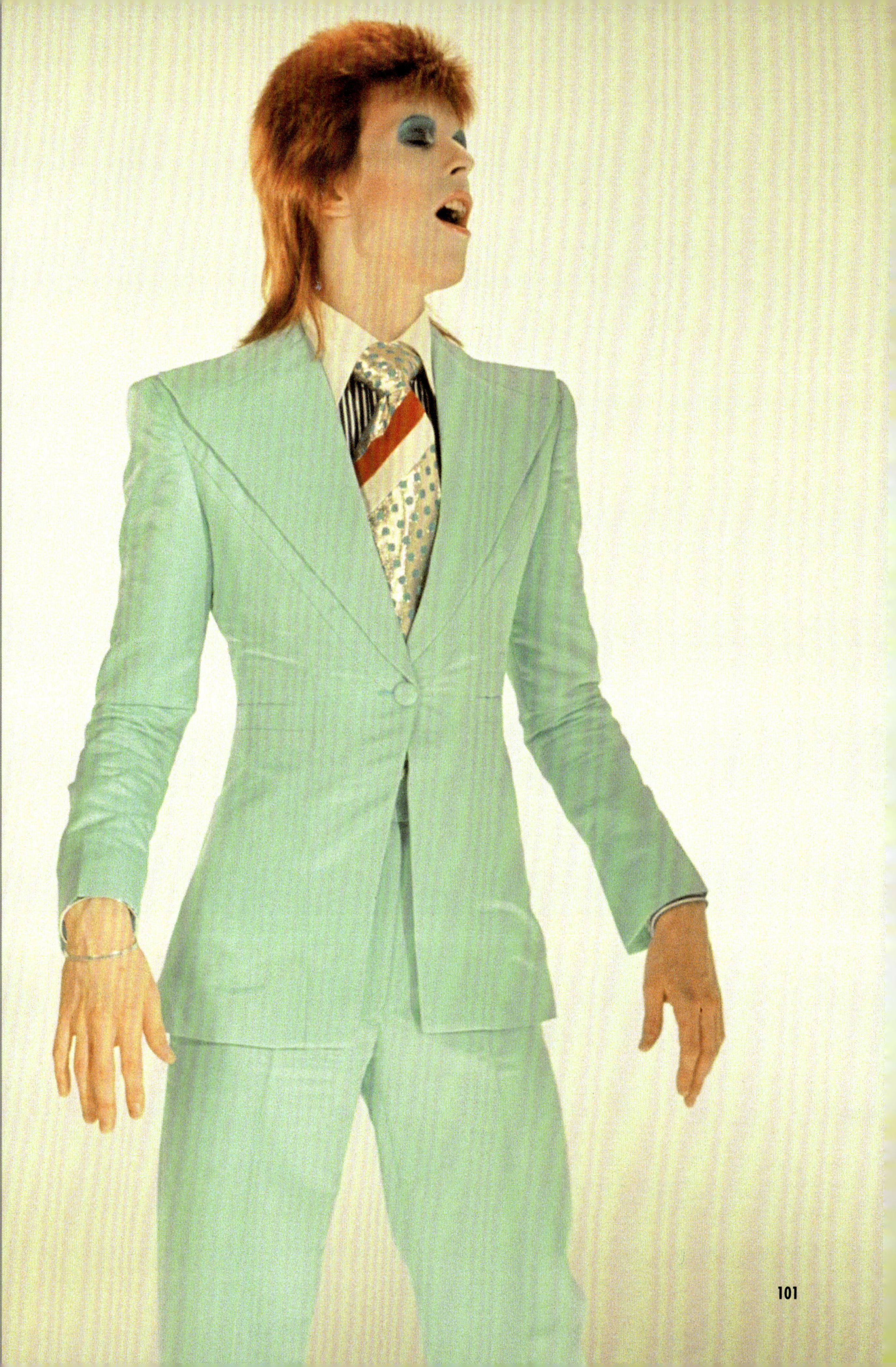

CUIDE DE SEUS PRÓPRIOS NEGÓCIOS

Na primeira metade de sua carreira, David Bowie via os assuntos sobre negócios como algo que outras pessoas resolviam. Como um adolescente ansioso, ele estava ocupado demais esperando sua foto sair nos jornais para ler as letras pequenas em seus contratos. Além disso, como ele não estava ganhando muito, 50% de nada dificilmente importava.

Quando o dinheiro começou a entrar em abundância durante o começo dos anos 1970, Bowie estava vivendo como um superstar paparicado e a extravagância prevaleceu. Um dia, no fim de 1974, ele despertou em seu quarto de hotel e percebeu que a festa que ele estava bancando nos últimos três anos estava acabada. Mas a ressaca, em termos de disputas legais e loucuras financeiras, ainda tinha muitos anos pela frente. No meio de sua turnê *Station To Station*, de 1976, ele anunciou a Chris Charlesworth, do *Melody Maker*, que estava falido, talvez um exagero, mas até então David nunca deixava toda a verdade entrar no caminho de uma citação espetacular.

No começo dos anos 1980, Bowie livrou-se da maioria das obrigações com a MainMan e começou a investir em arte e antiguidades. Em 1997, ele levantou mais capital vendendo os direitos de som e publicação de seu catálogo, por meio de um esquema de acordos. Isso, permitiu-lhe comprar totalmente os direitos de DeFries; Bowie agora controla completamente suas gravações originais. Ele tem casas em vários cantos do mundo e uma esposa com sua própria conta no banco. David Bowie não será enganado outra vez.

O primeiro empresário apropriado de Bowie foi Leslie Conn, um associado de Dick James que impressionantemente falhou ao tentar fazer a gravadora dos Beatles se interessar em Marc Feld (posteriormente Bolan) ou em David Jones. Mas ele realmente conseguiu para David um acordo com a Decca/Vocalion, um espaço no *Juke Box Jury* e ajudou a produzir o grande debate sobre o cabelo. Mas, depois que a Parlophone atrasou o lançamento de "You've Got A Habit Of Leaving", de Davy Jones & the Lower Third, em 1965, a parceria foi amigavelmente desfeita.

Depois veio Ralph Horton, que levava Bowie para os shows em um Jaguar, deu a ele um lugar para ficar e recomendou várias mudanças de imagem. Dentro de um ano, os oficiais de justiça começaram a bater, e Horton perdeu David para um amigo agente que recomendou que o cantor tentasse uma carreira solo. Ele era Ken Pitt, uma

Um homem de riqueza e bom gosto. "Costumo ver o dinheiro como o combustível para manter as outras coisas funcionando. Eu me sinto mais confortável com isso assim."

Chicago, outubro de 1972. Tony DeFries disse uma vez sobre Bowie: "Ele sempre parece um refugiado, ao menos que esteja vestido apropriadamente e arrumado para o dia".

O Rei de Stamford Hill: Les Conn foi visto na estreia da exibição de arte de Bowie em Cork Street, a convite especial do artista.

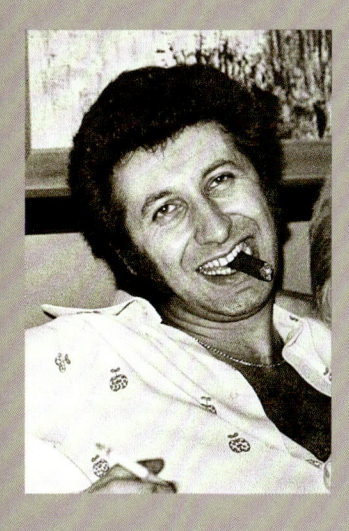

"Para ser uma estrela, você deve agir como uma, sem se preocupar com os gastos", declarou Tony DeFries. "DeFries era um desastre. Ele se empresariava muito bem", acrescenta seu predecessor Ken Pitt.

importante influência na vida de Bowie, que convidou seu protegido para dividir sua casa de dois andares e promoveu uma revolução cultural. (Bowie posteriormente descreveu sua estadia na casa de Pitt como "um dos períodos mais estimulantes da minha vida".)
A chegada de Angie, e depois Tony DeFries, ambos mais sintonizados à indústria do rock cada vez mais durona, indicou a queda de Pitt, que terminou de forma confusa após um confronto em maio de 1970. ("Ken é um homem muito bom", Bowie disse posteriormente, "mas isso não é o suficiente nos negócios".) DeFries era de uma nova geração de estagiários, que evitava qualificações formais a favor de tocar em troca de dinheiro no lucrativo mercado do rock e do pop. DeFries, que falava muito, acreditava de forma determinada na escola de empresários do pop de Coronel Tom Parker: elogie demais o cliente, sempre exiba um grande charuto e não seja desonesto. Ele prometeu a David Bowie tudo o que ele queria – fama, dinheiro e total controle artístico. Tão bom quanto sua palavra, ele rapidamente assegurou um acordo de publicação de 5 mil libras, que instantaneamente desbloqueou a criatividade debilitada de Bowie. Ignorando a opinião da gravadora de David, DeFries levou-o a Nova York, onde ele assinou um acordo lucrativo com a RCA Records. Dentro de um ano, ele bloqueou as gravações originais das músicas de Bowie com sua companhia, MainMan, e começou a se comparar ao magnata do cinema Louis B. Mayer, da MGM.
Como todos os impérios, a MainMan quebrou sob o peso de seu próprio sucesso. Se o excesso e a decadência eram a natureza do jogo de Bowie, a MainMan mais do que fez seu melhor para se adequar a isso. Por volta do fim de 1974, com uma fila de devedores na porta, DeFries embarcou em sua última loucura impressionante – *Fame*, um musical da Broadway livremente baseado na vida de Marilyn Monroe. Durou uma noite e foram gastas 250 mil libras. Foi a gota d'água para Bowie, que fez um acordo secreto com sua gravadora e iniciou o prolongado processo de se desassociar da MainMan. O ajuste foi penoso: David foi obrigado a dividir os lucros de suas gravações do início

"Eu ainda ganho um presente de Natal especial de David todos os anos", diz Ken Pitt.

dos anos 1970 perpetuamente e, ainda mais atormentador, a MainMan conferia direito a 16% da repartição dos lucros brutos até setembro de 1982. Foi um sacrifício imenso, mas ele tinha poucas alternativas. A tentativa de Bowie de exercer maior vigilância sobre seus negócios falhou em praticamente um ano, com sua parceria com Michael Lippman, que planejou a separação de DeFries. Stanley Diamond, um advogado de Los Angeles, ajudou-o a juntar os pedaços, aconselhando-o a se mudar para a Suíça, e projetar algumas bases financeiras seguras. Bowie também começou a se interessar por assuntos financeiros, e no início dos anos 1980 ele estabeleceu diversas companhias e ajudou a negociar um acordo lucrativo de cinco álbuns com a EMI. Ele se resolveu com sua ex-mulher, Angie, e agora estipulava cláusulas de fidelidade ao recrutar novos músicos. Na metade dos anos 1980, Bowie provavelmente havia rendido 30 milhões de libras; suas duas turnês mundiais durante a década renderam-lhe outros 50 milhões de libras ou mais. Estimativas atuais avaliam sua fortuna em mais de 200 milhões de libras.

Falando sobre Monroe na National Portrait Gallery, em Londres, março de 1995. "Eu estou me empresariando agora simplesmente porque fiquei cansado dos empresários que conheci."

103

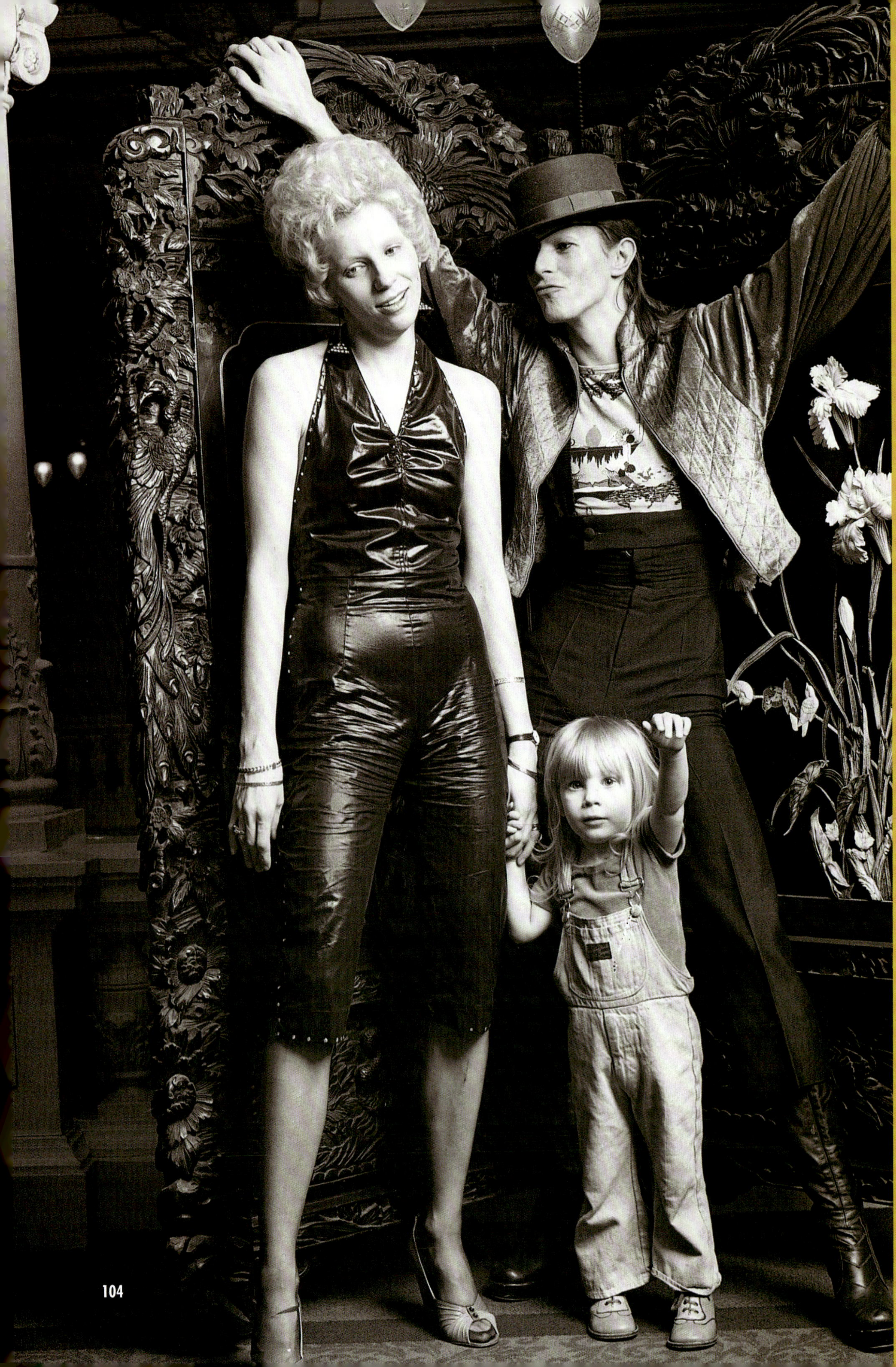

Página ao lado: No Amstel Hotel, Amsterdã, 1974, com Angie e o filho Zowie Duncan Haywood Jones, nascido em 1971. Bowie: "Eu estava com conjuntivite, então aproveitei e me vesti de pirata. Apenas decidi não usar um papagaio."

It's Only Rock'n'Roll. "Uma roupa é uma completa experiência de vida. Uma roupa é muito mais do que apenas algo para se vestir. É sobre quem você é, é uma insígnia e se torna um símbolo."

2.3

Alma Sobrevivente

Teria sido impossível para David Bowie superar o impacto que definia o espírito da época das suas criações Ziggy Stardust e Aladdin Sane, mas como ele provou com seus passos seguintes, não tinha perdido sua habilidade de chocar. Apenas aqueles familiarizados com sua sede incessante por mudança poderiam prever a pressa com a qual ele abandonou os vestígios de Ziggy e liderou uma nova era caracterizada por ternos, um corte de cabelo convencional e sapatos confortáveis. Foi uma transformação radical, e uma que finalmente lhe permitiu alcançar a América. Miniaturas consideráveis de Bowie Boys mantinham a fé na Grã-Bretanha, fãs cuja influência repercutiria muitos anos depois com o movimento neorromântico.

Mas primeiro havia alguns assuntos de Ziggy mal-acabados. Um lapso de inspiração, junto a disputas legais sobre o contrato de publicação de uma música com a Chrysalis Music, resultou em uma viagem nostálgica de Bowie a Swinging London para *Pin Ups*, uma coleção de versões cover devotada, se não insatisfatória. Esse passo certamente esfriou a Bowiemania, e com a notícia de que Mick Ronson havia partido no fim das sessões, o suicídio do rock'n'roll de Bowie parecia estar se desdobrando bem.

Agora, não era rock'n'roll; era "Genocídio!", gritou Bowie. Tendo esmagado seus Spiders, Bowie deslizou em suas próprias fantasias obscuras. Ele tentou comprar os direitos de *1984* de George Orwell, um retrato atemorizador do totalitarismo, para um musical, mas a viúva do autor impediu a ação. Ele começou uma amizade com o novelista beat e misantropo armado William Burroughs. E ele estava aproveitando os benefícios duvidosos da cocaína. Bowie estava realmente se movendo de forma peculiar, e agora as mudanças estavam vindo mais rápidas do que nunca.

Bowie como Ziggy só mais uma vez. Interpretando 'Dodo' no programa de TV Midnight Special, da NBC, outubro de 1973.

Pin Ups em Paris, julho de 1973. A revista *Vogue* encomendou uma foto de Twiggy e Ziggy, pelo fotógrafo de moda Justin de Villeneuve, que recorda: "Bowie seria o primeiro homem na capa. Ele adorou a ideia. Quando Bowie viu a foto pronta, perguntou se poderia usá-la para esse álbum. A foto era minha, então decidi dar para ele. A *Vogue* não falou comigo por anos; eles ficaram muito bravos".

ESTILO BOWIE

Com *Diamond Dogs*, seu álbum glam apocalíptico lançado em 1974, Ziggy (ao menos algo que parecia uma versão bestificada dele na capa) foi resgatado da Londres da metade dos anos 1960 e jogado na vagamente futurista Hunger City, uma paisagem urbana sombria invadida por crianças sinistras e cães letais. Como o álbum revelou, o cenário se transformou em desolação pós-apocalíptica. Bowie permitiu que seus sonhos distópicos saíssem de controle, uma manifestação do fascínio eterno pelo poder e a morte. "Esse álbum é mais de mim do que qualquer coisa que eu já fiz anteriormente", Bowie insistiu. Ele não estava brincando.

O show que acompanhou *Diamond Dogs* foi levado para os Estados Unidos, terra de amor e ódio, e a principal inspiração para as visões panorâmicas de Bowie sobre o colapso social. Qualquer dúvida de que Ziggy estava lá também foi eliminada pela visão de Bowie em um terno Yves St. Laurent impecavelmente passado e com um cabelo elegante em camadas repartido de lado, o que até então estava fora de moda. A visão desse cantor romântico contemporâneo (Lester Bangs o descreveu como "Johnny Ray usando cocaína, cantando sobre 1984") apresentando o que era praticamente um show único para plateias cheias de poeira estelar cantando Nós queremos o Ziggy! foi impressionante o suficiente, mas até mesmo isso foi superado pelo que foi considerado na época como o show de rock mais espetacular já apresentado – embora nem todo mundo tenha concordado que isso tinha muito a ver com rock.

Mad Dogs And Englishmen. Nessa fotografia de tirar o fôlego, feita por Terry O' Neill, Bowie usa um chapéu espanhol.

Dog Man Star.

Página ao lado: "Ele era o mais extremo nessa época. Ele saía com roupas que pareciam estúpidas em outras pessoas. Nesse período ele realmente parecia um alienígena, como ninguém mais." – Adam Ant

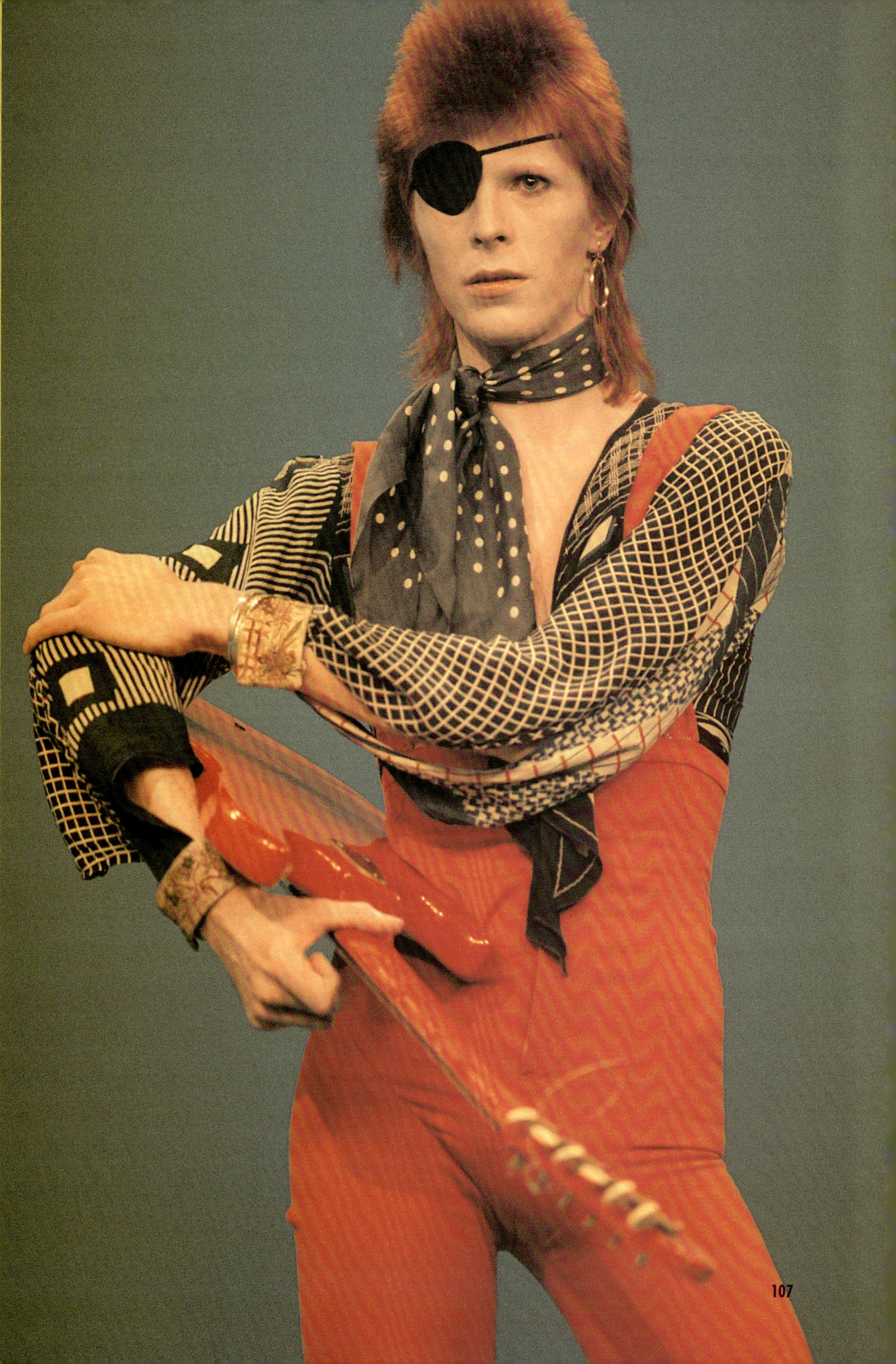

INFLUÊNCIAS E HERÓIS

The Doors
Às vezes, as influências mais notáveis são raramente reveladas. O teatro do rock apocalíptico de Jim Morrison, que arrebatou os Estados Unidos durante o fim dos anos 1960, era culto, cinematográfico, manipulativo, permeado pela política de insanidade e uma prova convincente de que pretensões artísticas e rock poderiam coexistir – e obter sucesso. Bowie improvisou "Hello, I Love You", do The Doors, durante "Aladdin Sane", em uma turnê de festival em 1996.

Friedrich Nietzsche
O elitismo nietzschiano (e a misantropia presente) foi uma força implícita durante todo o trabalho de Bowie nos anos 1970. "Eu sempre pensei que a única coisa a se fazer era tentar e seguir a vida como um Super-homem, desde o princípio. Eu me sentia muito insignificante como apenas mais uma pessoa", insistiu o Super-Bowie.

Kenneth Anger
Bowie devorou o livro de escândalos *Hollywood Babylon,* de Anger, e passou algum tempo com o notável devoto de Crowley durante a metade dos anos 1970. Rumores de que Bowie teria escrito "Look Back In Anger" para Ken são aparentemente falsos.

Aleister Crowley
Também conhecido como *O Homem Mais Perverso do Mundo*, Crowley (*acima*) ofereceu a inspiração para muitas músicas de Bowie, incluindo "Quicksand" e "Station To Station".

Pork
Bowie teve sua primeira amostra do circo de Andy Warhol no verão de 1971, quando *Pork*, inspirada no Teatro do Ridículo de Nova York, teve uma temporada de seis semanas no Roundhouse, em Londres. Baseada em conversas gravadas por Warhol em seu gravador sempre presente, a produção consistia em uma variedade de "Superstars" de Warhol falando sobre masturbação, aborto, uso de drogas e outros assuntos tabus, ou mesmo cedendo a isso. A controvérsia inevitável induzida pela mídia continuou, forçando os promotores a colocar um aviso lá fora que dizia: "Esta peça tem conteúdo sexual explícito e linguagem ofensiva – se você costuma se incomodar com isso, por favor, não a assista". Bowie a adorou, e assistiu ao espetáculo em muitas ocasiões, sendo aceito pelo grupo de Warhol.

Japão
Da atuação magnífica do antigo teatro kabuki à obsessão da nação pela cultura *trash*, as contradições inerentes à cultura japonesa forneceram a Bowie uma fonte inesgotável de fascinação. De vez em quando, essa influência era encontrada em sua música, notavelmente em "Moss

Over The Wall We Go. "A verdadeira razão de ir a Berlim era porque ela era tão quieta. Era o tipo de lugar em que se podia andar por aí e realmente ficar sozinho, e sem ser parado pelas pessoas."

Garden" (*"Heroes"*), "It's No Game No. 1" (*Scary Monsters*), "Crystal Japan" e, mais recentemente, "Brilliant Adventure" (*"hours..."*).

Berlim
Berlim é a cidade do cinema expressionista, da decadência do estilo cabaré, das músicas radicais do teatro de Brecht e Weill, do Estado nazista, da antiga divisão Oriente/Ocidente, de *"Heroes"*. Era a cidade europeia favorita de David Bowie – até a queda do Muro.

Nazismo
O poder de uma estrela da mídia moderna é muito maior do que um ditador como Hitler poderia imaginar. Algumas estrelas com uma dose de inteligência poderiam considerar as relações de poder inerentes ao estrelato, é justo dizer que Bowie entrou nesta primeiro, durante a metade dos anos 1970. Motivado por um pessimismo cultural intenso, seu fascínio sobre o Terceiro Reich de Hitler era tanto mórbido quanto divertido. Bowie certamente não era fascista, mas alguns de seus comentários (e aquele infeliz incidente na Estação Victoria, em 1976) eram irresponsáveis.

Kraftwerk
A mudança de Bowie do excelente soul plástico inspirado nos Estados Unidos para os experimentos com a música eletrônica do segundo lado de *Low* foi muito inspirada pelo trabalho de Kraftwerk. Antes de as sessões começarem, Bowie tinha pedido a Tony Visconti que se familiarizasse com o trabalho dos pioneiros alemães.

À esquerda: Os pioneiros teutônicos do techno Kraftwerk.
Abaixo: O clube de travestis Lutzower Lampe, em Berlim, 1976. Os três artistas do clube com Bowie são (da esquerda) Viola Scotty (que posteriormente cometeu suicídio), Daisy e Karmeen. A moça de vermelho é a artista Clare Shenstone, uma amiga próxima de David naquela época.

VIAGEM FANTÁSTICA

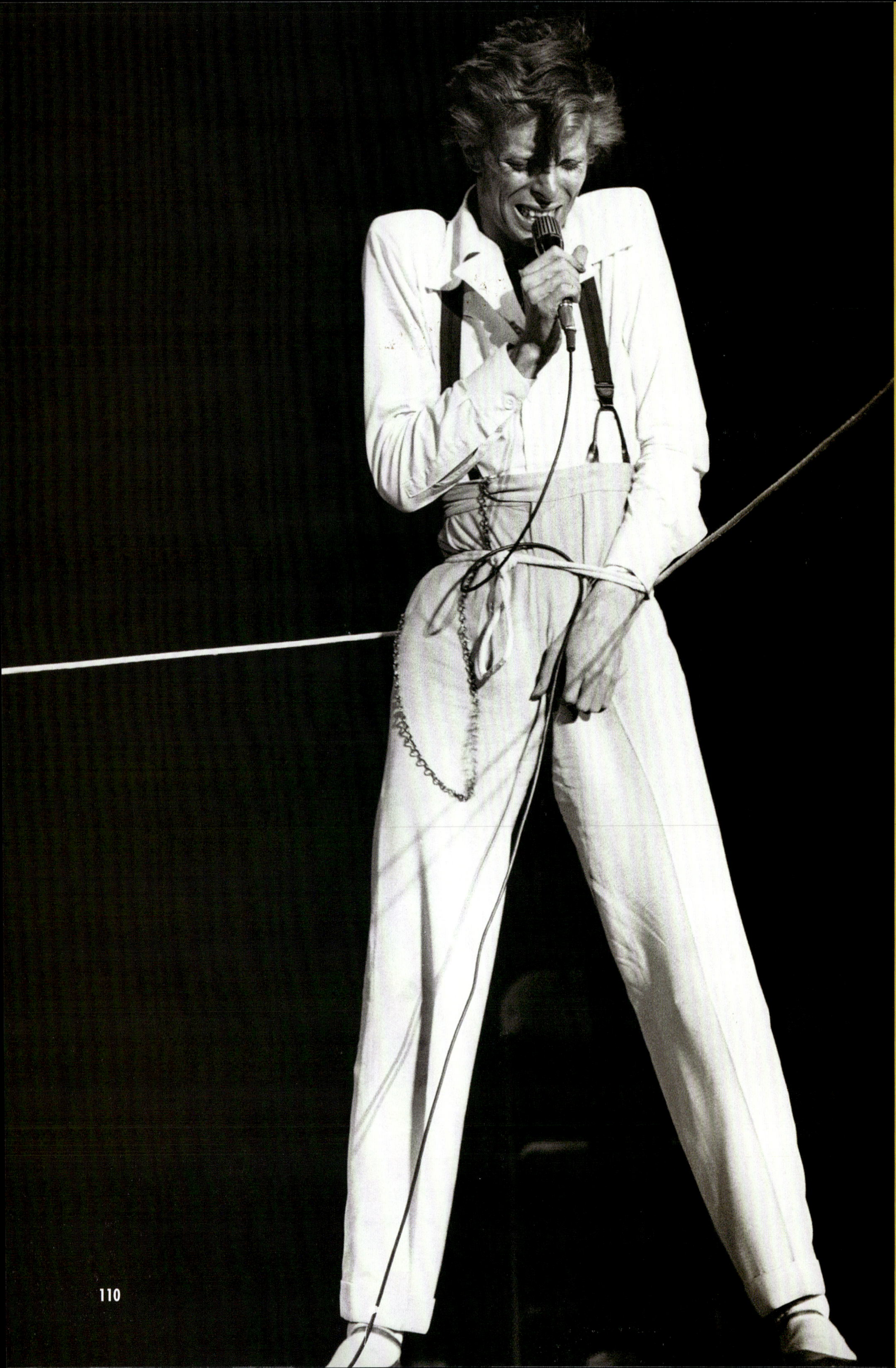

Página ao lado: "David Bowie por volta de 1974 não era mais rock. Ele só pode ser descrito como um artista que enxerga mais adiante do que qualquer outro no rock e cuja imaginação com longo alcance criou uma combinação de música contemporânea e teatro que está muitos anos à frente de seu tempo." Chris Charlesworth, *Melody Maker*, 1974

Tony Visconti relembra: "Eu estava lá na noite em que a grua parou durante Space Oddity, e David teve de se rastejar de volta para a base. Os fãs estavam tentando pegar em seu pé e em suas roupas, e ele fez parecer como se isso fosse parte do show."

A influência da black music que foi detectada em partes de *Diamond Dogs*, principalmente na superfunk "1984" e na balada soul "Rock'n'Roll With Me", estimulou Bowie durante sua mais recente visita aos Estados Unidos. Com Ava Cherry, sua companhia frequente, ele viu James Brown no Apollo, The Jackson 5 no Madison Square Garden, e começou a frequentar os novos clubes disco. Durante uma pausa na turnê, quando Bowie quis gravar novamente, Ava veio com o Sigma Sound Studios na Filadélfia. Foi lá onde surgiu o Philly Sound, criado por Kenny Gamble e Leon Huff, que incluía os artistas O Jays, Billy Paul, Harold Melvin & The Bluenotes e The Three Degrees.

Bowie experimentou um teatro do rock em grande escala nos shows no Rainbow em agosto de 1972, mas geralmente a teatralidade de seus shows contava com suas trocas de roupa. A turnê The Diamond Dogs era diferente. Com pouca despesa poupada, Bowie contratou o iluminador da Broadway Jules Fisher e o designer Mark Ravitz para transformar o palco em Hunger City, com instruções de que ela deveria se aproximar a filmes como *Metropolis* e *O Gabinete do Doutor Caligari*, com um pouco de Albert Speer (o arquiteto do Terceiro Reich). Torres de vigilância, vielas, pontes, luzes, um ringue de boxe, uma mão gigante e até um braço hidráulico de aproximadamente 20 metros, que ergueu Bowie bem alto sobre a plateia, eram sustentados por dois arranha-céus em cada lado do palco. Foram necessários três caminhões para transportar o cenário pelo país.

Com um coreógrafo, Toni Basil, e um diretor musical classicamente treinado, Michael Kamen, era como se a Broadway tivesse avançado para o rock'n'roll e roubado seu coração. Era um espetáculo brilhante e genuinamente imponente, embora a noite em que o braço hidráulico foi usado, deixando Bowie suspenso no ar durante seis músicas, tenha oferecido uma diversão surpreendente para os amargurados músicos forçados a se apresentar nas sombras por pagamentos mínimos.

"Desde que comecei a trabalhar com Carlos Alomar, em 1974, descobri que escrever no contexto do soul e do R&B americanos era a maneira mais estimulante para mim." O maestro Alomar foi diretor musical de mais quatro turnês de Bowie, e a dupla se reuniu em 1995 na turnê Outside (acima), na qual Bowie vestiu uma camisa Todd Oldham.

"Tony Basil ensinou-lhe coisas como 'Nunca perca um movimento. Se tiver de colocar seu microfone para baixo, faça isso com estilo. Se tiver de andar de um lado do palco para o outro, faça isso com gestos muito dramáticos. Jogue sua cabeça para trás antes de dar seu primeiro passo para fora'." – Tony Visconti

ESTILO BOWIE

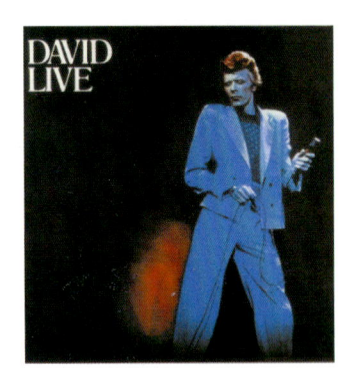

A capa esquelética de *Live*: David Bowie Está Vivo e Bem e Vivendo Apenas em Teoria.

Não se importe com a qualidade, sinta a extensão. Em quase todas as situações, Bowie sempre era capaz de se segurar.

Slinky Vagabond. Para sua nova 'turnê soul', no fim de 1974, Bowie entrou no estilo porto-riquenho, com blazer, calça com prega e uma corrente na coxa usada na época.

The Mask. Interpretando "Aladdin Sane" na Virgínia Ocidental, junho de 1974.

Com os músicos produtores do MFSB em outro trabalho, Bowie contratou alguns dos melhores músicos das sessões de black music que tinham e começou a projetar a base deu sua transformação musical mais radical ainda. O álbum resultante, *Young Americans*, foi, como ele disse, sua "Alma plástica" levada ao som da América jovem e negra.

O homem mais estranho do rock'n'roll, com uma mistura de planejamento e sorte, tornou mais aceitável o som de suas cidades negras para um público da classe média branca. Isso foi descaradamente oportunista e agradavelmente perverso, uma aposta genuína apresentada como um fato consumado. Bowie começou até a vender álbuns nos Estados Unidos; e, na primavera de 1975, "Fame" (que pelo menos era tematicamente consistente, no mínimo) se tornou seu primeiro single nº 1.

A transformação de estilo imediata também afetou a turnê. O cenário que dominou as primeiras apresentações foi abandonado. A banda foi reestruturada com o guitarrista Carlos Alomar, o baterista Dennis Davis e o backing vocal Luther Vandross, traçada para refletir a nova direção. Agora, Bowie e sua banda estavam se apresentando em um palco vazio, contra um fundo simples e branco. De volta para casa, a reação foi atenuada, embora o novo corte de cabelo cuia elegante de Bowie, tingido de laranja com mechas loiras, ajudou a inspirar a nova cultura Soul Boy. Nem todos esses entusiastas seguiram seu próximo passo, mas eles ofereceram uma ligação vital entre a cena Soul do norte e a cultura disco emergente. E o homem de terno largo zoot? "Vivo e bem e vivendo em teoria", ele contou com o benefício da retrospectiva.

Com John e Yoko e alguns americanos não tão novos (Simon e Garfunkel, Roberta Flack) no Grammy Awards, Nova York, março de 1975.

Página ao lado: O corte cuia – Phil Oakey ficou intrigado.

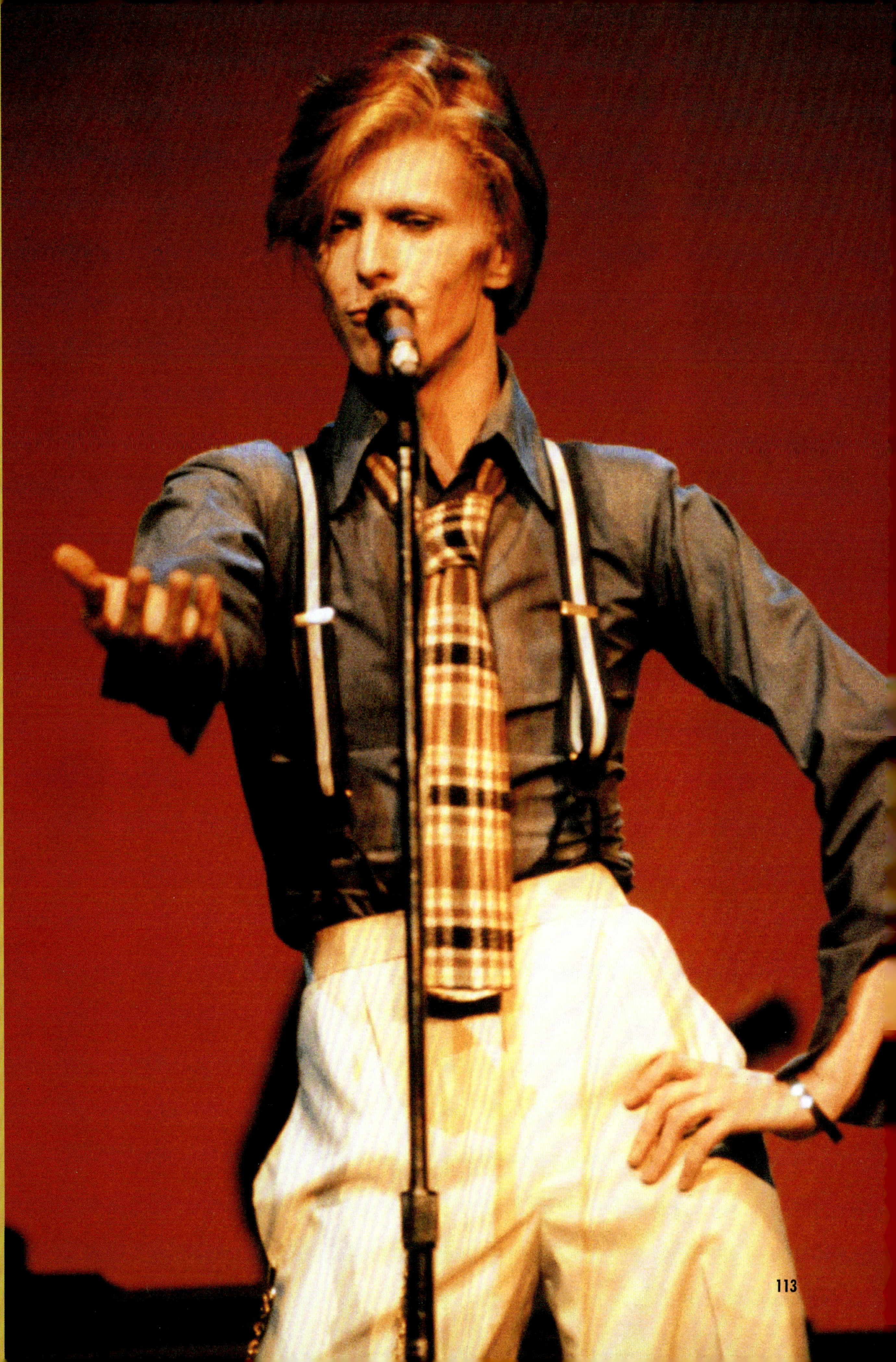

COMO UM CLONE DOS STONES

Nas minhas primeiras coisas, fiz como pura pretensão. Eu me considero responsável por toda uma nova escola da pretensão.

O sucesso de Bowie, e seu apelo duradouro, foi uma inspiração para vários artistas em busca de ideias antigas. Alguns desses clones de Bowie eram bem-intencionados, muitos eram simplesmente ridículos, mas eles tendiam a refutar a teoria de que todos os homens ficavam bonitos de maquiagem.

Bauhaus
Meu Deus. O punk encontrou o glam e gerou um mostro gótico, e eles raramente se tornaram mais comuns do que Bauhaus, liderado pelo comum Pete Murphy. Ainda assim, a banda alcançou algo que Bowie não conseguiu – colocar "Ziggy Stardust" nas paradas de singles no Reino Unido. Bem, era 1982.

Jobriath
"Eu posso fazer melhor do que isso!" David Geffen, um magnata de gravadora, apostou meio milhão de libras na estrela de *Hair*, Bruce Campbell (*acima*), mudou seu nome para o alienígena misterioso Jobriath, gastou outro milhão para tornar o "Bowie americano" conhecido com uma campanha espetacular (sem entrevistas, sem músicas decentes), e então presenciou, sem poder fazer nada, a ascensão e queda de Jobriath, que acabou tirando o seu valor.

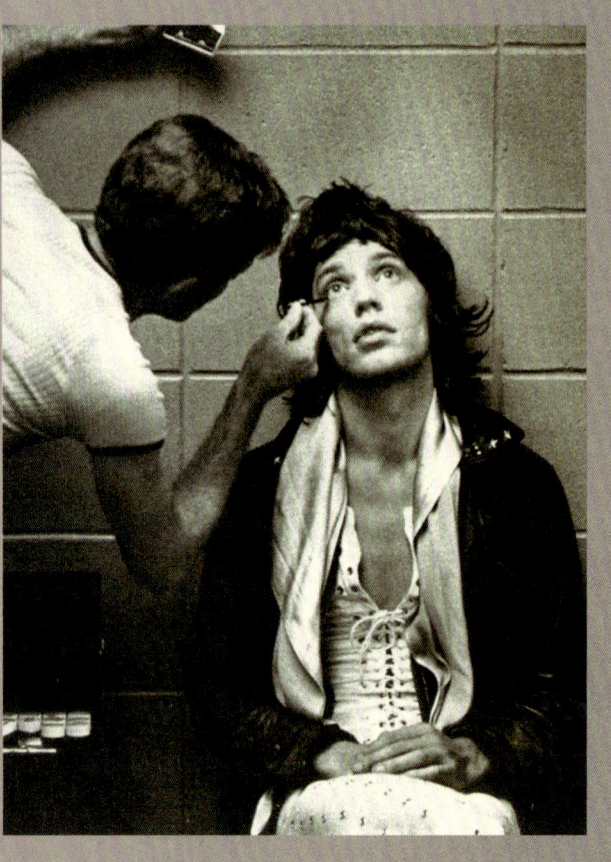

Bob Dylan
Judas! Até Bob Dylan, aquele símbolo sagrado da autenticidade do pré-glam, usou base facial e começou a se referir como "Jokerman".

Mick Jagger
O líder dos Rolling Stones estava com a paranoia de que seu novo vizinho em Chelsea poderia roubar algumas de suas ideias. Claro que esse visual de macacão com *strass* e delineador nos olhos, usado durante a turnê dos Stones em 1973, não tinha nada a ver com Bowie.

Japan
David Batt gostou tanto do verso "*crashing out with Sylvian*" em "Drive-In Saturday" que ele rapidamente tirou seu novo sobrenome disso. Então David Sylvian formou a banda Japan, assim as pessoas poderiam se referir a ele como algum gato do Japão (do verso *like some cat from Japan*, da música "Ziggy Stardust"). Depois, a Japan geralmente evitou a música de Bowie; mas se o visual era *Young Americans*, a atitude era puro *O Homem que Caiu na Terra*.

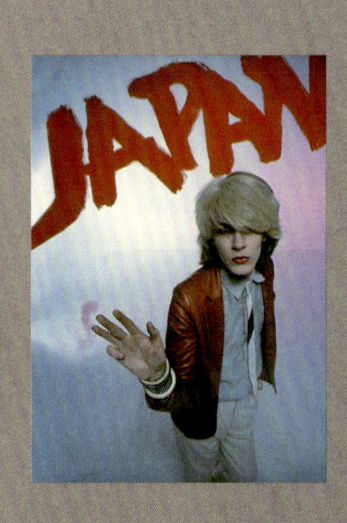

Eles nunca irão cloná-lo! "Eu acho irônico quando vejo uma banda como Sigue Sigue Sputnik (à direita), que é tão estranha, tão absolutamente no estilo de Ziggy. Depois de todo esse tempo, ainda mantêm seus cabelos brilhantemente coloridos."

Gary Numan
Um herói, por apenas um dia.

Sweet
Esses construtores vestidos de cetim superaram o Criador apenas uma vez, quando "Blockbuster", uma música estraga-prazeres que usava o mesmo riff de The Jean Genie foi além do hit de Bowie, alcançando a posição nº1 no começo de 1973.

Babylon Zoo
Como o primeiro hit de Bowie, o single de 1996 do Bab Zoo, "Spaceman", foi uma música "uma vez ouvida, nunca esquecida". Diferente de Bowie, eles ainda não experimentaram um renascimento.

Leo Sayer
Depois de uma tolice como "When I Need You", Leo Sayer se tornou um artista de abertura do Roxy Music que se vestia de Pierrot, acenava com as mãos de maneira que sugeria que sua camisa de força estava solta e dizia aos entrevistadores que o verdadeiro significado de um palhaço era "a tristeza por trás dele". Ele rapidamente abandou a roupa de palhaço, mas infelizmente a tristeza continuou.

Sigue Sigue Sputnik
Os Sputniks tinham uma fórmula vencedora. A imagem era próxima da de Bowie em 1973 modificada pelo punk e pelos filmes cyber. A fraude, que fez a EMI gastar muito dinheiro, era os Sex Pistols de novo. E resultado? Um caso genuíno "de das cinzas para as cinzas".

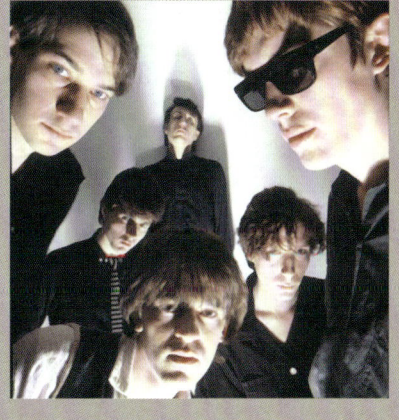

Psychedelic Furs
Richard Butler achava quer era o verdadeiro Bowie dos anos 1980. Porém, ninguém mais achava isso (embora Bowie tenha ficado aparentemente impressionado).

Stardust
Esse fracasso cinematográfico, que foi produzido logo após a aposentadoria de Ziggy em 1973, narrava a ascensão e queda de um pop star. Sua estrela ascendeu consideravelmente desde o lançamento do filme glam revisionista de Todd Haynes, *Velvet Goldmine*.

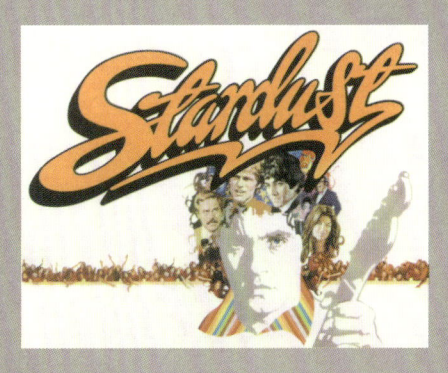

Nem todo mundo precisava de Leo Sayer (acima). Bowie: "Nós estávamos bem irritados, porque muitas pessoas que obviamente nunca haviam visto Metropolis ou tinham ouvido falar de Christopher Isherwood estavam se tornando músicos de glam rock.

"Eu não tinha condições de ser responsável. Eu era a pessoa menos responsável que eu poderia imaginar naquela época."

Ensaiando seu "aceno" em Soul Train, novembro de 1975. "Não fiz um cumprimento nazista. Acho que não faria algo tão estúpido assim. Eles estavam esperando que fizesse algo como um cumprimento nazista e um aceno fez isso por eles."

2.4
Thin White Duke

As roupas de Bowie podem ter se tornando mais sóbrias conforme a década avançava, mas a controvérsia raramente estava longe demais. Em 2 maio de 1976, ele retornou para casa pela primeira vez em aproximadamente dois anos, chegando na Estação Victoria em um trem especialmente fretado de Dover. Era uma ocasião encenada, de encontro com os fãs, planejada para divulgar sua futura permanência de seis noites no Empire Pool, em Londres. Ao descer do trem, David entrou em uma Mercedes conversível e permaneceu em pé, enquanto técnicos mexiam em um sistema de alto-falantes defeituoso.

Já havia sido o tempo das roupas formais largas e americanas preferidas nos clubes de Nova York e pelos superados Soul Boys. Em vez disso, como ele declarou no começo de seu último álbum, *Station To Station*, ele retornou como o Thin White Duke – um personagem ligeiramente arcaico, austero e admitidamente europeu, vestido com uma camisa preta e um jeans prático e apertado. Seu cabelo todo penteado para trás, com mechas loiras, parecia envelhecê-lo prematuramente. Ele então acenou para seus fãs. Trinta anos antes, o gesto certamente seria descrito como um cumprimento nazista. O mestre da propaganda do pop estava agora ultrapassando o limite ao permitir que suas obsessões particulares se tornassem um problema público?

Bowie se prepara para 'acenar' a seus fiéis. Gary Numan estava lá: "Eu não vi ninguém andando por lá dizendo: 'Que imbecil, ele fez um cumprimento nazista'. Ninguém. As pessoas simplesmente acharam que ele estava acenando a elas, e tenho certeza de que ele estava".

Página ao lado: "Fashion! Turn to the right." Bowie: "Aquilo sobre a política de direita era só bobagem, algo que eu disse sem pensar".

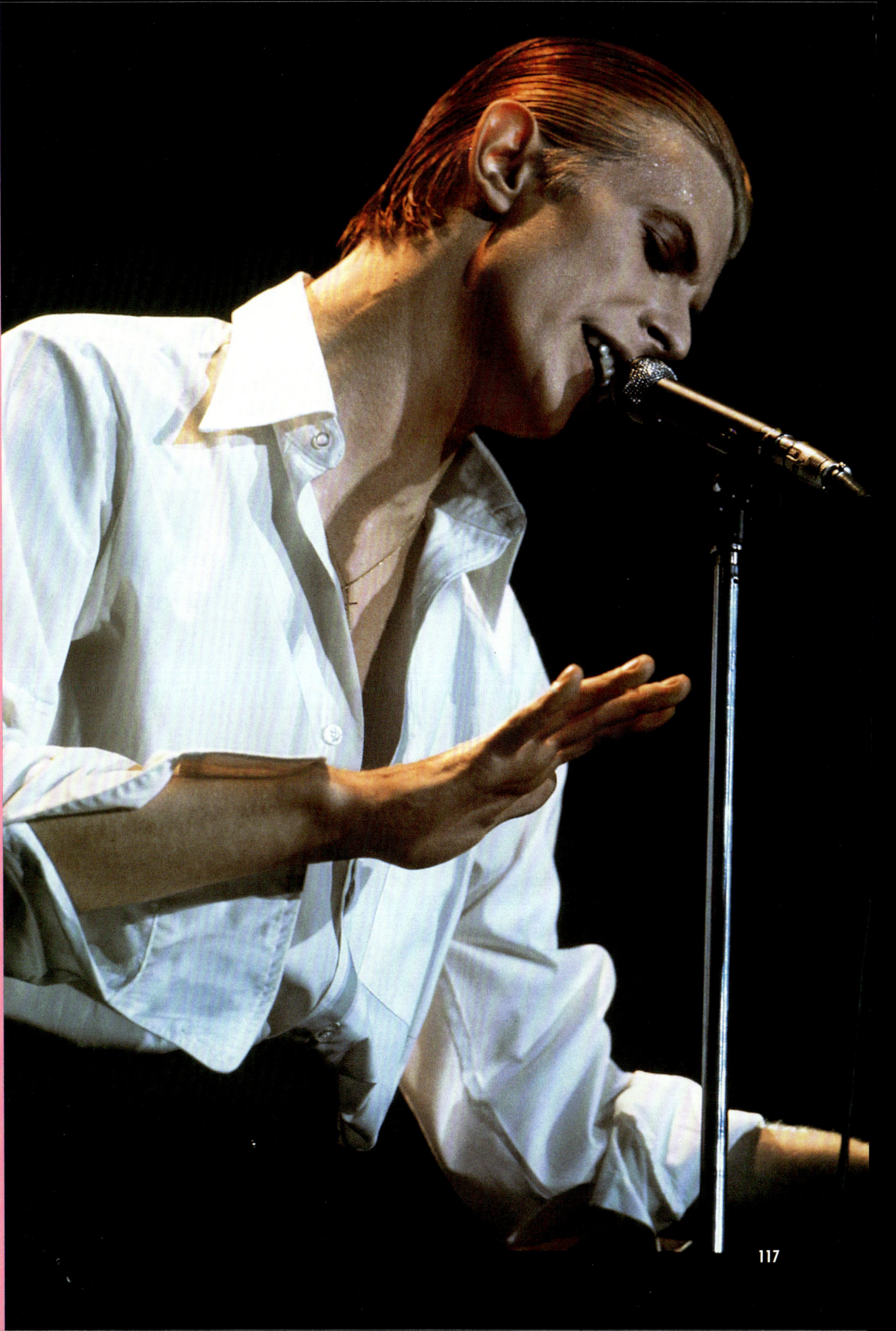

118

Bowie experimentou visuais diferentes no começo da turnê. Aqui ele veste botas de cano alto e chapéu russo. "Eu estou mais próximo do comunismo do que do fascismo – isso ao menos tem algumas vantagens. Além disso, eu sou meio judeu", ele afirmou na época.

Os shows de 1976 eram completos e expressionistas; feixes de luz branca lançavam sombras escuras e criavam um ar de malevolência. As roupas que Bowie geralmente usava no palco – camisa branca impecável, colete preto e calças afuniladas – eram as mais práticas até agora, mas surpreendentemente eficazes, embora a estrela individual de sua *persona* parecesse mais pronunciada do que nunca. As encenações haviam acabado, mas Bowie agora insistia que menos era mais. "É mais teatral do que *Diamond Dogs* já foi", ele disse. "(Mas) é por sugestão mais do que exagerar na encenação. Depende de conceitos modernos, do século XX, de iluminação, e eu acho que acaba sendo bem teatral... não parece uma apresentação teatral, mas certamente é."
Mesmo a sua música havia esfriado. Em *Station To Station*, Bowie tinha abandonado as músicas totalmente relacionadas aos Estados Unidos de *Young Americans* para um estilo mais sóbrio e continental, inspirado por ritmos eletrônicos do krautrock (TVC15) e a tradição das baladas europeias ("Word On A Wing"). E o Thin White Duke estava "jogando dardos nos olhos dos amantes". Os maliciosos. Bowie não era fascista ou racista. Ele era um pessimista cultural com uma tendência exagerada de misantropia que, na verdade, foi reforçada por suas experiências como rock star. O elitismo foi construído na equação estrela/fã; o público poderia ser manipulado com extrema facilidade. Mas nem as estrelas, nem a mídia, que oferece a ligação entre elas e seu público, poderiam admitir isso. E, além disso, Bowie estava se sentindo entediado e cruel. "Os negócios no rock se tornaram tão estabelecidos, e tão como uma sociedade, que eu me revoltei contra isso. E foi disso que não gostaram – que eu não levava a sério, e quebraria as regras, que eu não escutava e não prestava muita atenção. Isso não me preocupou." Ele se voltou a seus textos de Nietzsche e Crowley, construiu uma biblioteca organizada sobre todos os aspectos do Terceiro Reich... e começou a falar.

Página ao lado: I Am A Laser. "A turnê Station To Station não era muito teatral. Era um monte de luzes, mas não fazíamos nada. Eu andei por aí meio arrogante."

A roupa do Duke, de "artista de Berlim", também foi inspirada por alguém próximo: o guitarrista Ronnie Wood, que usou um visual parecido em *The Faces*, até com o maço de Gitanes saindo do bolso (branco) de seu colete.

"Todos os meus livros, naquela época em particular, eram de pessoas como Ishmael Regarde, Waite e Mavers e Manley. Era um período intenso de tentar me relacionar a essa busca por um espírito verdadeiro. E eu achava que descobriria isso por meio da leitura de todo esse material."

ESTILO BOWIE

VICIADOS EM BOWIE

How Lucky You Are. Fãs que 'pediram um autógrafo' são recompensados por sua perseverança.

Câmeras no Brooklyn.

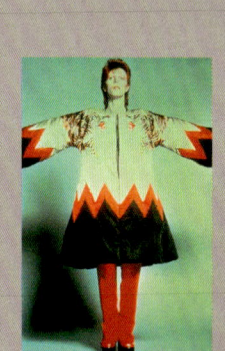

Enfeitado como uma árvore de Natal.

Um público que se vestia como seu ídolo era uma geração rara antes de Ziggy Stardust. Os visuais estranhos parecidos com os de Elvis ou Jagger podem ter ficado escondidos nas sombras, mas os fãs geralmente demonstravam sua apreciação por meio da moda consagrada pelo tempo de colocar pôsteres nas paredes do quarto ou agitar cartazes rabiscados às pressas. Bowie, por meio do visual de história em quadrinhos de Ziggy, inspirou uma série de sósias, muitos dos quais (os "Bowie Boys") imitavam toda e cada mudança estilística dele durante os anos 1970. Vale notar que o entusiasmo por ternos no estilo Glass Spider ou elegantes como Black Tie White Noise durante as últimas duas décadas foi atenuado. O culto a Bowie foi notável porque constituiu uma subcultura inteira centrada em uma única personalidade. Quando o diretor de *Cracked Actor*, Alan Yentob, perguntou a um fã se ele estava "no universo de Bowie", a resposta ("Ele é o centro: eu fui atraído a ele.") foi pronunciada na forma de uma doutrina religiosa. Houve um leve pânico moral quando, em 1973, os Bowie Boys (e Girls) mais ousados começaram a aparecer nas escolas usando mullets no estilo de Ziggy. Como o cigarro, o cabelo comprido e o canivete, Bowie havia se tornado o pesadelo dos diretores de escola.

"Eu nunca tinha visto uma reunião de pessoas tão estranha", disse um repórter do *Melody Maker* de um grupo inspirado na era Ziggy de Bowie. "Para começar, havia um monte de pessoas que pareciam ter árvores de Natal nas pernas. Havia muito glitter e muitos homens vestidos como damas." Seguir as tendências de Bowie nunca foi tão difícil, embora seu público ainda parecesse fazer um pouco de esforço quando ele vinha para a cidade. Bowie não só inspirava imitadores. O jovem Billy Idol fazia parte do Bromley Contingent, um grupo de entusiastas do começo do punk que não achavam contraditório ver os Sex Pistols uma noite e depois o Bowie, interpretando o Thin White Duke, na noite seguinte. "Nós gostávamos de ser notados", ele disse a Jon Savage, autor de *England's Dreaming*. "Éramos influenciados por Bowie, Roxy e *Laranja Mecânica*, mas estávamos fazendo da nossa forma. Bowie havia tingido seu cabelo de vermelho, mas fomos a um cabeleireiro e vimos todos aqueles tubos de cores malucas e ficamos doidos."

Página ao lado: "O público sempre está quase uma turnê atrás de mim, mas eles sempre estiveram. Eu ficaria preocupado se eles aparecessem com roupas que eu nunca tivesse visto antes. Eu iria pensar que estava uma turnê atrasado".

121

"Por aproximadamente um ano, tentei me parecer com Bowie, mas isso nunca aconteceu comigo, infelizmente. Por um período muito curto, eu tinha o visual do Thin White Duke. Eu costumava usar o colete e o cabelo loiro na frente." – Gary Numan

Duke Of Earl. Bowie tinha gravado uma versão do clássico de Gene Chandler com os Mannish Boys, mais do que 20 anos antes de esta foto ser tirada.

As manchetes logo se acumularam. "A melhor coisa a acontecer é vir um governo de extrema direita." "Adoraria ser Primeiro-Ministro. E, sim, eu acredito firmemente em fascismo... As pessoas sempre responderam com grande eficiência sob uma liderança regimental. Rock stars também são fascistas. Adolf Hitler foi um dos primeiros rock stars. Eu acho que ele era tão bom quanto Jagger. E, cara, quando ele pisava no palco, organizava o público. (Ziggy) poderia ter sido o Hitler na Inglaterra... Acho que eu poderia ter sido um Hitler muito bom. Eu teria sido um ditador excelente. Muito excêntrico e bem louco."

Mais tarde, naquele verão, Eric Clapton interrompeu um show em Birmingham para advogar as políticas de repatriação do Membro do Parlamento Enoch Powell, do Partido Unionista do Ulster. Isso foi a gota d'água para alguns ativistas que, depois de uma vigorosa campanha por meio de cartas à imprensa musical, fundaram o Rock Against Racism (RAR) [em português, Rock Contra o Racismo], para impedir o impulso do pop pela extrema direita. Um de seus panfletos trazia a foto de Bowie junto com a de Powell.

A política do medo alimentou o senso de crise iminente que conteve a Grã-Bretanha na metade dos anos 1970. A economia estava em uma confusão, os trabalhadores estavam ficando revoltosos e a desordem social não parecia ter fim. Os formadores de opinião não conseguiam achar uma solução fácil, mas certamente eles não aceitavam opiniões irrefletidas e exaltadas de rock stars. No fim, não era realmente Bowie quem eles temiam, mas as pessoas nas terras centrais dos trabalhadores, aqueles que estavam começando a votar no National Front nas eleições parciais, que tendiam a buscar seu bode expiatório primeiro e fazer perguntas depois.

Bowie também foi motivado pelo medo das massas mais do que por qualquer amor pela ideologia do fascismo: "As pessoas não são tão lúcidas, você sabe. Elas dizem que querem liberdade, mas quando têm a chance, rejeitam Nietzsche e escolhem Hitler, porque ele marcharia em uma sala para falar e música e luzes surgiriam em momentos estratégicos". Seu elitismo era descarado, mas a tragédia real era que o impulso de seu argumento não era necessariamente irreal.

"Eu acho que ele aparentava melhor em Station To Station, mas não eram tanto as roupas – era seu cabelo, seu rosto, apenas a elegância disso." – Iggy Pop

"Eu tinha essa coisa em mente de que havia parado com as roupas teatrais e que eu apenas vestiria Sears & Roebuck. Que em mim ficava mais diferente do que qualquer coisa minha feita por estilistas japoneses."

Página ao lado: "Eu não gostava do período sem sobrancelhas, que basicamente durou de Aladdin Sane a Young Americans. Então, ele deixou as sobrancelhas crescerem de novo, e seu cabelo estava fantástico em O Homem que Caiu na Terra, e isso reacendeu minha vontade de ser David Bowie de novo." – Ian McCulloch

123

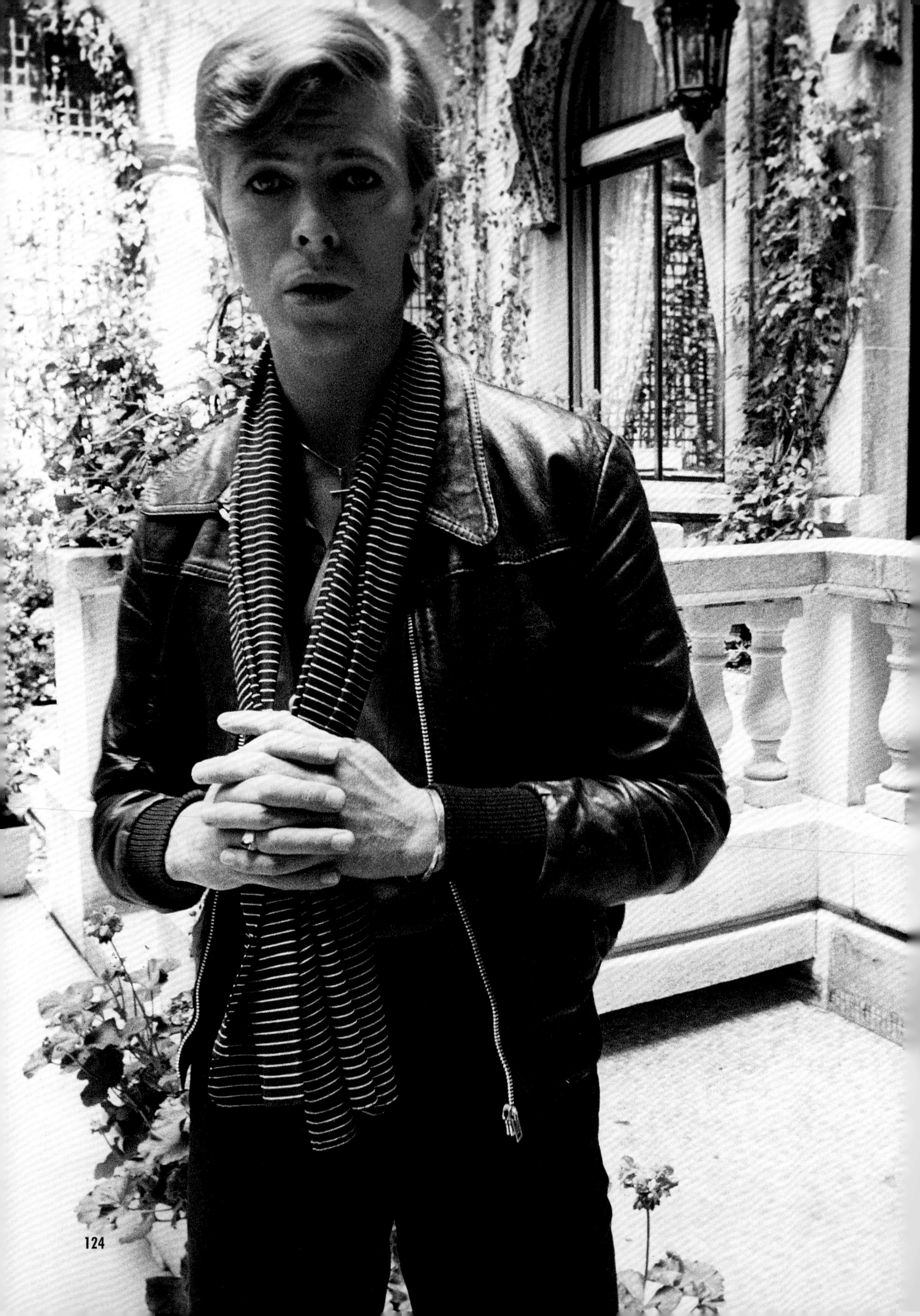

Página ao lado: 'Be My Wife'. Bowie filmou um vídeo para um de seus singles mais subestimados durante sua permanência em Paris, junho de 1977.

Man In The Middle. "Nunca me senti como um líder. Eu sempre me senti terrivelmente inseguro quando estava na companhia de seguidores dedicados da moda, porque eles sempre sabiam todos os nomes dos estilistas."

Poder, controle, medo, colapso social, totalitarismo, flertar com o impensável – tudo isso preocupou Bowie por anos. Teria sido mais surpreendente se o mal-estar contemporâneo tivesse passado por ele. Mas aqueles que se preocupavam em ver além das manchetes descobriam que sua opinião sobre o fascismo era mais complexa do que aparentava no princípio. "Você tem que ter uma frente de extrema direita e varrer tudo de seu pé e limpar tudo. Então você pode obter uma nova forma de liberalismo", soou não menos apocalíptico, mas o objetivo final era bem diferente.

Por volta de 1977, o novo movimento punk inspirado na crise havia adotado a suástica como parte de seu simbolismo. Bowie, que tinha sido proclamado como o sábio do *new wave* em alguns lugares, não viu razão para desistir de suas previsões distópicas: "O que eu disse era que a Grã-Bretanha estava pronta para um outro Hitler, o que é totalmente diferente de dizer que ela precisa de um outro Hitler. Eu mantenho essa opinião – na verdade eu estava além de meu tempo ao expressar isso. Existe na Grã-Bretanha, agora mesmo, paralelos com a ascensão do Partido Nazista na Alemanha pré-guerra. Uma nação desmoralizada cujo império foi desintegrado". Dois anos depois, Margaret Thatcher foi eleita.

World Shut Your Mouth. "Muitas pessoas fornecem citações a mim. Elas sugerem todos os tipos de coisas a se dizer e eu as digo, realmente, porque não sou mesmo muito informado."

ESTILO BOWIE

OS COLABORADORES

Bowie/Ronson interpretando "Starman" no Top Of The Pops, Londres, julho de 1972.

Mick Ronson

Colaborações importantes com Mick Jagger, Freddie Mercury e Tina Turner à parte, Bowie raramente permitiu que outra figura dividisse os holofotes com ele em algo, em termos iguais. Apenas a Mick Ronson, um ex-jardineiro despretensioso de Hull que nunca conseguiu captar o apelo de homens crescidos vestidos com cetim e renda, foi permitido ter um vislumbre casual dessa ação. No palco, Ronno era um suporte – um garoto de programa *groupie* para seu mestre simular sexo oral, um guitarrista herói que solava sem parar enquanto a Madame Twinky fazia suas trocas de roupas – mas seu verdadeiro valor – estava provavelmente no estúdio, onde ele ensaiava os Spiders até a perfeição e contribuía mais na área de produção do que era creditado na época. Em 1970, Mick Ronson inspirou Bowie a formar sua primeira banda decente de rock. Por volta de 1973, ele estava expansível – dispensou apenas umas semanas depois a parte rítmica dos Spiders, o baterista Mick Woodmansey e o baixista Trevor Bolder foram demitidos em um palco em Londres. Ronson, que posteriormente se casou com a cabeleireira de Ziggy, Susie Fussey, brevemente caiu nos encantos da MainMan, lançando um álbum solo, *Slaughter On Tenth Avenue*, entre o exagero costumeiro de De Fries. Mas ele não era o Próximo Bowie. Em vez disso, ele buscou uma carreira sólida, se não comum, nas duas décadas seguintes, antes de se reunir a Bowie em *Black Tie White Noise*. Ronson perdeu uma batalha de dois anos contra um câncer no fígado em abril de 1993. Ele era, como Bowie disse, "meu Jeff Beck".

Brian Eno

Mick Ronson era o parceiro perfeito – para ajudar Bowie durante a confusão do glam e do rock progressivo. Brian Eno, o notável colaborador seguinte de Bowie, não poderia ser mais diferente. Um intelectual que perdeu para Bryan Ferry na batalha pela alma do Roxy Music, ele felizmente recuou para as margens nas quais poderia colocar suas teorias musicais em prática sem ser restringido pelas expectativas do mercado. Bem versado, e um não músico confesso, o ouvido apuradamente desenvolvido de Eno e sua mente analítica se juntaram bem com o talento inexperiente de Bowie e seu espírito pioneiro; e, ao longo de três álbuns lançados da metade para o fim dos anos 1970 – *Low*, *"Heroes"* e *Lodger* –, a dupla desenvolveu uma abordagem única e totalmente moderna do pop. "Ele tinha ideias fantásticas", Bowie disse a Tony Visconti no início de sua viagem musical.
Em nenhum lugar isso foi mais intensamente sentido do que em sua primeira colaboração, *Low*. As faixas cantadas (o segundo lado consistindo amplamente de instrumentais tristes) pareciam encapsular a busca de Bowie pela perfeição da grande/pequena arte – desafiando arranjos formulados em um formato pop. De alguma maneira, o primeiro lado de *Low* é a última experiência musical de David Bowie. Extraordinariamente, a amizade deles sobreviveu à sua relação de trabalho e, inspirados pela nova tecnologia à disposição deles, eles se reuniram para *Outside*, de 1995. Nesse meio-tempo, Eno acumulou uma fortuna produzindo o U2.

Tony Visconti

Atualizado, americano e novo na cidade, Tony Visconti descobriu ouro no outono de 1976. Ele descobriu Marc Bolan cantando em um pequeno clube *underground* em Londres – e foi prestativo em sua transformação do folkie cult para a primeira estrela do glam rock. Ele também foi convidado a produzir outro desconhecido com grandes ideias; nos 13 anos seguintes, Visconti se tornou o único colaborador de Bowie a longo prazo, produzindo ou coproduzindo nove álbuns, e realizando uma operação de salvamento no último minuto em outro,

Bowie/Eno recebem o Q Inspiration Award, Londres, novembro de 1995.

Bowie/Visconti no Rock & Pop Awards do Daily Mirror, Londres, fevereiro de 1981.

Diamond Dogs. (Ken Scott supervisionou os quatro títulos da era glam.) Como indica o seu modo feroz de tocar baixo, ele também era um impulso por trás de *The Man Who Sold The World*, e tocou como Hypeman na curta aventura Hype de Bowie, em 1970.
A epifania do cantor no começo dos anos 1980 necessitou que Visconti fosse excluído a favor de Nile Rodgers quando Bowie foi gravar *Let's Dance*. As relações foram posteriormente deterioradas, quando David se ofendeu com alguns comentários que o produtor fez à *Starzone,* uma revista sobre Bowie; porém, mais recentemente, eles se perdoaram, voltaram a ser amigos e até mesmo começaram a trabalhar juntos novamente.

Reeves Gabrels

Guitarrista, arranjador, programador, compositor em parceria e coprodutor, Reeves Gabrels teve um papel essencial na reabilitação musical de Bowie durante os anos 1990.
Poucos além do círculo direto de conservadores o reconheceriam, um homem calvo despretensioso que tendia a se esconder atrás de óculos escuros, mas como a pessoa responsável pelo redespertar do interesse de Bowie pela música no fim dos anos 1980, sua influência não deve ser subestimada. Sua principal técnica de guitarra, em tom alto e gritante, que pode soar como o Brian May do Queen depois de um colapso nervoso, ainda divide os fãs embora ele tocando em *Earthling* em 1997 tenha coberto o industrial metal e o fundo de drum & bass de forma brilhante. Ele coproduziu e compôs em parceria cada faixa em *'hours...'*, de 1999.

Página ao lado: Bowie/Gabrels deixando o restaurante Pharmacy de Damien Hirst, Londres, setembro de 1998. Reeves tinha sido um grande fã de Ziggy: "Era um época muito boa, porque você podia ir para a escola com uma mecha verde em seu cabelo e dizer: Foda-se, eu pareço David Bowie."

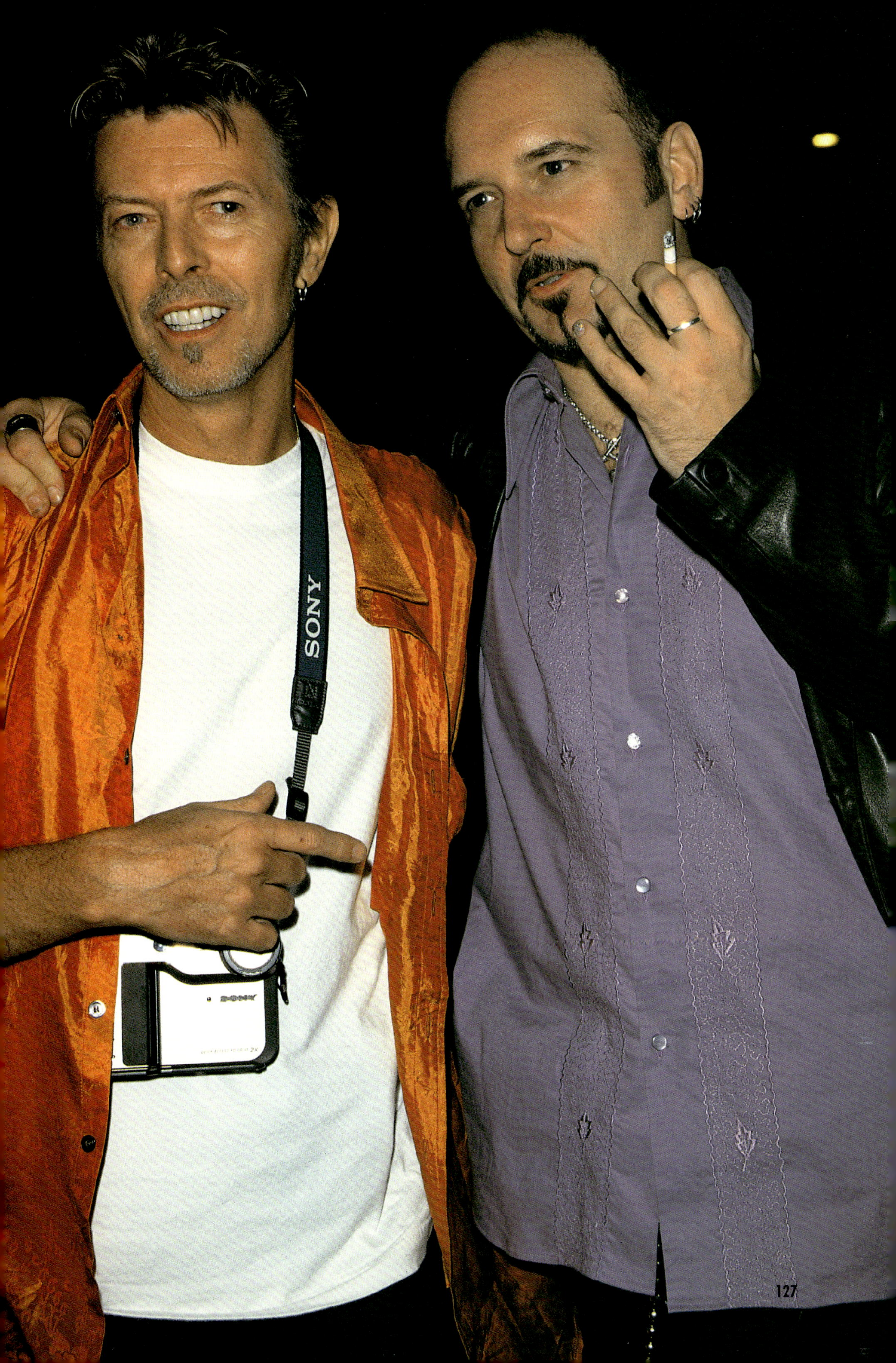
SONY

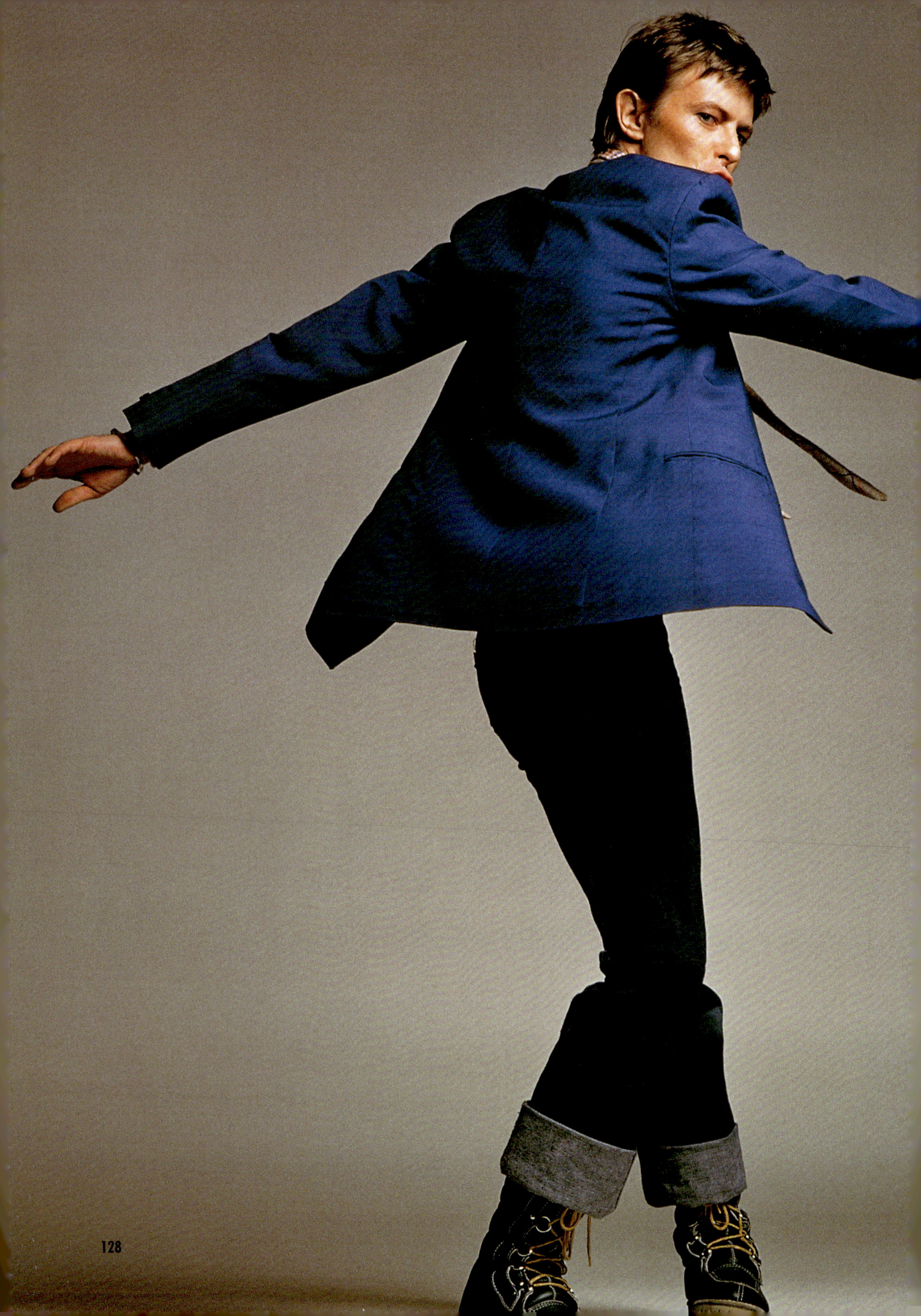

Página ao lado: Bowie dá um giro em sua sessão de fotos promocional para "Heroes", em 1977.

2.5

Pierrot Punk

O punk foi o shock rock de Bowie expresso. Desde a era *Ziggy Stardust/Aladdin Sane,* o rock não experimentou uma explosão de tendências extravagantes e personalidades exageradas assim. Era como se a geração seguinte tivesse compreendido as maiores obsessões de Bowie – identidade, confusão de gênero, curiosidade mórbida – e as emitido de novo em amostras ainda mais exibicionistas e escandalosas.

Se sua rotina como Thin White Duke posteriormente lançou David Bowie à deriva do mainstream do rock, ela rapidamente começou a trabalhar a seu favor. Tecnicamente, Bowie, que havia completado 30 anos em janeiro de 1977, era um "Velho Louco" completamente realizado, mas seu *status* eterno de errante fez com que ele não fosse aposentado ainda. Afinal de contas, muitos da nova Blank Generation (sombras de Warhol aí) foram educados em uma dieta sancionada por Bowie de Velvet Underground, Iggy Pop e a estrela suprema com desejo de morte de Ziggy Stardust. Uma das novas performances, a de Siouxsie & The Banshees, praticamente surgiu em um dos shows de Bowie de Station to Station em Wembley.

Em uma première de gala VIP de *O Homem que Caiu na Terra*, com Sydne Rome, no Gaumont Elysees Theatre, Paris, junho de 1977.

She Shook Me Cold. "Ele tinha uma grande influência naquelas antigas botas de Siouxsie. Ela era apenas uma fã de Bowie, ela nunca estava no lado punk das coisas." – Captain Sensible do The Damned

Cabaret, 1991: "Isso foi baseado em um homem de negócios que vi indo para o trabalho em uma manhã em Berlim. Ele estava com sua pasta de documentos, e de terno e gravata – não uma gravata borboleta –, muito tradicional, exceto por esse batom vermelho brilhante. Guardei a imagem em minha mente por anos!"

ESTILO BOWIE

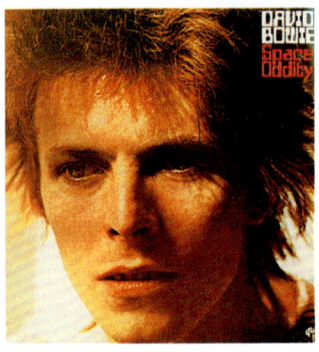

A interrupção brusca do punk trouxe ecos distintos da chegada de Bowie em 1972. The Swindle, a dissecação nota dez de Malcolm McLaren da missão do Sex Pistols para destruir a indústria das gravadoras, foi uma versão mais perversa dos golpes da MainMan formulados em forma de manifesto. (A primeira lição foi "Como Produzir o Seu Grupo".) Os Spiders não eram exatamente maravilhas em um acorde, mas, como o punk, eles ofenderam as sensibilidades tradicionais do rock com acordes vibrantes e inovadores e com ritmos descomplicados. Ainda mais importante, o punk reviveu o senso de carnaval – com sons harmônicos obviamente sexuais e antissociais –, por causa do coquetel energético de Ziggy de *Laranja Mecânica* e dos superstars da Factory, de Warhol. Com centenas de nomes assumidos livremente – Johnny Rotten, Polly Styrene, Rat Scabies, entre outros –, era como se o glam rock tivesse retornado após ter feito um pacto com o diabo.

Bowie, de forma sensata, manteve uma discrição durante os primeiros meses do punk. Ele passou a maior parte do tempo em Berlim, o lugar ideal para retomar uma vida de libertinagem habilidosa, com sua companhia constante, o similarmente aclamado Padrinho do Punk, Iggy Pop.

Os álbuns de Bowie da era punk, *Low* e *"Heroes"* (ambos de 1977), produziram um novo cenário, embora nem todos os seus antigos admiradores tenham aceitado bem a sua rotina experimentalmente inclinada ao cabaré robótico: "(Pouco) se sente da origem espiritual habilidosamente falsificada e do vazio", foi o veredito de Charles Shaar Murray. No entanto, eles renderam uma nova plateia (encorajada pelo envolvimento de Eno e Robert Fripp), e foram comparados favoravelmente, pode-se dizer, a conceitos de Casanova de Bryan Ferry. Uma propaganda divulgada durante a época de *"Heroes"* inteligentemente buscou retirar Bowie da guerra de estilos: "Existe Old Wave, existe New Wave. E então existe David Bowie".

Esta reedição da era Ziggy do LP de 1969 de Bowie antecipou o visual de Lydon no fim dos anos 1970 em cinco anos. David: "Oh, se Ziggy Stardust tivesse tido um filho. Quando Ziggy caiu em desgraça e perdeu todo o seu dinheiro, ele teve um filho antes de morrer... Johnny Rotten!"

Fazendo piada com o ex-punk dos Pistols, John Lydon, no Halloween em Hollywood, 1995.

A pequena maravilha do cabelo de henna: Bowie voltou a usar seu cabelo laranja punk arrepiado em 1997.

Página ao lado: Fotografado por Snowdon, junho de 1978. "Eu gosto do senso de mudança, das coisas acontecendo. Isso não me cansa como acontece com os outros artistas. É provavelmente porque em sou uma pessoa incansável, e o constante movimento evita que eu fique preso em minhas neuroses."

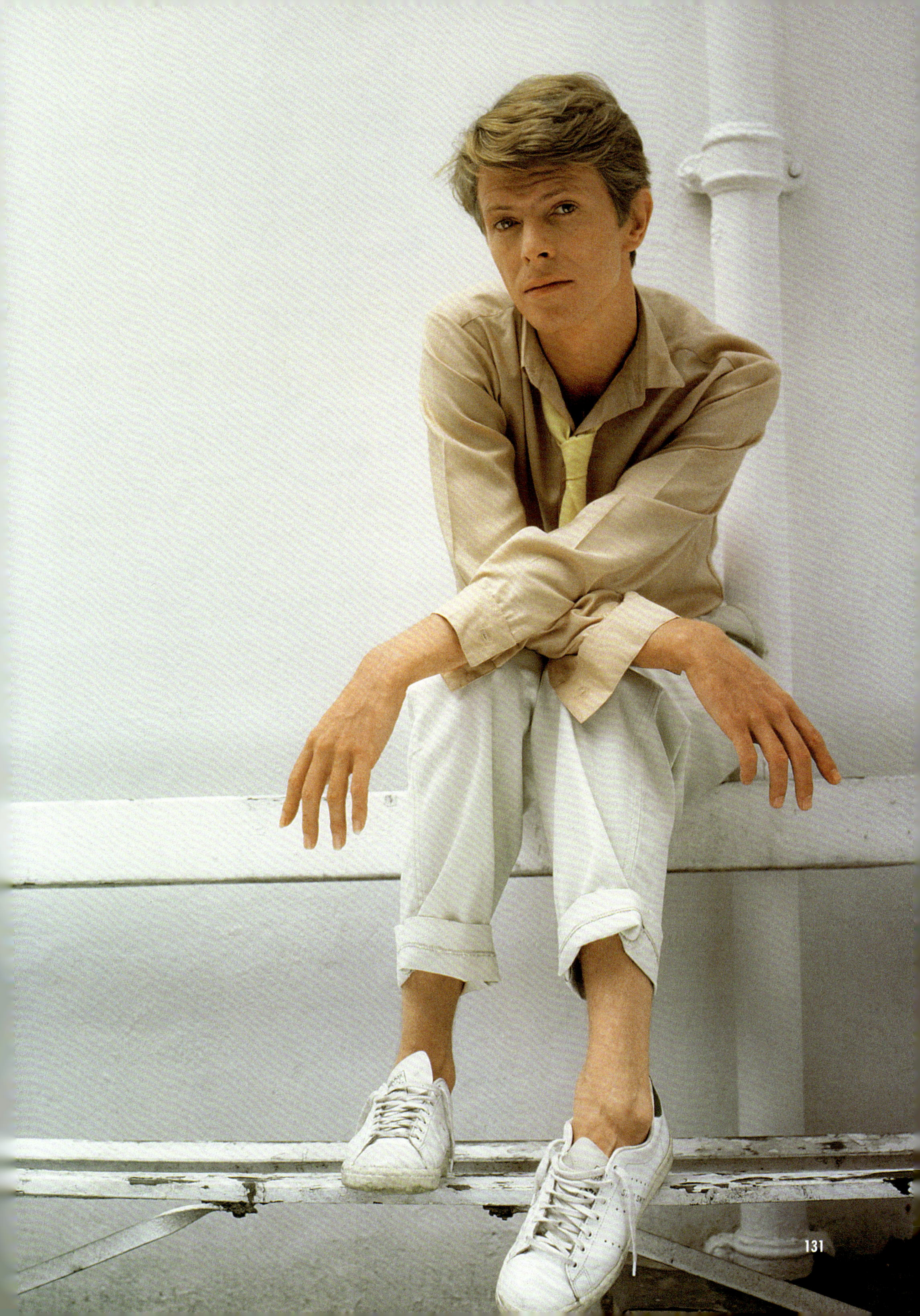

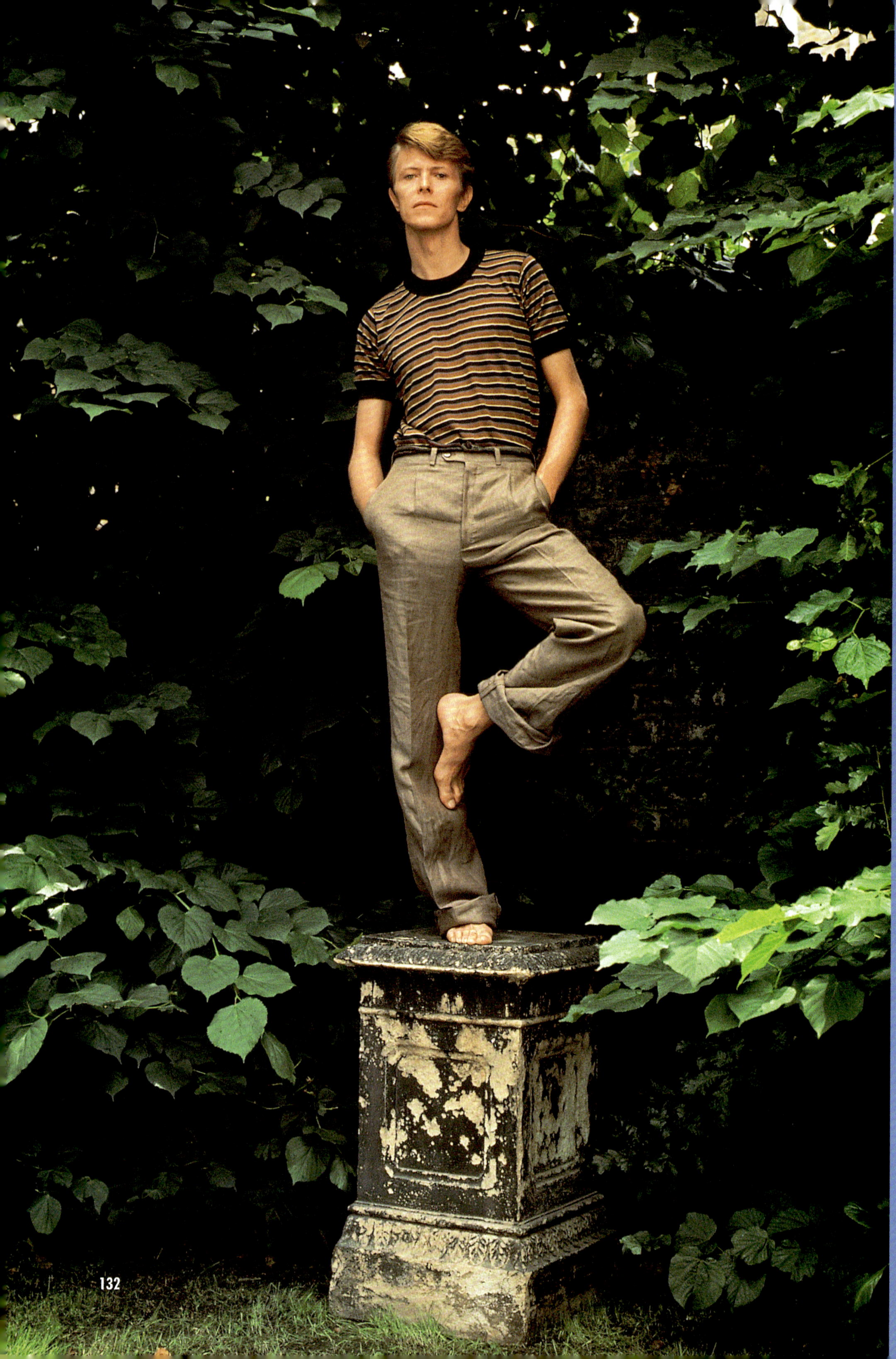

Em março de 1978, Bowie deu seu passo. Ele apostou em uma grande turnê mundial, e teve o bom senso de retomar uma boa porcentagem do material de Ziggy Stardust em sua lista. (Um pôster escrito "Ziggy Está Vivo" foi colocado em um camarote em Earl's Court em apreciação.) Suas roupas usuais faziam alusão a duas subculturas dominantes: uma roupa completamente limpa e branca, extravagantemente combinada com um chapéu de marinheiro, a preferida das plateias disco; e a blusa apertada com a calça de punk da *new wave*. Os shows eram cautelosos e, com temática do cabaré, pretendiam agradar os conservadores e aplacar os céticos. Com Bowie invejavelmente preservado, e se apresentando contra um fundo simples neon, isso funcionou.

O fim dos anos 1970 foi incrivelmente bom pra David Bowie. O punk abriu muitas portas, incluindo uma para uma série de amadores usando sintetizador com olhares severos e cortes de cabelo assimétrico. Com o nome de Cold Wave, esses experimentalistas habilidosos frequentemente pareciam estar em meio às antigas apresentações chocantes de Bowie (Phil Oakey, do Human League, usou dois estilos de cabelo em apenas uma cabeça) e às obras eletrônicas estranhas de seu trabalho recente.

Dois álbuns posteriores, *Lodger* (1979) e *Scary Monsters (And Super Creeps)* (1980), mantiveram-no nos limites externos do mainstream, mas foi uma dessas ideias brilhantes visuais que trouxe de volta sua saúde crítica e comercial.

A recepção mista da turnê preocupou Bowie. Um vídeo de um single de 1979, "Boys Keep Swinging", colocou-o de volta em roupas femininas – e nas telas. Musicalmente, ele estava renovado também: tanto Boys quanto Look Back In Anger soavam tão contemporâneas quanto qualquer outra coisa naquele ano. Uma versão de "Alabama Song", de Brecht/Weill, lançada em 1980 superou os novos iconoclastas em seu próprio jogo – era o equivalente musical de uma discussão de bêbados. Mas foi a música seguinte, "Ashes To Ashes", que realmente fisgou a imaginação do público. Magnificamente autorreferencial, impregnada de melancolia, surpreendentemente arranjada e com um riff irresistivelmente atenuado, "Space Oddity" estava completa. Ela dominou todo o verão.

No vídeo que acompanhava, Bowie retornou a alguns temas centrais – terras alienígenas, loucura e confusão de gênero – com roupas para adaptar. Mas foi o seu visual atualizado de Pierrot, desenhado por Natasha Kornilof, que eclipsou todo o resto. Na hora certa, Bowie teve acesso a uma nova cena extravagante centrada no clube Blitz em Holborn, Londres, selecionando uma séric de pessoas importantes para o vídeo, incluindo um dos proprietários do clube, Steve Strange.

Dallas, abril de 1978: com blusa de microfibra com capuz e calça de combate de algodão acetinado, Bowie estava 20 anos à frente da multidão.

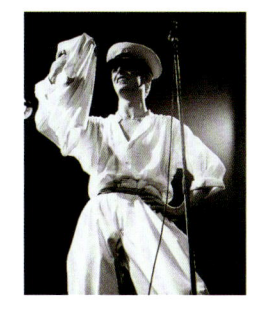

Swing Your Pants.

De quimono com o ator Peter Straker, na festa da première em Londres de Just A Gigolo, Dia dos Namorados de 1979.

Página ao lado: "O objetivo é crescer na pessoa em que você cresce. Eu não tinha uma ideia de onde eu estaria em um ano. Um maluco delirante, um hippie ou um ditador, algum tipo de reverendo. Eu não sei. Isso é o que me impede de ficar entediado".

Abaixo: Eu era pedra e ele era cera. "Eu ainda tenho aquele manequim em casa, você sabe."

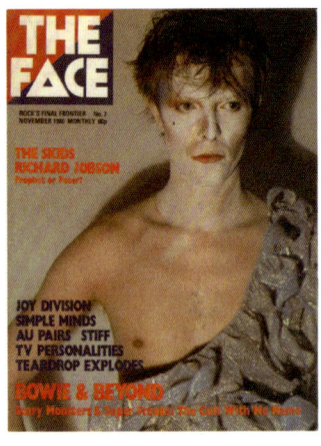

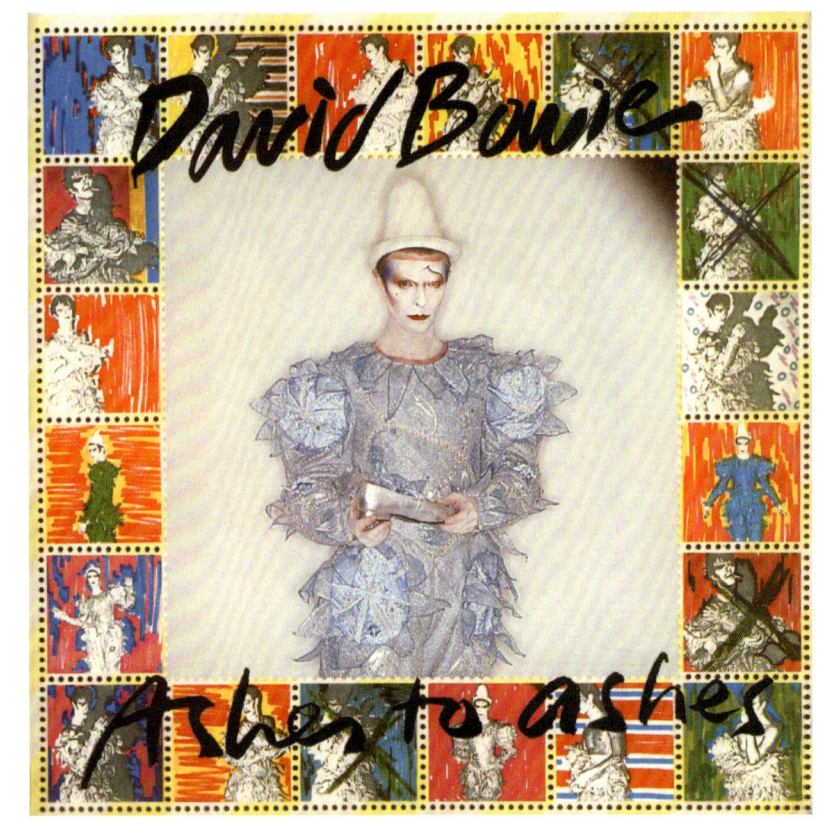

Muitos desses Blitz Kids, ou posteriormente new romantics, foram aspirantes a Soul Boys durante a metade dos anos 1970. Agora, a idade tendo vindo, eles se dedicavam a um modo de vida que revolvia mudança de gênero e o hedonismo da cultura club. O punk tinha dançado o pogo até a morte; a cena independente tinha realmente mudado de lado. O pessoal da Blitz – com o travesti Marilyn na porta, Boy George dando uma volta por lá com o grupo e o Spandau Ballet no palco – queria apenas diversão e liberdade para criar novos hábitos noturnos de cair o queixo para si mesmos.

Por volta do fim de 1980, Bowie fez isso na capa da bíblia do novo estilo, *The Face*. Sua confiança foi recuperada a tal ponto que ele até poderia se permitir fazer uma brincadeira com seus jovens imitadores: *"One of the new wave boys... same old thing in brand new drag"* ["Um dos garotos da *new wave*... a mesma coisa em roupas novas"] ("Teenage Wildlife"). Ele também poderia acrescentar um novo registro à sua lista extensa de créditos: sobrevivente.

Páginas seguintes: Roupas e comentários de Natasha Kornilof: "O palhaço era baseado em uma roupa jacobina com calças largas com enchimento e mangas. Era camada sobre camada de tecido brilhante azul com organza e fita por cima. E fio prateado sobre lurex azul."

"Fiquei surpreendentemente satisfeito com as calças brancas, que foram cortadas como calças jacobinas. Não conseguia acreditar que tinha acabado de mudar a forma como todo mundo estava se vestindo. Todos os futuristas e new romantics vieram disso." E MC Hammer.

"Eu acho que (a música) deveria se tornar provocativa, ser uma prostituta, uma paródia de si mesma. Deveria ser o palhaço, o Pierrot mediano."

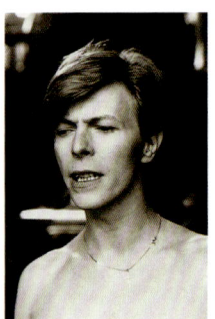

Página ao lado: "TVC 15". Em uniforme de saia reta para o *Saturday Night Live*, Nova York, dezembro de 1979, o "visual de Bowie de comissária de bordo comunista chinês", desenhado por Natasha Kornilof.

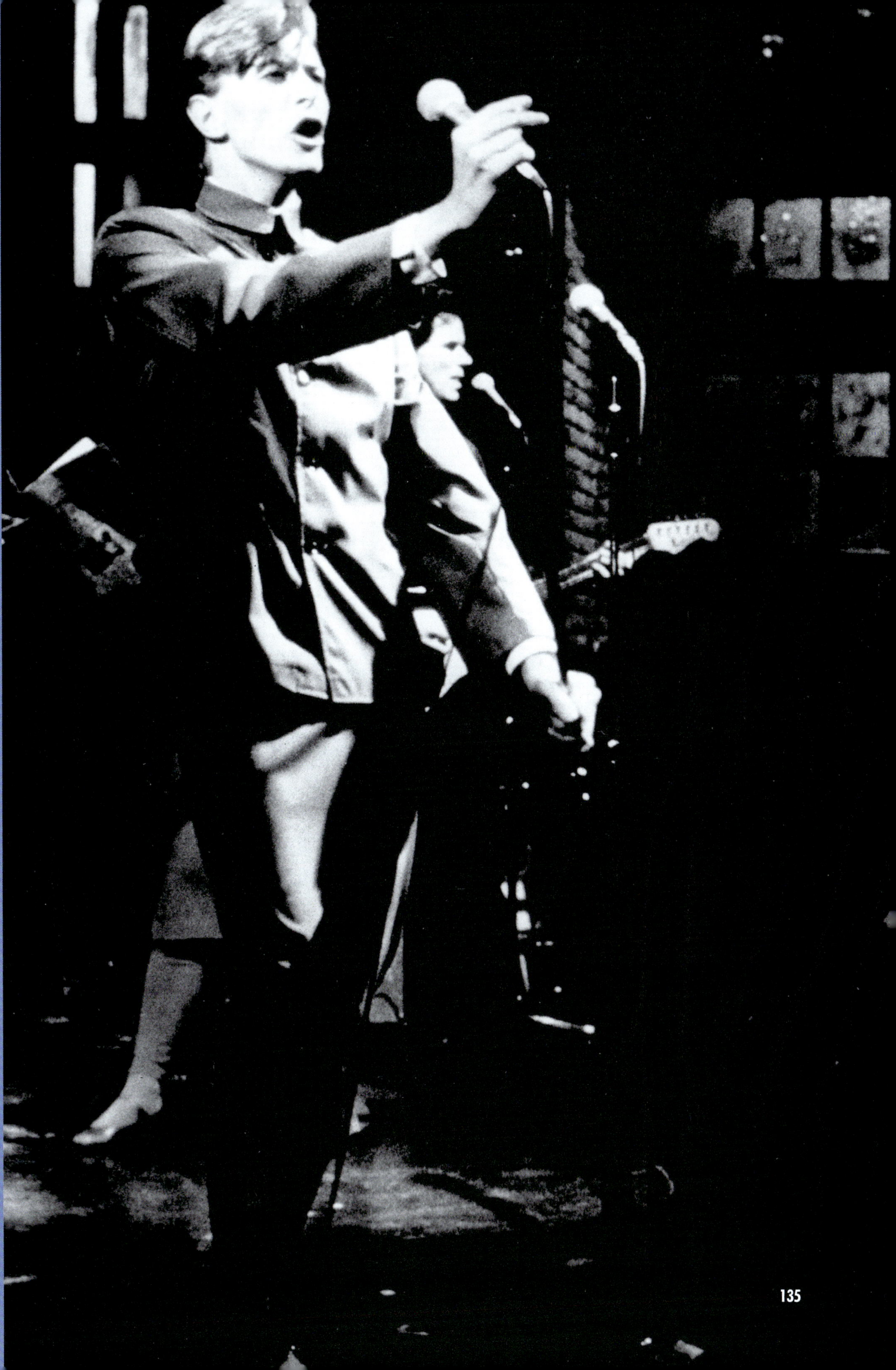

DAVID BOWIE
Glamour

— Edward Bell '80 —

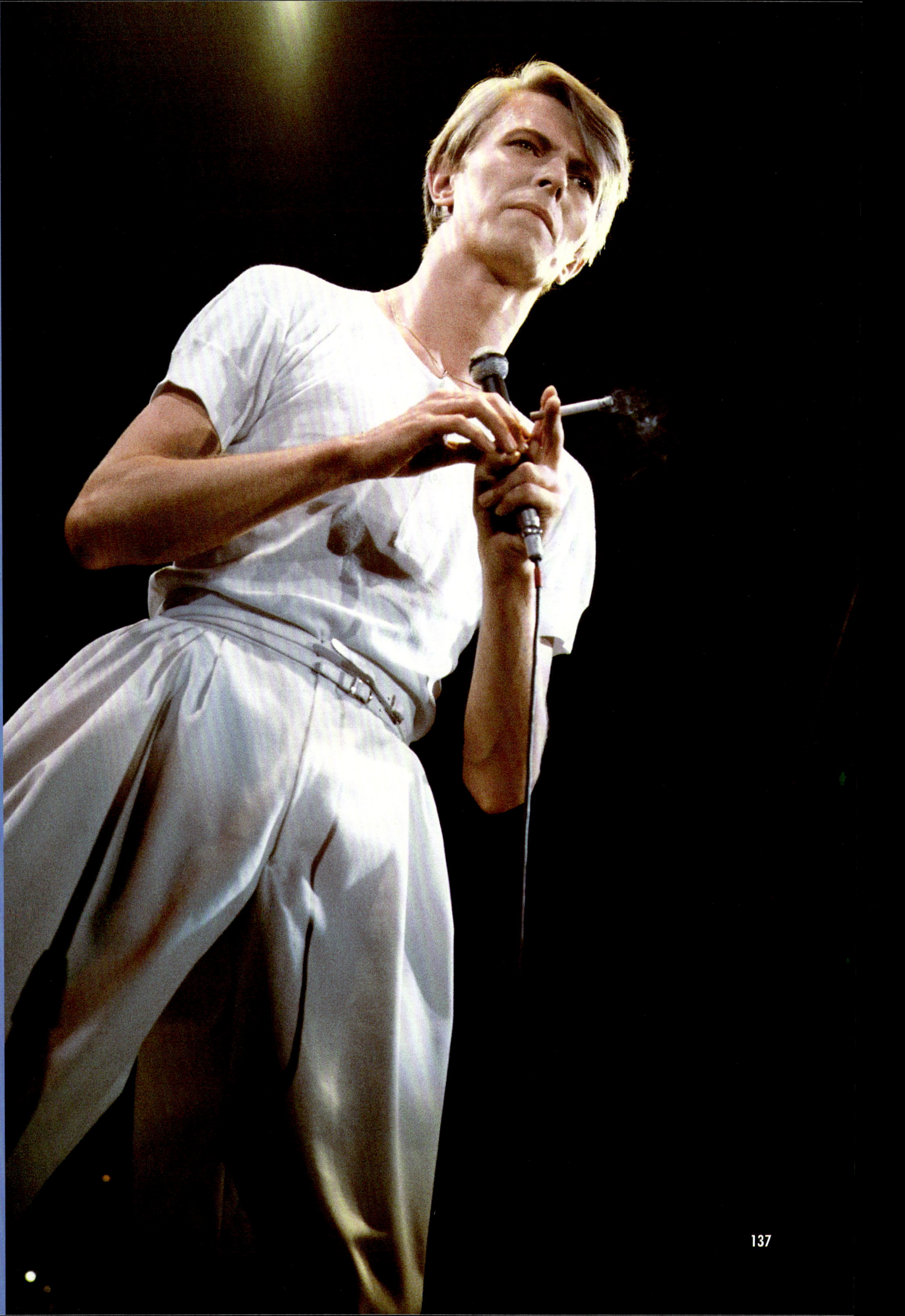

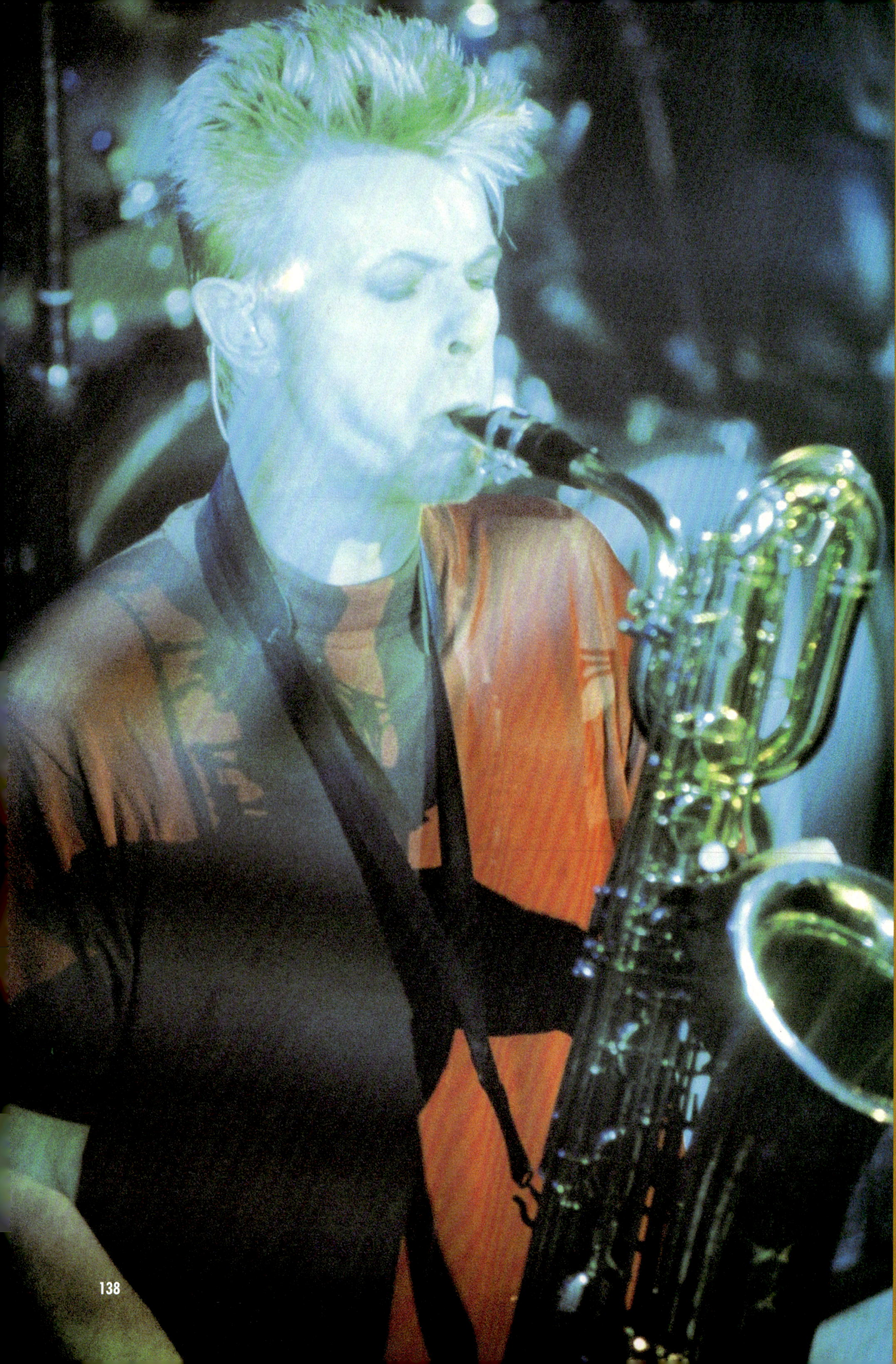

Come Fly With Me. No palco, durante um show da turnê Serious Moonlight, no Milton Keynes Bowl, com capacidade para 60 mil pessoas, Inglaterra, 2 de julho de 1983.

APAGAR E RECOMEÇAR

3.1

Por duas décadas, Bowie esteve à frente – ou pelo menos ao lado – da multidão, graças à sua habilidade incomum de reconhecer tendências emergentes e dar a elas seu próprio toque. Durante os anos 1980 e 1990, seus instintos provaram estar mais aguçados do que nunca. Ele tocou em grandes estádios quando todo mundo temporariamente se esqueceu de que eles estavam fora de moda, e se apresentou em pequenos clubes de drum & bass quando ele queria lembrar ao público de seu interesse pelos seus seguidores. O visual e a música continuavam, mas algo fundamental havia mudado: é como se o David Bowie que havia ressurgido em 1983 tivesse apagado partes enormes de seu passado. Apenas em anos recentes é que ele foi capaz de rebobinar novamente, evidência de que, por trás das máscaras e dos disfarces, David Bowie finalmente alcançou sua criação final – aquela de uma personagem harmoniosa, multifacetada e essencialmente satisfeita.

Página ao lado: Come Blow Your Horn. No palco, durante uma apresentação especial para um fã-clube, no Hanover Grand, com capacidade para 600 pessoas, Londres, 2 de junho de 1997.

Eu Só Estou Dançando

Conforme a nova década começava, as vendas de seus álbuns estavam maiores do que nunca e sua reputação crítica estava muito boa. A posição provocativa de contrariedade do punk aparentava estar cansada no rosto dos new romantics, e a cultura agressivamente otimista "Vai Nessa!" estava sendo alimentada pela administração de Thatcher. Onde o punk uma vez havia ameaçado a verdadeira estrutura da música popular, sua infeliz falta de persistência e seus ideais rapidamente comprometedores provocaram uma reação que chegou a uma verdadeira anistia pela velha guarda. David Bowie foi votado como Melhor Cantor pelos leitores da *NME* no começo de 1982, apesar de não ter feito praticamente nada no ano anterior. Phil Collins começou a vender álbuns em grande quantidade. Como todos os céticos concordavam, era "Como se o Punk Nunca Tivesse Acontecido".

PROTEGIDOS

Uma prova de que a deificação de David Bowie em 1972-1973 não foi necessariamente perdida veio quando quase todos os aspirantes a artista que passaram por ele em um estúdio repentinamente tiveram um retorno do sucesso.

Arnold Corns
O toque de fada-madrinha de Bowie levou tempo para prosperar. A primeira tentativa de construir uma família de talentos com os mesmos gostos em torno dele foi interrompida no primeiro obstáculo, quando o Arnold Corns, que ele proclamou que seria maior do que os Rolling Stones, falhou após um single fraco. A banda foi praticamente um ensaio para os Spiders, com o estilista de Bowie, Freddi Burretti, dividindo os vocais.

Iggy Pop
Iggy Pop havia tocado nos palcos muitas vezes pelos executivos da Elektra Records. Desistiram de sua banda, The Stooges, no verão de 1971, e o show business derramou algumas lágrimas. Bowie admirava a *persona* destrutiva de Iggy e o rock implacável de Detroit; ele instruiu Tony DeFries a conseguir um novo negócio para o The Stooges e levá-los ao Reino Unido, onde Bowie os aconselharia. O resultado foi *Raw Power*, brilhante mas meio encoberto pela tentativa desorientada de Bowie de obter um som *underground* autêntico. Foram vendidas algumas cópias, mas a lenda de Ig foi garantida.

Mott The Hoople
As ambições de produtor de Bowie avançaram consideravelmente quando, na metade de 1972, ele tirou o desafortunado Mott The Hoople de sua quase aposentadoria para gravar uma música que ele tinha acabado de compor, "All The Young Dudes". Dentro de semanas, a banda tinha um acordo de um álbum e um hit em terceira posição nas paradas; e a geração *Laranja Mecânica* tinha um hino que ressaltava a filosofia de Ziggy de Bowie – com suas referências codificadas a drogas, cross-dressing e suicídio. Bowie produziu um álbum relacionado a isso, e o sucesso da banda foi transformado.

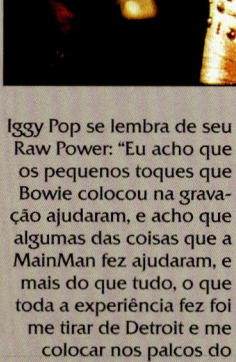

Com Freddi Burretti, 1971. Bowie: "Freddi era um tipo de afeminado muito hétero. Ele pegou uma roupa e gritou: 'Eu não posso vestir isso!'. Levou o dia todo para eu conseguir fazer ele colocar esse vestido".

Iggy Pop se lembra de seu Raw Power: "Eu acho que os pequenos toques que Bowie colocou na gravação ajudaram, e acho que algumas das coisas que a MainMan fez ajudaram, e mais do que tudo, o que toda a experiência fez foi me tirar de Detroit e me colocar nos palcos do mundo."

O líder do Mott, Ian Hunter, insiste: "Nunca vi nada sexual sobre a letra de 'Dudes'. Para mim, era apenas uma ótima música. Depois de 'Dudes', fomos imediatamente considerados gays. Foi cômico. Conheci um pessoal incrível".

Lou Reed
Reed foi outra lenda do *underground* com uma má atitude que deve sua reabilitação a Bowie. Por um momento, Reed estava grato, afirmando que Bowie era "a única pessoa interessante em volta. Tudo estava tedioso, o rock'n'roll estava tedioso, exceto pelo que David estava fazendo. Existe uma empatia mútua entre nós". Depois de terminar seu trabalho no álbum do Mott, Bowie e Ronson produziram *Transformer* para Reed; uma música, "Walk On The Wild Side", colocou um hit do homem monótono que já havia feito parte do Velvet Underground nas paradas britânicas. Não existia limite para a feitiçaria de Bowie?

Embora Transformer seja visto pelos novos convertidos como o lar da 'Perfect Day' original, para muitos o LP será lembrado como uma experiência clássica do glam. No entanto, Lou Reed o descreve assim: "Muito disso me lembrou de quando estava com Warhol. Só que mais pessoas estavam fazendo isso. Então se tornou estilizado e comercializado. Quando isso aconteceu, não se tornou nada".

The Astronettes

Durante 1973, Bowie estava tendo um caso com a jovem americana Ava Cherry. Ava fazia parte do trio Astronettes; que por vezes dançava e cantava fazendo backing vocal nos shows mais prestigiados de Bowie; e, naquele verão, o cantor decidiu que ela seria a próxima estrela. Infelizmente, a tarefa provou ser mais difícil do que ele havia imaginado, não menos porque os Spiders estavam se separando e Bowie estava sofrendo de exaustão. O projeto foi malsucedido – embora as fitas não acabadas tenham sido lançadas anos depois como *People From Bad Homes*.

Lulu

O sucesso de Bowie com as mulheres em um nível informal raramente foi combinado no estúdio, exceto por uma breve colaboração com Lulu. Quando eles se conheceram, na metade dos anos 1960, ela era muito importante e ele era um verdadeiro intruso fora dos portões da impenetrável fortaleza do pop. Por volta de 1974, as coisas haviam mudado; Lulu era a intrusa, uma pequena celebridade da televisão que parecia ter seus talentos dissipados. Bowie ofereceu a ela "The Man Who Sold The World", produziu a faixa e tocou sax na gravação. Apesar de uma hilariante dança, Lulu desfrutou de seu emocionante sucesso na terceira posição das paradas novamente, mas o retorno de seu sucesso foi passageiro.

Dana Gillespie

Bowie estava envolvido em duas músicas no LP *Weren't Born A Man*, de Dana Gillespie, lançado em 1974, mas nem isso nem os óbvios encantos sexuais de Dana – que foram explorados ao máximo na campanha publicitária – poderiam salvar o álbum. Ideias sobre transformar Amanda Lear ou Wayne/Jayne County em estrelas da MainMan foram brevemente reconsideradas.

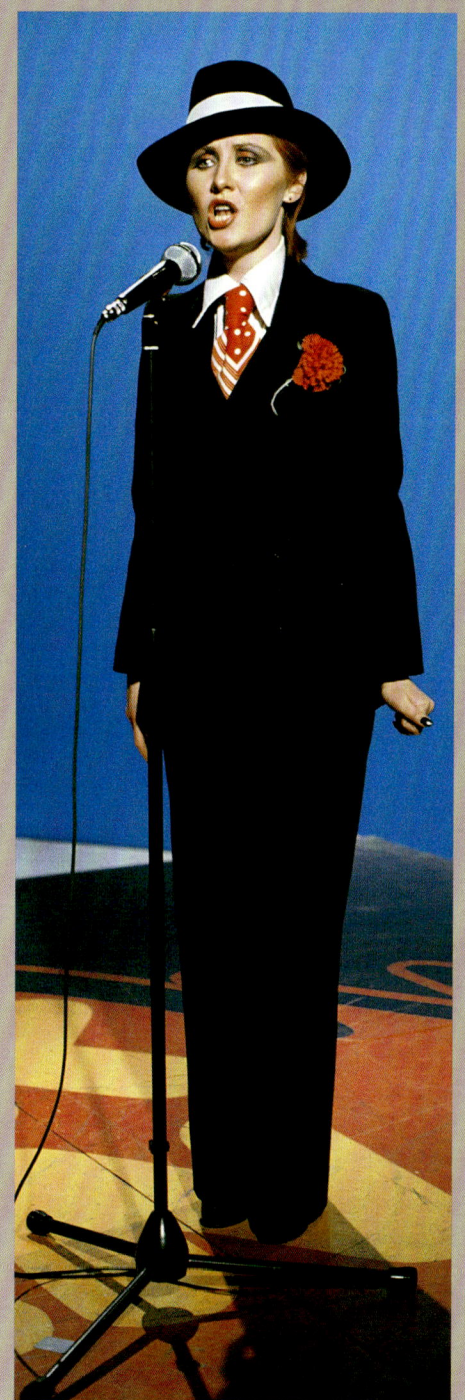

Lulu interpretando 'The Man Who Sold The World' na TV alemã, 1974: "Lulu e eu fizemos uma série de coisas que achei que foram perdidas. Recentemente, achamos uma versão realmente maravilhosa de 'Can You Hear Me'. Eu adoraria tentar lançá-la, acho que ficaria muito bonita".

ESTILO BOWIE

Gravação do vídeo de "China Girl" no deserto australiano, (à direita) 1983.

"Minha esposa diz que David se veste melhor do que quase todos os homens desde Fred Astaire" – John Landis, diretor de cinema.

Página ao lado: Anunciando seus planos para dominar a nação nos anos 1980 em uma suíte com decoração georgiana no hotel Claridges, em Londres, março de 1983. "Aprendi a relaxar e estar em minha idade atual e posição atual. Eu me sinto confortável na metade da minha terceira década. Não parece ser um lugar estranho para estar."

Bowie passou por uma completa transformação durante um afastamento de dois anos entre 1981 e 1983, e estava perfeitamente pronto para abraçar a nova cultura pop. Seu álbum anterior, Scary Monsters (And Super Creeps), foi o último sob os termos de contrato da antiga MainMan/RCA. Ele foi incentivo suficiente para atingir um grande mercado com o álbum seguinte. Tinha também o assunto da morte de John Lennon, que, junto com o assassinato de Sharon Tate em 1969, enviou um aviso cruel às celebridades de que seu *status* as tornavam extremamente vulneráveis.

Bowie, que posicionava a ideia do estrelato no centro de sua arte, sempre se sentia sob cerco, apesar das camadas protetoras de Ziggy, de Thin White Duke, entre outros. O intenso culto dos fãs que ele inspirou no mundo todo inevitavelmente atraiu sua parcela justa de excêntricos, a maioria deles, se podemos ir pelo livro *Starlust* de Vermorels, desejando fantasias sexuais inofensivas. Mas desde sua adolescência, Bowie costumava associar o estrelato à morte, ou pelo menos à decadência, uma suspeita que se manifestou publicamente com "Rock'n'Roll Suicide", de Ziggy, e sua lista de fobias sobre voos e ficar em hotéis altos.

"Na verdade, talvez eu tenha ajudado a estabelecer que o rock'n'roll é uma pose."

Com Keith Richards em Nova York.

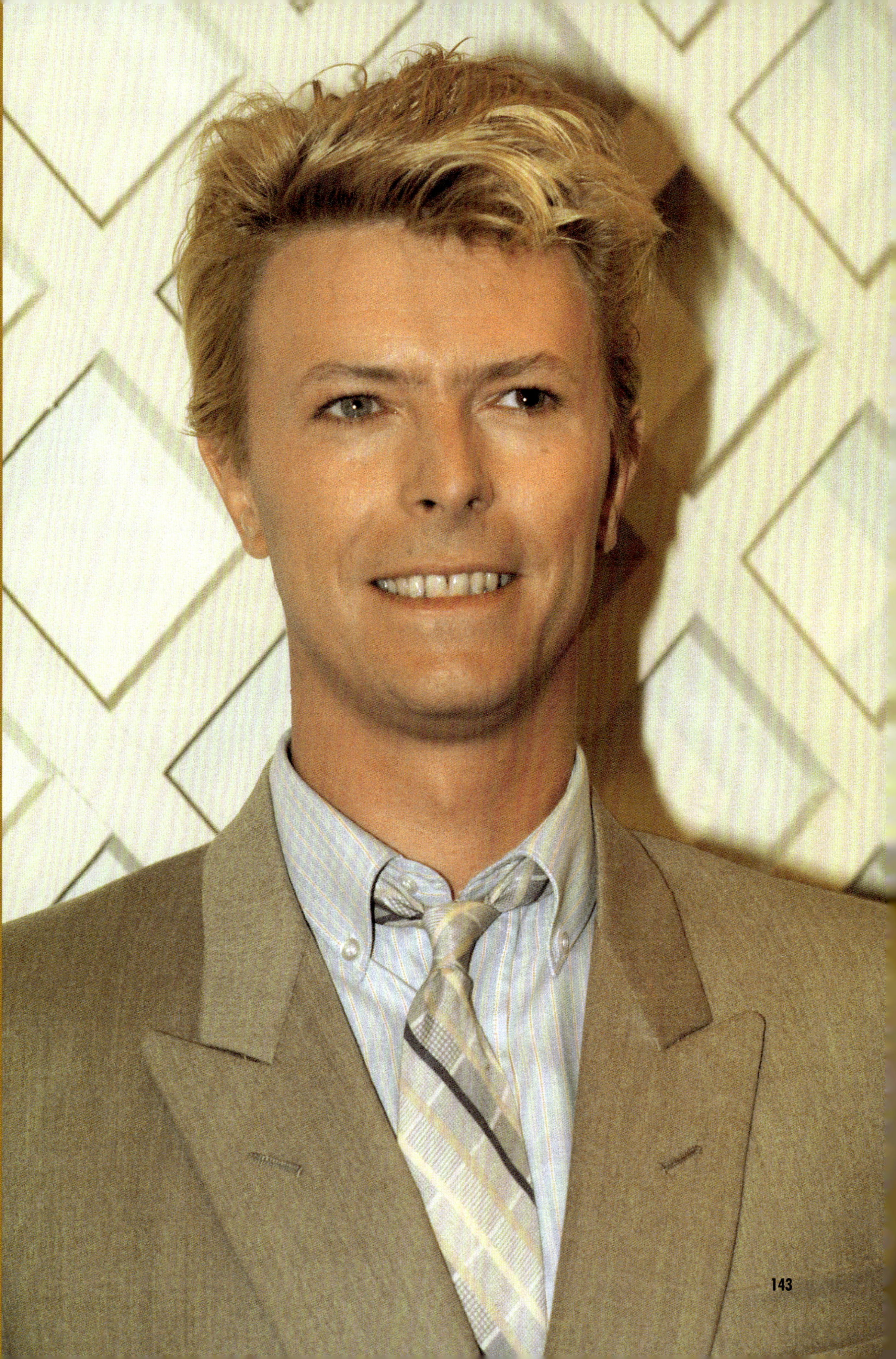

STARMAN: TERCEIRO BYTE

Exibindo sua estrela no Hall da Fama de Hollywood, 1997. Muitas das atividades subsequentes de Bowie aconteceram na internet. BowieNet foi lançado em 1998, seguido por BowieBanc.com, o próprio serviço on-line de banco de David, em 2000.

Página ao lado: Um Bowie em visual conservador com um estilo de cabelo de "ovos mexidos" de pouco bom gosto, 1983.

Quando Bowie ressurgiu em 1983 com o álbum *Let's Dance* e uma turnê mundial, ele era um modelo de saúde – bronzeado, oxigenado, com cabelo de "ovos mexidos" e com um sorriso permanente. Em um nível, era simplesmente a última de uma série de transformações, uma tirada de seu visual em *Young Americans* em 1975. Já que o punk nunca aconteceu, na verdade. Em nível mais profundo, isso marcou um afastamento necessário dos personagens complexos dos anos 1970. Como o resto do mundo em geral, Bowie estava se mantendo seguro, reduzindo a margem de erro, em uma busca por autopreservação que não havia sido familiar para ele desde o início dos anos 1970. David Bowie estava de fato vivo e bem, e desejando manter-se desse jeito. Ele até mudou sua marca de cigarros.

Esse rompimento com o passado foi predominantemente estimulado pelos acontecimentos em 8 de dezembro de 1980, quando John Lennon foi morto a tiros por um fã que afirmava que "sua" estrela o havia deixado mal. Para Bowie, que passou uma boa parte de sua carreira meditando sobre o verdadeiro significado do estrelato, geralmente relacionando isso à morte, ou ao menos a um colapso pessoal, o assassinato de um amigo próximo que havia acabado de se tornar um dos homens mais famosos do mundo o atingiu da forma mais forte do que ele havia permitido. O efeito foi cataclísmico: era como se os tiros fatais tivessem finalmente o libertado da rota autodestrutiva à qual seus trabalhos o levaram. Era uma terrível lição, mas um importante encanto havia sido quebrado.

Horas depois da morte de Lennon, Bowie aumentou a segurança no Booth Theatre na Broadway, em Nova York, onde sua peça sobre John Merrick, o então chamado Elephant Man, tinha críticos em busca de superlativos. Dias depois, ele decidiu encerrar a jornada prematuramente, passou o Natal com sua mãe pela primeira vez em anos e então se isolou em sua residência na Suíça. E, com exceção de sua aventura em algumas atuações, foi lá que ele permaneceu pelo ano seguinte ou mais, até ele estar pronto para enfrentar o papel mais difícil de sua carreira – deixar para trás todos os disfarces e as neuroses e retornar como um David Bowie menos complicado.

A última noite da extensa turnê de retorno de Bowie de 1983 foi encerrada em Hong Kong no terceiro aniversário de morte de Lennon. Foi uma coincidência, mas Bowie foi alertado sobre isso alguns dias antes, e ele foi preparado. Ele disse ao público que suas últimas horas com o ex-Beatle foram passadas em Hong Kong. "Eu vi uma jaqueta dos Beatles em uma barraca e pedi para ele colocá-la, para que eu pudesse tirar uma foto", ele disse. Então, segurando as lágrimas, em uma rara demonstração pública de sentimento, Bowie interpretou uma versão de "Imagine", de Lennon.

Correndo da polícia do estilo: 'I'm Afraid Of Americans' em Nova York, 1997.

Fãs perturbados dos Beatles reunidos em frente ao edifício Dakota em Nova York, 1980.

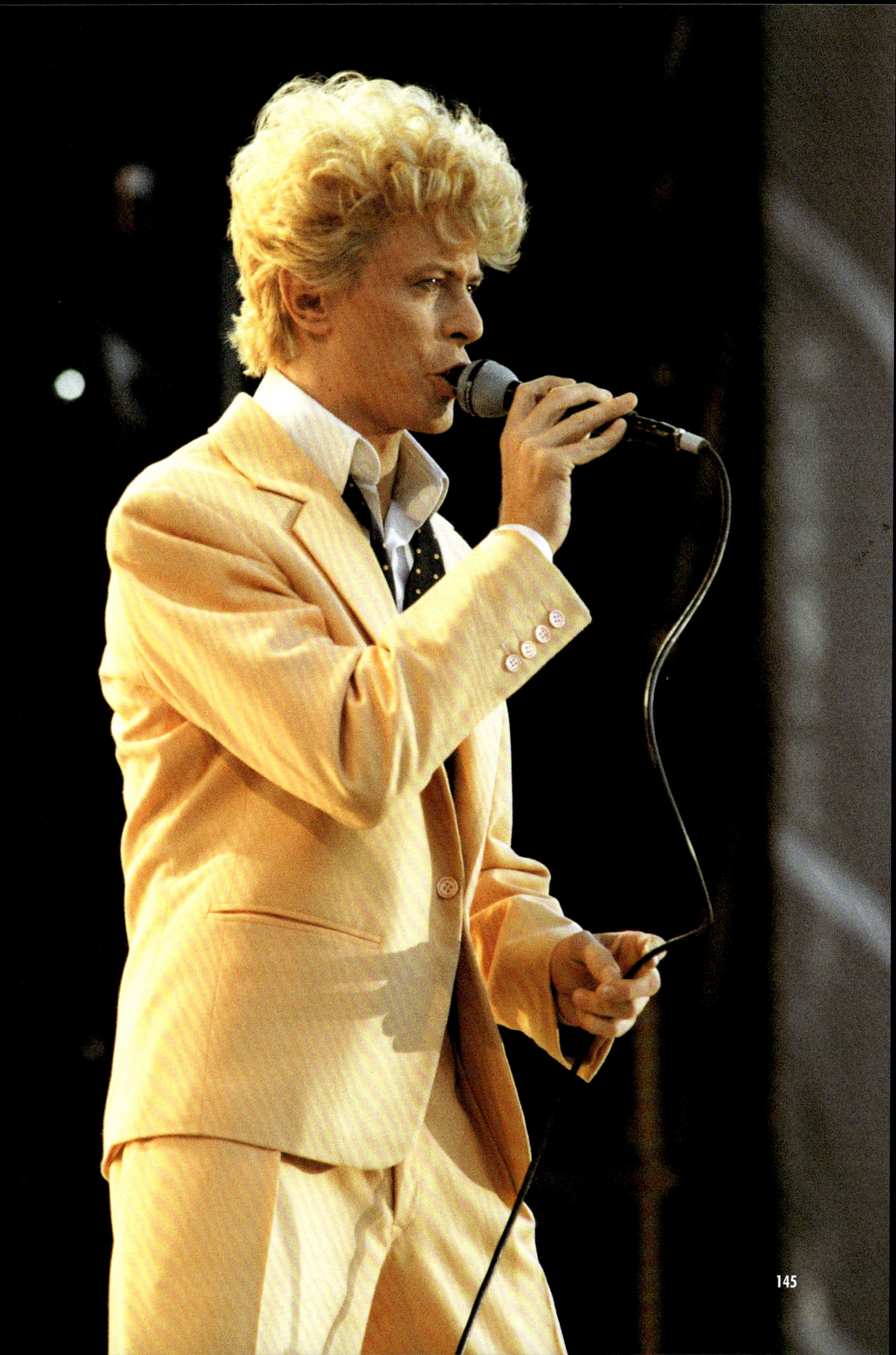

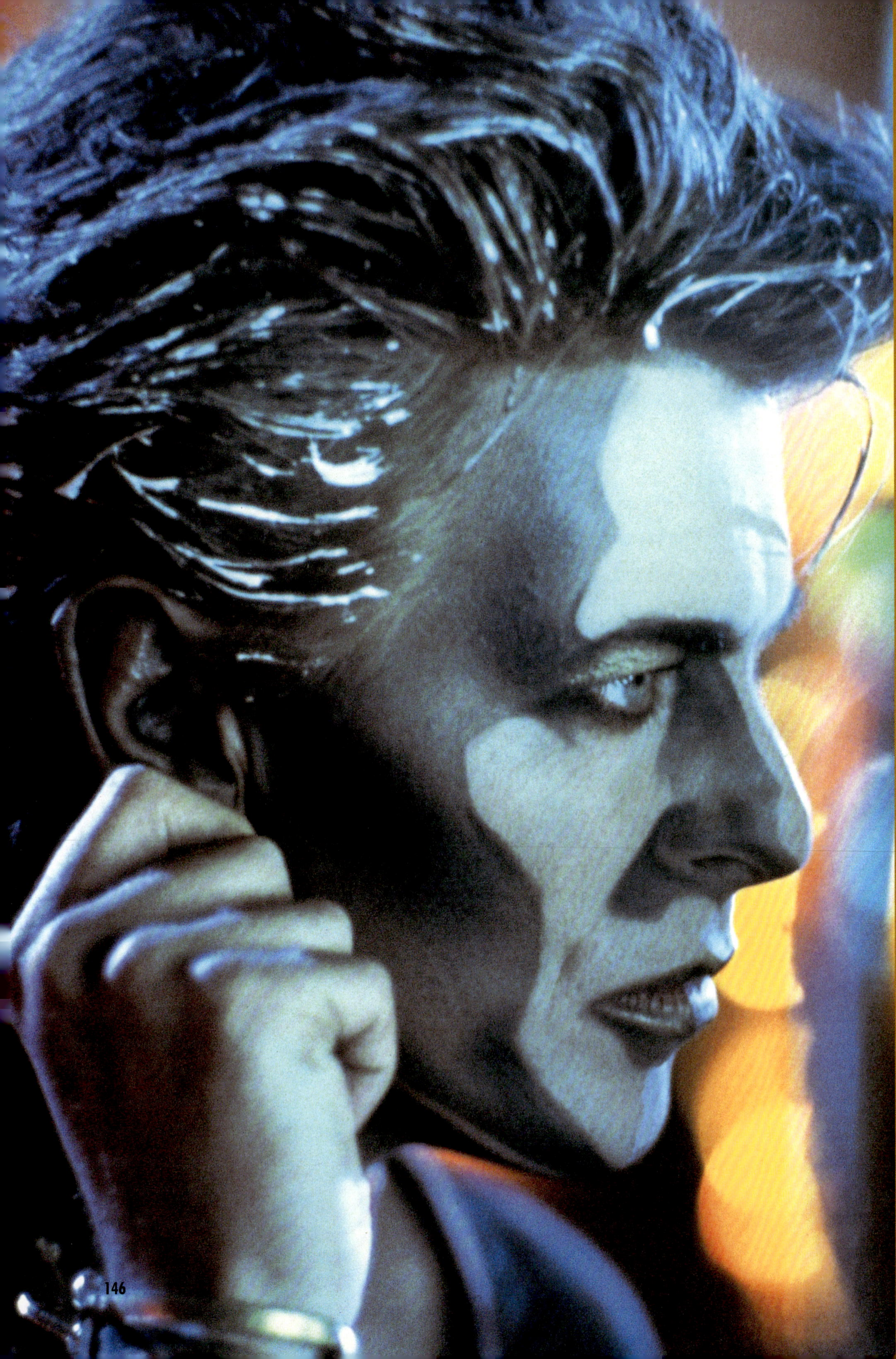

Em seu papel duplo em "Blue Jean" como o nerd Vic, Bowie tentou incitar o estilo do rapaz comerciante e o rival dos anos 1970, Bryan Ferry, no papel de seu companheiro de flat bem-vestido.

Interpretando 'Golden Years' em 1983: "É uma das minhas músicas favoritas dele. É uma descendente direta de 'Happy Years', um single dos anos 1950 dos The Diamonds." – Bob Solly, Manish Boy

"David Bowie realmente brincou com as ideias, e com a iconografia e o imaginário. Ele é um homem brilhante. E também um cavalheiro" – Madonna

Esse estado nítido foi refletido na música de Bowie e em sua apresentação nos shows. *Let's Dance* era brilhante e otimista, dando apoio a todas as pistas de dança que eram marcas registradas do produtor do Chic, Nile Rodgers. A turnê relacionada, Serious Moonlight, que durou sete meses, foi conduzida em grande escala, com Mark Ravitz, um veterano dos shows de *Diamond Dogs*, retornando para supervisionar os cenários. Os músicos casualmente se vestiam como uma banda de bar de Hong Kong dos anos 1950; Bowie, usando ternos em tons pastéis, camisa, gravata e suspensório, parecia-se mais com um homem de negócios atualizado de Wall Street do que uma magnífica afronta do passado. Ele estava se aproximando dos 40 anos, ainda inegavelmente bonito e ávido por mostrar que ele tinha o entusiasmo e a visão de mundo empolgante de um adolescente mimado.

O rock na metade dos anos 1980 se tornou sofisticado, irônico e intensamente individual. Ninguém acreditava mais em pureza. A filosofia de enriquecer rapidamente foi espelhada por um problema de fama a qualquer preço. A prole bastarda de David Bowie estava em todos os lugares, desde o Eurythmics e o Scritti Politti na Grã-Bretanha, o U2 na Irlanda, e a Madonna e os Talking Heads nos Estados Unidos, embora alguns fossem mais espertos do que os outros. Certamente a maioria foi mais astuta financeiramente do que Bowie já havia sido. Infelizmente, poucos deles foram capazes de gravar álbuns decentes, porque todo mundo estava tão intimidado pela tecnologia e desesperado para não parecer ultrapassado que entregaram sua música aos entendidos sobre tecnologia que se sentavam atrás das mesas de mixagem. Infelizmente, não havia um Brian Eno entre eles.

Página ao lado: Tonight (1984): Bowie atua como o Screamin' Lord Byron no vídeo do single principal do álbum, "Blue Jean".

"Under Pressure" com Annie Lennox, 1992. O Eurythmics fez covers de "Sound & Vision" e "Fame" de Bowie. Mais recentemente, eles encerraram seu Millenium Concert com "Life On Mars?".

TÉCNICA TEATRAL

Bowie reviveu a memorável decepção em 'Cracked Actor' com ainda mais sucesso na turnê Serious Moonlight nove anos depois.

"Eu estava tentando redefinir minha versão do rock – pessoalmente, da forma como eu o sentia, como um tipo de artista mais teatral e mais bem orientado no palco."

Vestido como Mefistófeles (da ópera Fausto, de Gounod) para o Video Music Awards de 1999, Night At The Opera, da MTV, em Nova York. Repare na aranha prateada.

Brian Eno é sem dúvida onde reside o verdadeiro valor criativo de Bowie: "Ele é um dos músicos europeus mais importantes de toda a era do rock. Eu acho que ele introduziu algo que sempre esteve lá, mas estava implícito e articulado de forma muito incerta, que era essa noção de teatralidade essa ideia de 'Veja, o que estamos fazendo está relacionado ao teatro, não é só música'. Ninguém havia feito isso de forma tão artística".

A percepção de Bowie da dramaturgia não esteve sempre bem definida. No final dos anos 1960, ele escreveu uma peça para a televisão, *The Champion Flower Grower*, e a enviou para a BBC. A resposta não é uma leitura agradável: "O Sr. Bowie realmente ainda não começou a considerar o que é uma peça, e essa total falta de desenvolvimento dramático simplesmente tornou o script impossível". De forma sábia, ele aderiu ao ocasional papel secundário enquanto esperava pelo verdadeiro bom papel chegar – interpretar David Bowie no maior palco de todos.

Mesmo sem ser de forma declarada, Bowie sempre "se sentiu como um ator". Foi assim que ele se creditou no álbum *Hunky Dory* em 1971; é por isso que sua paródia do crânio de *Hamlet* de Shakespeare na turnê Diamond Dogs foi tão memorável; e por isso que ele admirava as personalidades afeminadas e exageradas dos loucos por Andy Warhol. Praticamente pediam para ele interpretar a si mesmo interpretando Aladdin Sane em *O Homem que Caiu na Terra*, em 1975, o que foi bem mais divertido do que a maioria de seus papéis "apropriados" subsequentes. Porém, a teatralidade de Bowie não estava relacionada a papéis tradicionais, mas a interpretar algo muito mais dramático no palco do rock ao qual muitos achavam que esta (ideia) não pertencia.

O rock e o teatro se tornaram irrevogavelmente entrelaçados no dia em que Elvis Presley mexeu seus quadris para a televisão americana. Disseram para o câmera filmar da cintura para cima, mas a persuasão do poder visual do rock'n'roll foi garantida. Acontecimentos anteriores na Grã-Bretanha, como o Screaming Lord Sutch, com seu cabelo longo colorido, sua tanga, seus pés de monstro e seu caixão, deveram-se mais aos efeitos artísticos tradicionais repulsivos interpretados por um riso. Até os hippies demandaram teatralidade do show business: é por isso que Jimi Hendrix teve que atear fogo em sua guitarra, por isso que nenhum show do Hawkwind era completo sem a dançarina Stacia exibindo seus grandes seios (*abaixo*).

Geralmente, o teatro do rock era transparente, como a crescente androginia masculina de Mick Jagger, ou também feito para divertir, como o Bonzo Dog Doo-Dah Band.

A realização de Bowie era expor a ficção dessa transparência, e elevar o teatro do rock a uma parte integral da experiência.

Alice Cooper, *persona non grata* no grupo de Bowie durante o começo dos anos 1970, deu início a isso com seu show *Love It To Death*, que utilizava armas, uma jiboia-constritora e uma execução encenada.

Era um teatro do rock convincente, porém, Bowie insistiu, isso tinha pouca relação com a arte.

Para Cooper, atuar acabou tão rápido quanto a cortina foi abaixada.

Durante o ano de 1971, Bowie dizia a entrevistadores que ele iria se tornar "muito mais teatral, mais extravagante"; seus shows seriam "bem diferentes do que qualquer coisa já experimentada antes". "O entretenimento (é) o que está faltando na música pop agora", ele afirmou. "Só somos eu e Marc Bolan." Por volta de 1973, Ziggy e Aladdin modificaram as fronteiras entre o rock e o teatro, entre tocar e atuar. O espetáculo brevemente assumiu o controle durante 1974, mas, para a maior parte de sua carreira, Bowie sempre aplicou uma perspectiva panorâmica a suas apresentações ao vivo tiradas não só dos palcos europeus (e, posteriormente, japoneses), mas também da arte do cinema e da mídia digital.

Com Lindsay Kemp, 1973. "Ele me apresentou várias coisas extraordinárias – Artaud, Teatro do Absurdo, todo esse tipo de coisa. Muito da minha atitude em relação ao palco, e a atuar, realmente veio de Lindsay. Ele foi meu mentor."

No final de 1973, a fim de celebrar o trabalho de Lindsay Kemp (*acima*), Bowie disse: "Tem se falado muito sobre o teatro do rock nos últimos dois anos. Bem, aqui está o homem que começou isso tudo, com o qual eu passei dois fantásticos anos aprendendo e trabalhando".

Posteriormente, Bowie reviveu suas habilidades mímicas obtidas por meio de Kemp para uma adaptação teatral de *The Elephant Man* (*à extrema direita*) na Broadway, com grande aprovação da crítica.

Para toda a iconoclastia de sua Pop Art, Bowie nunca perdeu o respeito pelas artes do teatro tradicionais.

Depois de assistir à versão teatral de *Cabaret*, estrelando Judi Dench, que posteriormente se tornou a inspiração para seus shows em 1976, ele disse: a iluminação no palco era fenomenal... Eu só não sabia que era uma iluminação brechtiana. Era apenas uma luz completamente branca, e eu nunca tinha visto aquilo na minha vida, e isso se tornou uma imagem central para mim, de como as luzes deveriam ficar no palco. Quero dizer, eu nunca tinha visto aquilo em um palco de rock".

Por fim, Bowie acredita que o poder do teatro encobre o do som. Ao promover seu álbum *Black Tie White Noise*, em 1993, ele disse: "Os olhos são muito mais famintos do que os ouvidos, e acho que quando algo é apresentado em um nível teatral, essa é a principal impressão que é feita, e os aspectos mais cerebrais do trabalho de alguém, que entram pelos ouvidos, geralmente serão considerados uma situação secundária". Além disso, como ele brincou muitos anos antes: "Eu não suporto a premissa de sair de jeans e ser real – isso é impossível".

Na Broadway: "O problema é que sempre procuro papéis com uma debilidade emocional ou física, e sempre pareço aceitá-los".

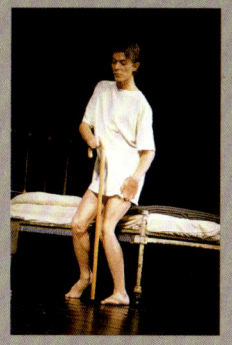

Não há nada como uma Dama: sessão de fotos de Cabaret, no Palace Theatre, em Londres, 1968.

Interpretando "Time" no Marquee Club, em Londres, 1973: "O que eu disse aconteceu. Eu era jovem. Eu iria percorrer o mundo".

O collant prateado com gola em V, superpesado, com franjas de miçangas, Earl's Court, 1973.

Um pouco de mímica japonesa para o vídeo de 'Miracle Goodnight', Los Angeles, 1993. "Eu me recuso a ser visto como um medíocre. Por isso a ideia de apresentação como espetáculo é tão importante para mim."

"Waiting in the wings". Interpretando "Time" em uma outra apresentação no Estádio de Wembley, Londres, 1987.

À direita: Com Mick e Tina em Birmingham, depois de um show beneficente para a Prince's Trust, junho de 1986. Bowie: "Eu ainda sou mais novo que o Jagger... Muitas pessoas são".

Abaixo: No Live Aid, em Londres, julho de 1985.

Qualquer senso do apelo da moda de Bowie, inventado durante os dias do punk, foi intencionalmente abandonado. Ele se tornou um modelo do entretenimento da atraente família bronzeada, passava férias em lugares quentes em vez de se refugiar nos bares gays de Berlim, e juntou celebridades como Mick Jagger e Tina Turner para noites na cidade e uma eventual colaboração.

Bowie estava começando a ter uma estranha semelhança com Tommy Steele, tanto no visual como na atitude, e pareceu feliz ao passar mais tempo em frente de uma câmera filmadora do que se preocupando com música. Não havia mais nenhum Angry Young Man no rock, e então nenhuma competição tensa para Bowie discutir. O ar de revivalismo até resgatou os Beatles, que haviam sido praticamente ignorados na década anterior.

Em 1987, na parte de trás de um álbum simples, *Never Let Me Down*, Bowie montou seu cenário mais extravagante de todos, usou um estilo de cabelo na moda com mullets, compensado por um terno mais informal e botas de camurça de bico fino, e se apresentou sob a sombra de uma Aranha "de Vidro" de 12 metros. Como em 1983, a turnê foi uma enorme mina de ouro, com multidões se aglomerando para demonstrar sua admiração à realeza do rock de primeira linha, mas Bowie estava correndo o risco de ser eclipsado por seus suportes. Ainda pior, suas estratégias de transformação se tornaram desagradáveis e cheias de clichês. Pelo menos uma jovem aspirante como Madonna tinha juventude e o elemento surpresa a seu favor. "Sucumbi, tentei fazer coisas mais acessíveis, eliminar a intensidade das coisas que faço", ele diz. Comecei a apelar para as pessoas que compraram os álbuns do Phil Collins.

Ms Ciccone induz David ao Rock & Roll Hall Of Fame, 1996. "Não são apenas os comerciantes da massa que lançam moda, são as estrelas: Bowie e Madonna são gênios nisso. Eles são os que fazem nós todos nos esforçarmos mais." – Tommy Hilfiger, estilista de moda urbana

Página ao lado: Um dos ternos de linho escarlates de Bowie para a turnê Glass Spider, forrado com chiffon preto, foi leiloado com uma camisa de seda sem gola, na Christie's de South Kensington por 1.800 libras em 1998.

Páginas seguintes: O jeito como você usa seu chapéu. Um visual dos anos 1950 inspirado em Sinatra para o vídeo de 'Absolute Beginners' em 1986. "Você nunca está sozinho com um Strand", gritou um assistente referindo-se à propaganda do cigarro. Bowie entendeu errado e interpretou como "Você nunca está sozinho com uma banda", e imediatamente formou o Tin Machine. Tin Machine (1989): Baal em um terno de grife, basicamente.

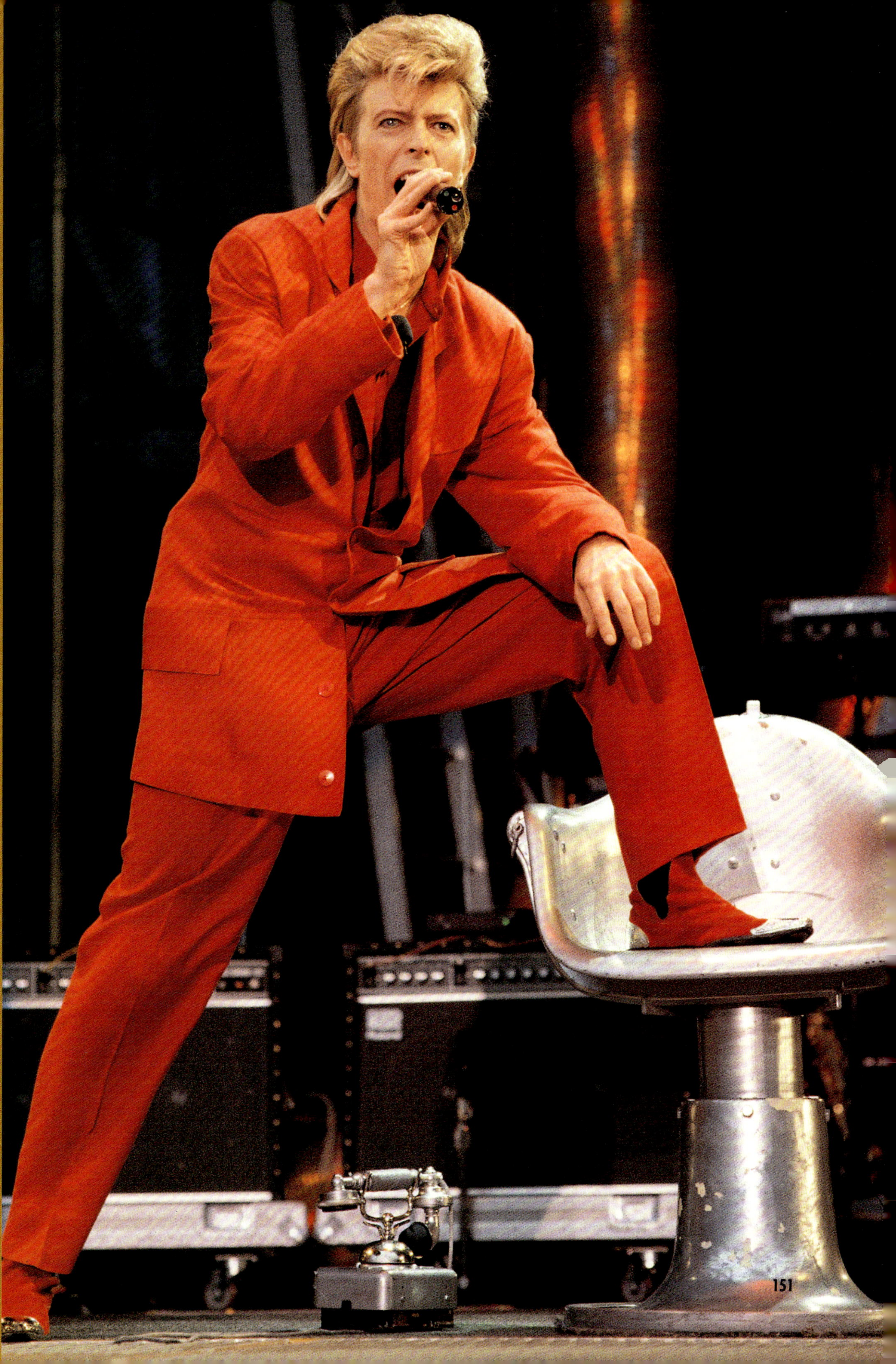

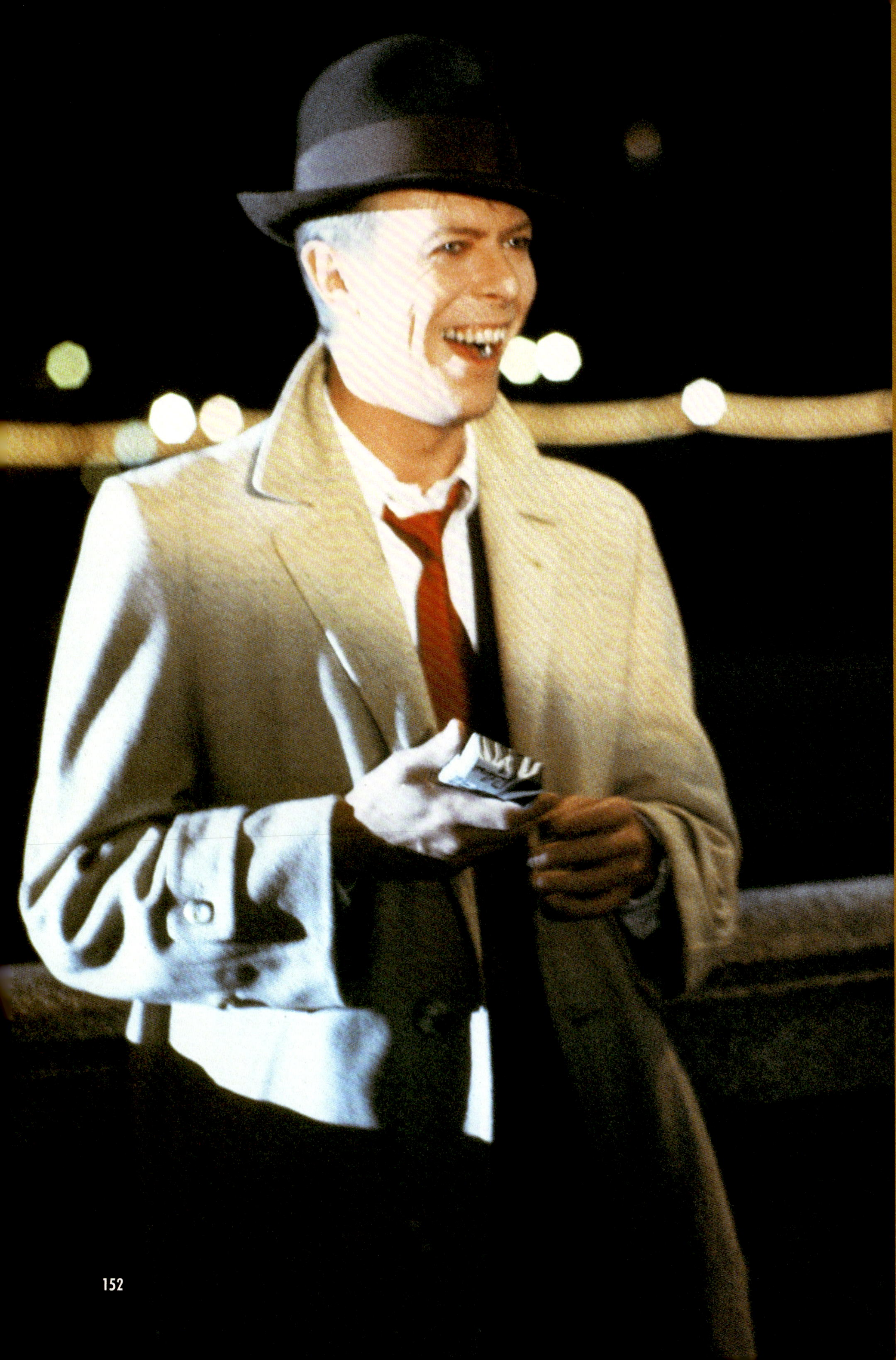

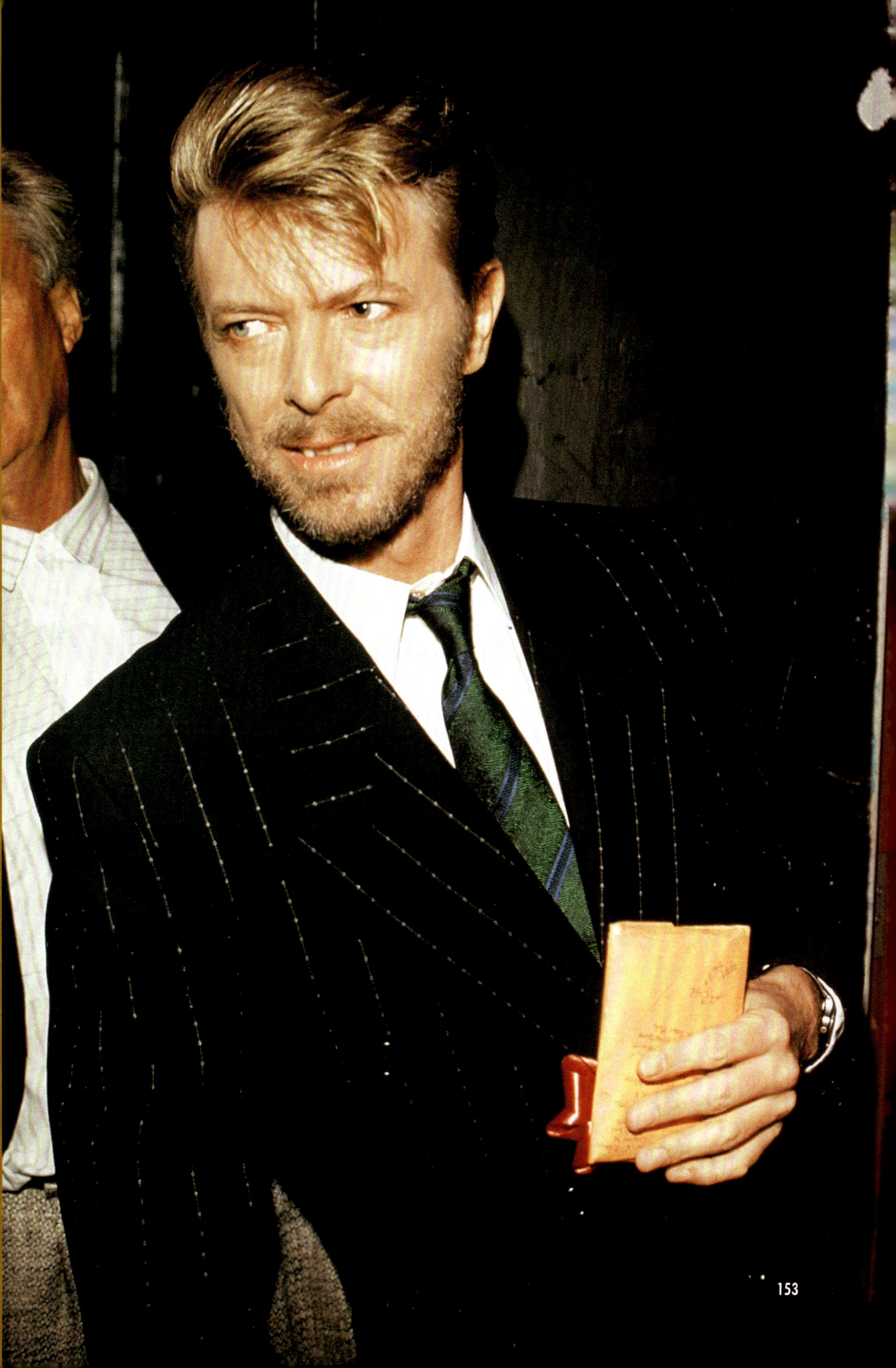

OS LIVROS QUE LI

Bowie, que se descreveu recentemente como um "bibliotecário com desejo sexual", foi inicialmente encorajado a ler por seu pai, que apresentou a ele clássicos da literatura ocidental como Thackeray, Shaw, e, segundo ele, escritores franceses como Voltaire e Rousseau. Bowie rapidamente descobriu que preferia a escrita menos formal, do fluxo de consciência, porque, conforme ele diz, isso permitia mais espaço para interpretação. Por volta de 1976, o homem que o The Times apelidou como "T. S. Eliot com uma batida rock'n'roll" tinha uma biblioteca pessoal de aproximadamente 5 mil livros. Atualmente, seu entusiasmo pela literatura não diminuiu nem um pouco, e uma de suas mais recentes produções na internet foi fazer a análise de livros on-line.

Robert Heinlein

Bowie se tornou fascinado por *Um Estranho numa Terra Estranha*, de Robert L. Heinlein, durante seus meses passados promovendo *Aladdin Sane*. Ele descreveu o personagem principal do livro, Michael Valentine Smith, como "um mensageiro da paz e do amor de outro planeta", e afirmou que estava para vir com esse papel em um futuro filme. Na verdade, Smith era um alienígena com poder estável, cujas fantasias de criar um movimento religioso acabaram quando ele foi espancado até a morte por uma multidão raivosa. Qualquer ideia de filme, na linguagem do livro, foi "desencorporada".

William Burroughs

Umas das cenas mais memoráveis no documentário *Cracked Actor*, de 1975, da BBC TV, foi quando Bowie demonstrou como ele escreveu suas letras usando o método de recortes. Não era uma invenção sua; o pintor e escritor Brion Gysin é geralmente creditado com a ideia. Pela justaposição aleatória de palavras e frases de diversas fontes, os entusiastas do método de recortes buscavam revelar verdades profundas que estavam por trás do texto ordenado. Seu principal advogado foi William Burroughs, o guru da Beat Generation, determinado a destruir todo o pensamento racional.

Bowie, que era dado a ler passagens de *The Wild Boys*, de Burroughs, durante as sessões de *Diamond Dogs*, iniciou uma amizade com o escritor depois de a revista *Rolling Stone* marcar um encontro entre os dois (fotografado por Terry O' Neill, e o qual Bowie, adquirindo o visual de Burroughs, recriou quase 20 anos depois com Brett Anderson para a *NME*) posteriormente publicado como "Beat Godfather Meets Glitter Mainman". "*Nova Express* realmente me fez lembrar de Ziggy Stardust", Bowie disse ao autor, que provavelmente teve o direito de olhar com surpresa. Mas o entusiasmo do músico foi genuíno: "Eu sinto tanta emoção do modo como ele misturava a vida", ele disse após a morte de Burroughs em 1997. Bowie se voltou ao método de recortes para muito de seu trabalho nos anos 1990, embora agora ele use um programa de computador em vez do método tesoura e cola.

Christopher Isherwood

Adeus a Berlim, de Isherwood, ofereceu muita fonte material para *Cabaret*, o filme de 1972 que revelou paralelos entre o artifício afeminado do glam e a decadência gritante da Alemanha pré-guerra. A mudança de Bowie para Berlim em setembro de 1976 é geralmente atribuída à influência dos escritos de Isherwood.

"Ele sabe tudo. Ele é tão bem letrado, é um absurdo. Você se senta lá e se sente como uma minhoca em comparação" – Brett Anderson, do Suede

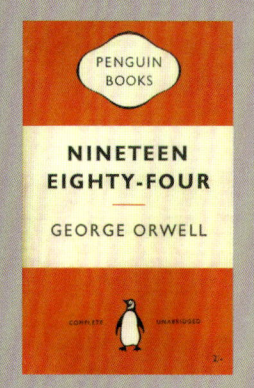

George Orwell

1984 – O Musical? Este seria o primeiro grande projeto de Bowie pós-Ziggy até a viúva de George Orwell recusar a colaborar. No entanto, seu interesse não foi perdido. A influência do clássico romance contra o totalitarismo foi muito notada em *Diamond Dogs* (mais obviamente em "1984" e "Big Brother"), e inspirou tanto o *1980 Floor Show*, filmado no Marquee Club em outubro de 1973, quanto a extravagante turnê de Bowie nos Estados Unidos no verão seguinte.

Jean Genet

Diário de um Ladrão (1949), de Genet, foi um clássico do submundo que modificou as fronteiras entre o crime e a arte. O single de Bowie "The Jean Genie", de 1972, foi um tributo evidentemente disfarçado ao escritor apoiado por Sartre que era tanto um criminoso como abertamente gay.

Hanif Kureishi

Nascido perto de Beckenham, Kureishi (*acima*) teve outra razão para se sentir como um intruso em seu ambiente suburbano: seus pais vieram do Paquistão. Mas a inspiração para seu primeiro romance, *O Buda do Subúrbio* (1990), veio de sua própria geração, o chamado Bromley Contingent, um grupo extravagante de Bowie e dos decadentes inspirados por *Cabaret* que seguiam os Sex Pistols. Quando a BBC encomendou uma série de quatro capítulos baseada no romance, Bowie avançou na oportunidade de escrever a música, finalmente lançando um álbum aclamado por causa da transmissão, no fim de 1993.

Oscar Wilde

Bowie conheceu os trabalhos de Oscar Wilde em sua primeira visita ao flat de Ken Pitt, em 1967. Duas citações de *O Retrato de Dorian Gray* (1891) parecem particularmente apropriadas à obra de Bowie: "Ser o espectador da vida de alguém é escapar do sofrimento da vida" e "A falta de sinceridade é meramente um método pelo qual podemos multiplicar nossas personalidades". (Embora hoje ele provavelmente sentiria mais satisfação com esse fragmento da sabedoria de Wilde: "Todo grande homem atualmente tem suas discípulas, e é sempre Judas quem escreve a biografia".)

Bowie como Baal, agosto de 1981.

Bertolt Brecht

Bowie interpretou o papel principal em *Baal*, de Brecht, para a BBC TV, gravou uma versão extraordinária de "Alabama Song", de Brecht & Weill, e já considerou fazer uma versão em filme de *A Ópera dos Três Vinténs* (1982) com Fassbinder. Porém, mais importante do que tudo foi a noção de Brecht do teatro épico, que dependia da crença de que – por meio de uma sequência de recursos, tais como se dirigir diretamente ao público e frequentes interrupções musicais –, os espectadores nunca deveriam se esquecer de que estavam assistindo a um espetáculo. Os espetáculos de música com teatro de Bowie geralmente tinham o mesmo efeito alienante.

Jack Kerouc

Pé na Estrada (1957) foi a primeira parada da estrada radical de qualquer jovem para a liberdade durante os anos 1960. Mulheres, drogas, linguagem moderna, uma vida de constante mudança e uma busca por quem sabe o quê – isso foi eterno, os temas engajaram o adolescente David Jones, que ganhou o livro de seu meio-irmão, Terry.

O show em LA do lançamento do LP *Tin Machine II*, de 1991. "Nunca achei realmente que eu fosse legal. Sempre me achei vulgar, com uma aparência de classe."

Passagem de som no Freddie Mercury Concert For Aids Awareness, Estádio de Wembley, abril de 1992.

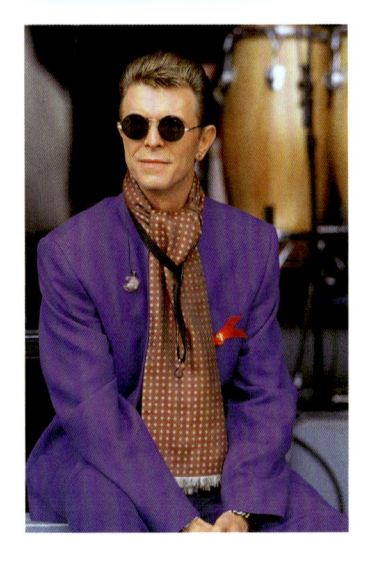

Página ao lado: Apesar do que essa foto possa sugerir, Bowie lê as revistas dos fãs.

"Você não pode ir para o palco e viver – é tudo falso. Eu não suporto a premissa de sair de jeans e com uma guitarra parecendo ser tão real quanto estar na frente de 18 mil pessoas. Quero dizer, isso não é normal!"

3.2

Futuros e Passados

Longe das vistas durante os anos 1960, cansado durante os anos 1970 e inapropriado durante os anos 1980: com o início dos anos 1990, David Bowie chegou perigosamente perto de se tornar fora de moda. Seu último projeto, a banda de rock Tin Machine, da qual Bowie afirmava ser apenas uma quarta parte, era entendida como uma oferta para apagar os anos de show business e recuperar uma margem para seu apelo. Infelizmente, enquanto sua nova parceria com o guitarrista Reeves Gabrels demonstrou algum potencial, o projeto falhou entre baixas vendas e uma série de críticas ruins.

De alguma forma, o cinismo com o qual o Tin Machine foi recebido estabeleceu o tom da década. As mudanças de estilo de Bowie nos anos 1970 podem não ter sempre agradado aos especialistas de todos os tempos, mas aquele trabalho geralmente foi recebido em um contexto de arte inquisitiva. Os críticos acham difícil ser muito generosos com seu trabalho nos anos 1980, afirmando que ele tocou as caixas registradoras e o vazio criativo. As atividades de Bowie foram atormentadas pela suspeita desde então. O que pôde ter sido uma vez afirmado como uma ideia brilhante de estratégia é agora mais visto como a última mudança na tentativa desesperada para manter a visibilidade e a credibilidade de Bowie.

"Ele usava essa camiseta na qual estava escrito 'Fuck You I'm In Tin Machine' [Foda-se, Estou no Tin Machine]. Eu queria chegar nele, apontar para a camiseta e dizer: Certo, mas alguém realmente se importa?" Vic Reeves, comediante

Join The Gang. A última sessão de fotos do Tin Machine, por Sukita, fevereiro de 1992. Bowie, em um terno Thierry Mugler e com óculos Jean-Paul Gaultier, refletiria posteriormente: "Eles me agitavam. Então, os problemas pessoais dentro da banda se tornaram a razão de seu término. Tornou-se fisicamente impossível para nós continuarmos."

Páginas seguintes: No palco, nos anos 1990. A turnê It's My Life do Tin Machine, em Brixton, novembro de 1991. O antigo King Bee de camisa Hermès, blazer Mugler e uma Levis feita sob medida com listras luminosas.

A turnê Outside em Pittsburg, setembro de 1995. Em suas calças 'Painter Man', combinadas com bom gosto com o casaco de pele falsa de cobra, de plástico, originalmente desenhado por Natasha Kornilof para a turnê de 1978.

157

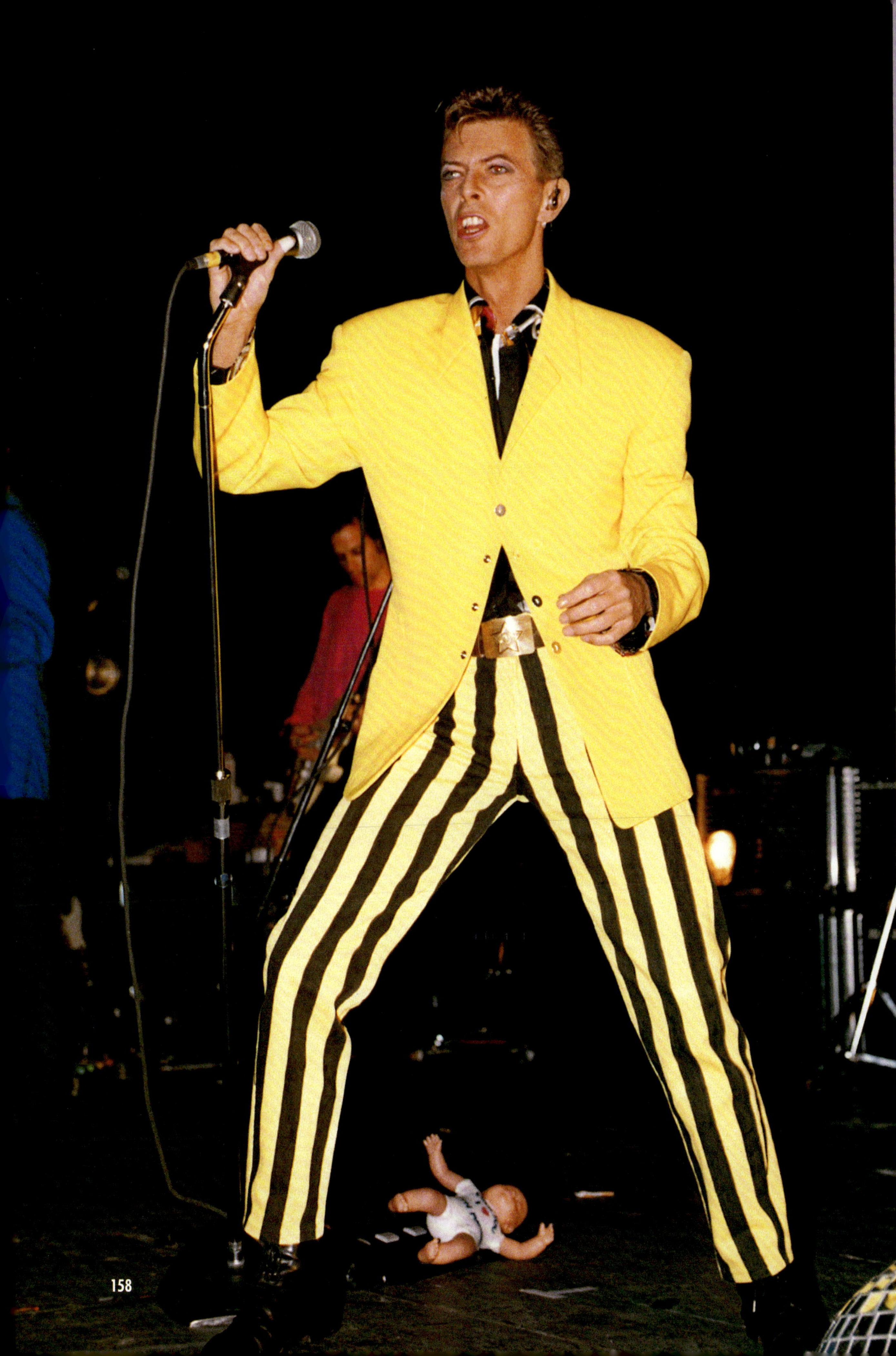

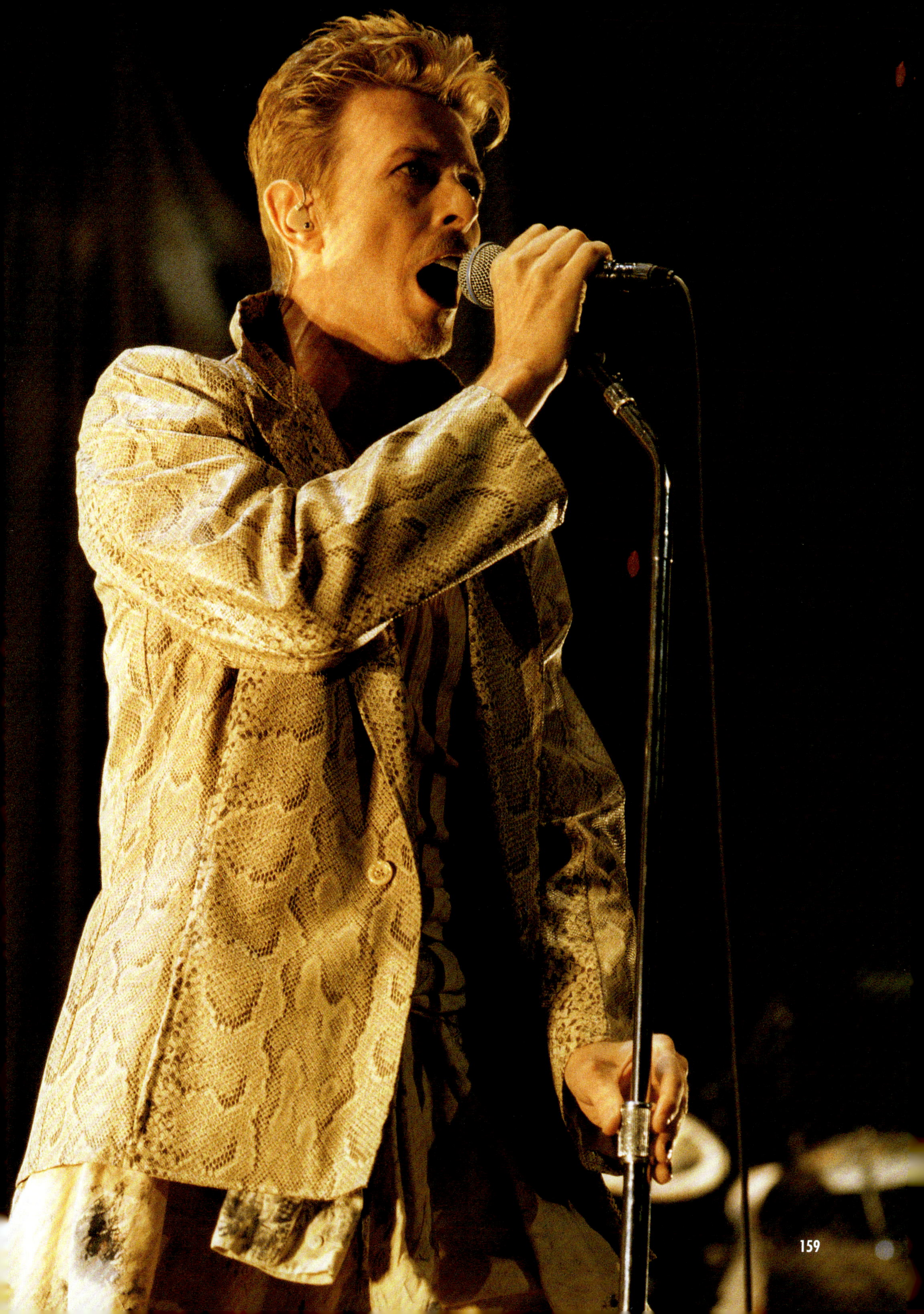

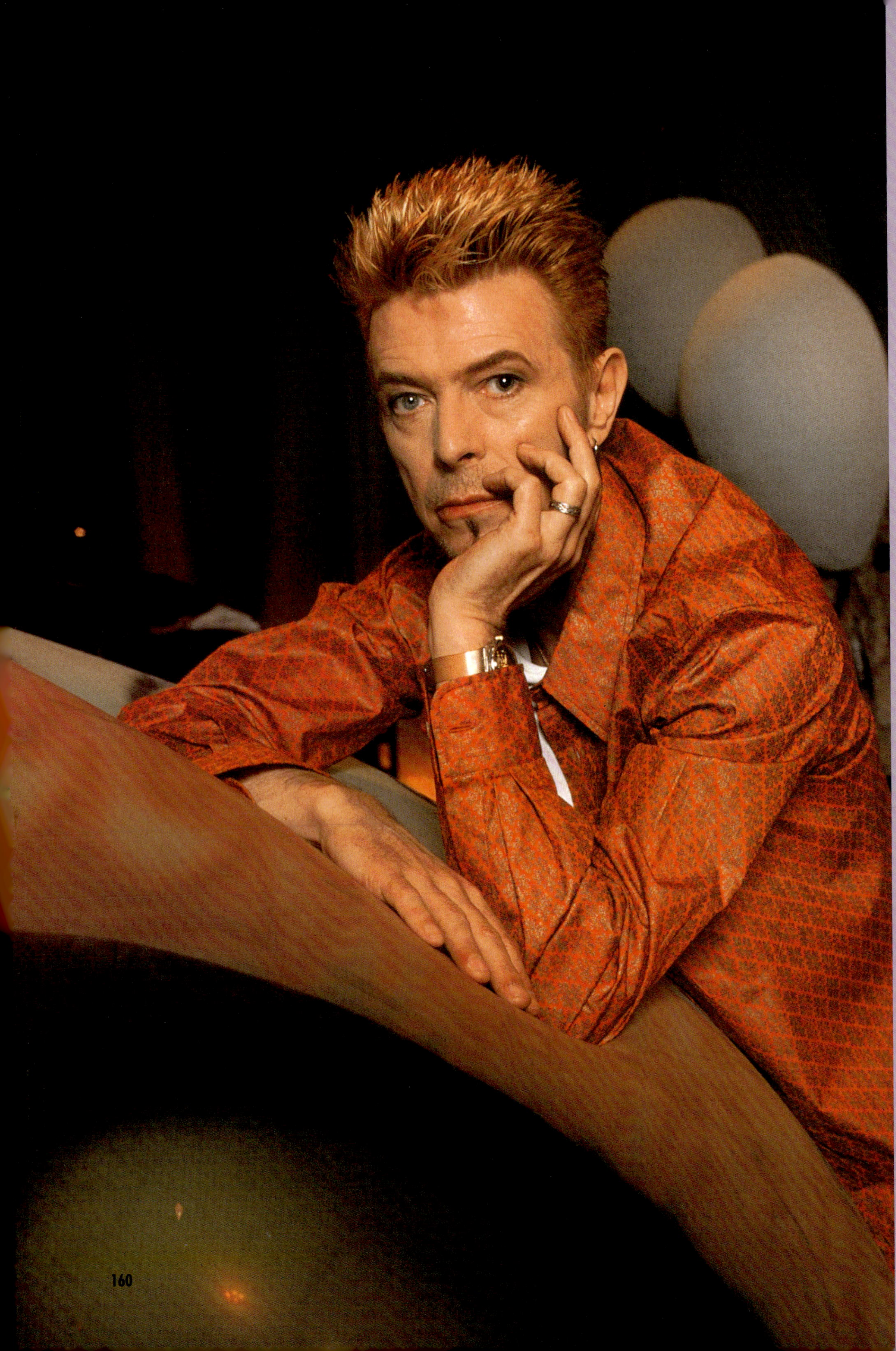

Estilo mandarim, no festival Rock Torhout, Bélgica, julho de 1997.

Um grau de verdade existe, e um que poderia ser aplicado igualmente a contemporâneos como Mick Jagger, Neil Young e Lou Reed. Mas, como nenhum deles fez do estrelato uma parte integral de sua missão artística, sua longevidade tende a ser vista com uma transparência que é raramente estendida a Bowie, que é considerado astuto e persistentemente talentoso na arte de autopreservação. Injusto, sim, mas até compreensível.

Durante o início dos anos 1970, Bowie aparentava ser controlado e manipulativo, quando na verdade ele acenava em um turbilhão de fama e infâmia que ameaçava destruí-lo. Seu público reconheceu as rachaduras e o celebrou por viver uma existência na moda, na qual seu *self* estava em um estado de colapso perpétuo. Tudo o que ele tinha investido em suas criações Ziggy e Aladdin – fama apocalíptica, *self* dividido, desejo pela morte – repercutiu no muito humano David Bowie, que passou o resto da década tentando tirar sentido de sua sorte.

Os anos 1990 testemunharam o surgimento de um Bowie bem diferente, um que, após anos fazendo uso das aparências e dos estilos dos outros, produziu a matéria-prima de sua própria carreira. Ao sintetizar sua inovação cultural dos anos 1970 e o rapaz elegante de 1980, ele talvez tenha descoberto sua pose mais não característica: um David Bowie que finalmente parece estar em paz consigo mesmo. A união aparentemente profana trouxe com ela alguns riscos, o estilo facial de George Michael e uma boa dose de cansaço, atividades na internet em busca de publicidade, mas tudo isso parece miserável quando comparado ao ato de balancear que ele tinha aparentemente alcançado o equilíbrio entre o contentamento privado e os projetos públicos compensadores – sem mencionar *flashes* ocasionais ao reviver gênios da música.

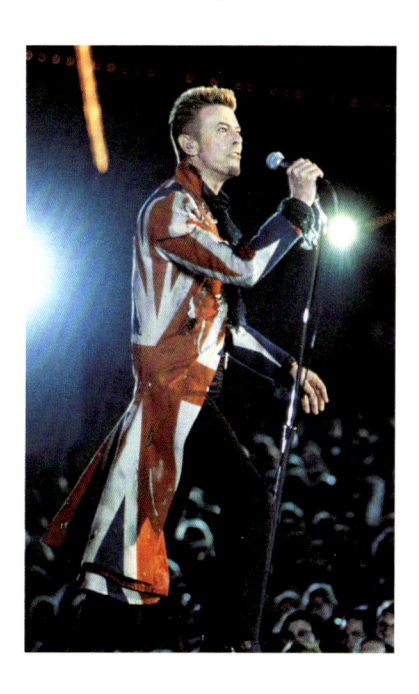

O casaco com a bandeira do Reino Unido foi desenhado por mim e Alexander McQueen. Eu queria recontextualizar o casaco dos anos 1960 de Pete Townshend, mas me entusiasmei um pouco e achei que ficaria melhor como um sobretudo. Então, Alex foi ainda mais além e cortou alguns pedaços dele. Obrigado.

Tired Of My Life. "Eu odiaria ser como Bowie, cantando "Rebel, Rebel" aos 50 anos, parecendo entediado." – Pete Burns, do Dead Or Alive

Em 1996, o cabelo de Bowie fez uma viagem atávica ao corte à escovinha penteado para cima, laranja-fogo, da época de Ziggy. O sobretudo elegante, forrado com veludo preto, foi outra criação de Alexander McQueen.

161

Fotografado por Iman, nos bastidores da turnê Outside em Nova Jersey, 1995.

O homem que já interrompeu entrevistas por estar preocupado com óvnis do lado de fora da janela, ou sonhando que estava destinado ao poder ditatorial, provavelmente era agora o mais afável e gentil roqueiro de 50 e poucos anos. Isso é um sinal certo de exorcismo pessoal, mas é também uma reflexão característica de Bowie do espírito da época. As celebridades reservadas e intocáveis do passado (Bowie, Pink Floyd, Led Zeppelin) pareciam muito deslocadas nos anos 1990, quando as estrelas do grunge, do britpop e da dance music eram notáveis por sua normalidade. Até o apoio de Bowie a artistas mais jovens (geralmente àqueles separados de sua forma distintiva), como Suede e Placebo, encontraram um sinal parental em vez de competitivo.

Outra mudança se juntou de forma ainda mais bem-sucedida às tendências contemporâneas. Bowie sempre se expressou bem; porém, durante os anos 1980, o assunto de seu passado era praticamente uma zona proibida. Conforme isso foi acontecendo, o período de negação acabou, assim que a explosão inspirada pelos CDs em reedições prometeu dar uma nova oportunidade de vida à velha guarda. Quando em 1990 a Rykodisc, um selo americano especialista, reativou 16 dos álbuns anteriores de Bowie, junto com um box extravagante com três CDs juntos, ele veio com a estratégia perfeita de marketing: começou uma viagem em turnê mundial para promover o catálogo, ofereceu a seu público uma chance de votar nas músicas que ele deveria tocar e insistiu que nunca mais as interpretaria de novo. Inevitavelmente, essa promessa foi quebrada, mas ao relembrar o mundo de seu corpo substancial de trabalho, muito do que deu certo (com exceção de "Laughing Gnome", que a *NME* tentou desesperadamente que fosse incluída em seu repertório), Bowie conseguiu banir alguns dos estragos que subsistiram dos anos 1980.

Em 1994, Bowie trocou os caninos tortos por uma divina simetria por meio de próteses.

O último dos moicanos. Um sorriso engraçado com algumas das Black Hole Kids na Califórnia, em 1997.

Mangas georgianas com muito estilo nos bastidores da turnê Sound + Vision, 1990.

Página ao lado: Imergindo seus dedos dos pés extravagantemente pintados em uma androginia incomum mais uma vez. Bastidores do festival de rock de Phoenix, julho de 1997.

Páginas seguintes: David em um preto teatral, no palco do Manhatten Center Ballroom, onde ele tocou um repertório breve em setembro de 1995, durante um show beneficente para celebrar o aniversário do Public Theatre, de Joseph Papp, em Nova York.

Na moda, não barbeado, Bowie interpretou Bernie no filme de estilo sobre o submundo do crime de Manchester, *Everybody Loves Sunshine*, em 1998.

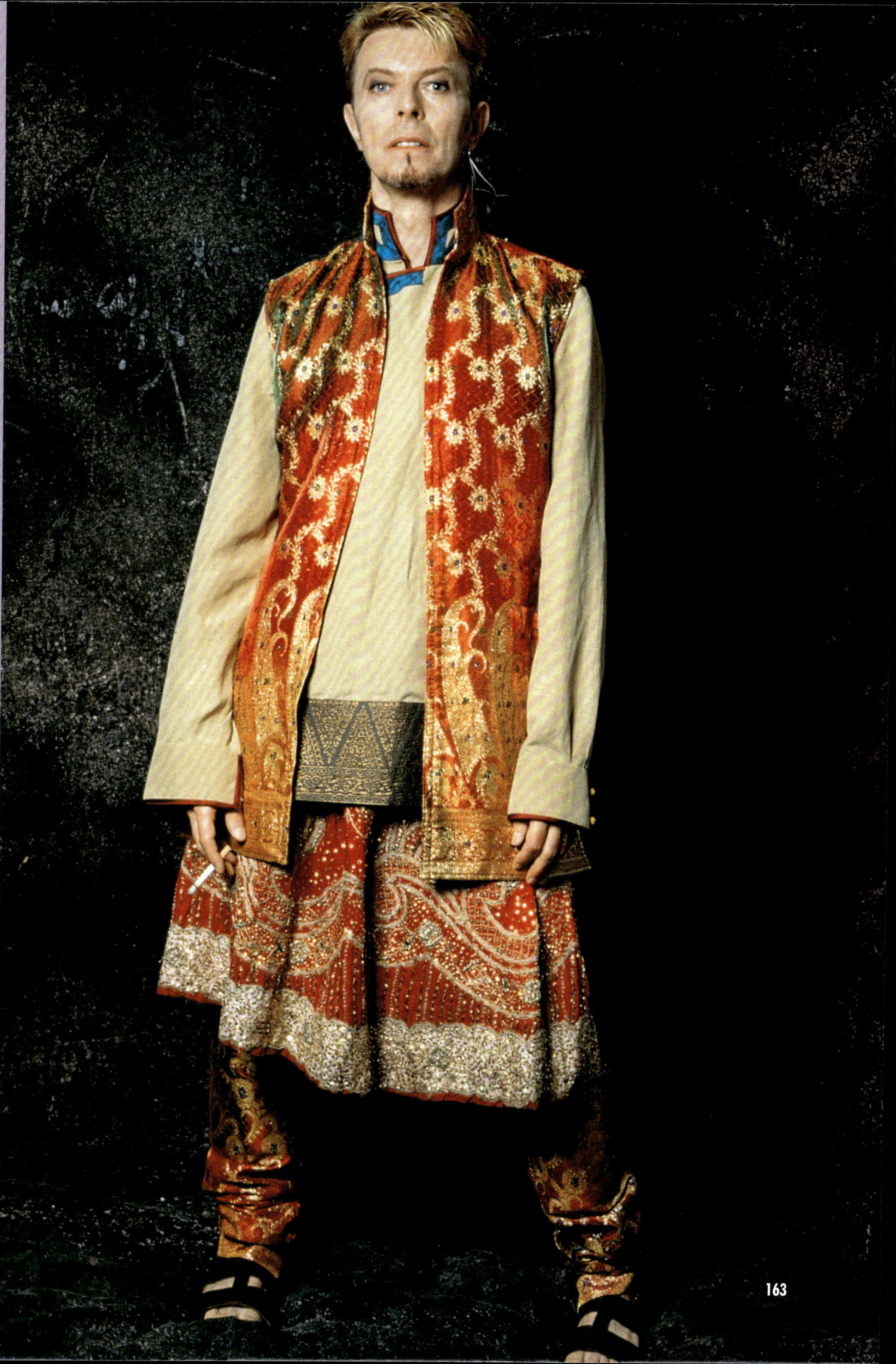

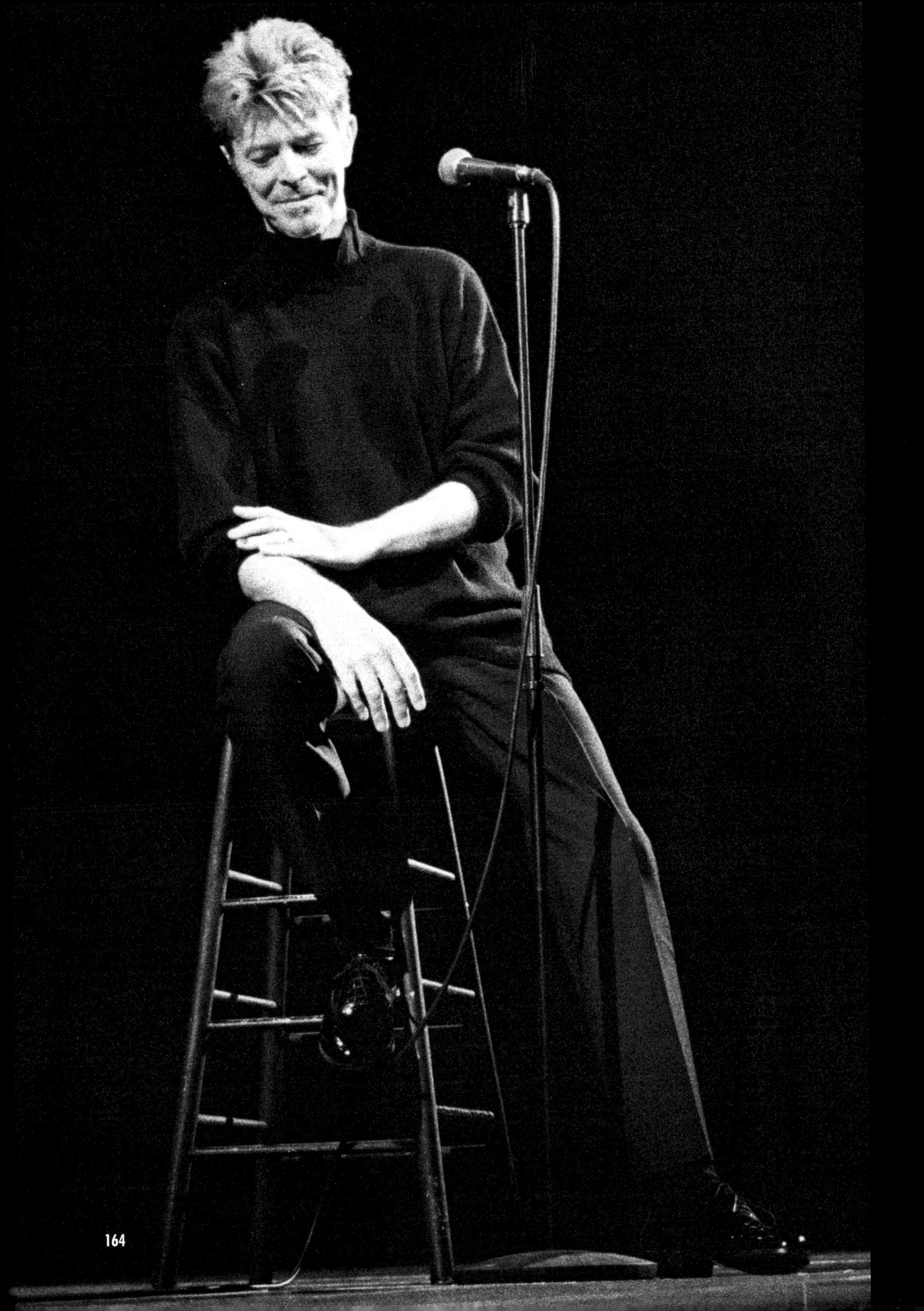

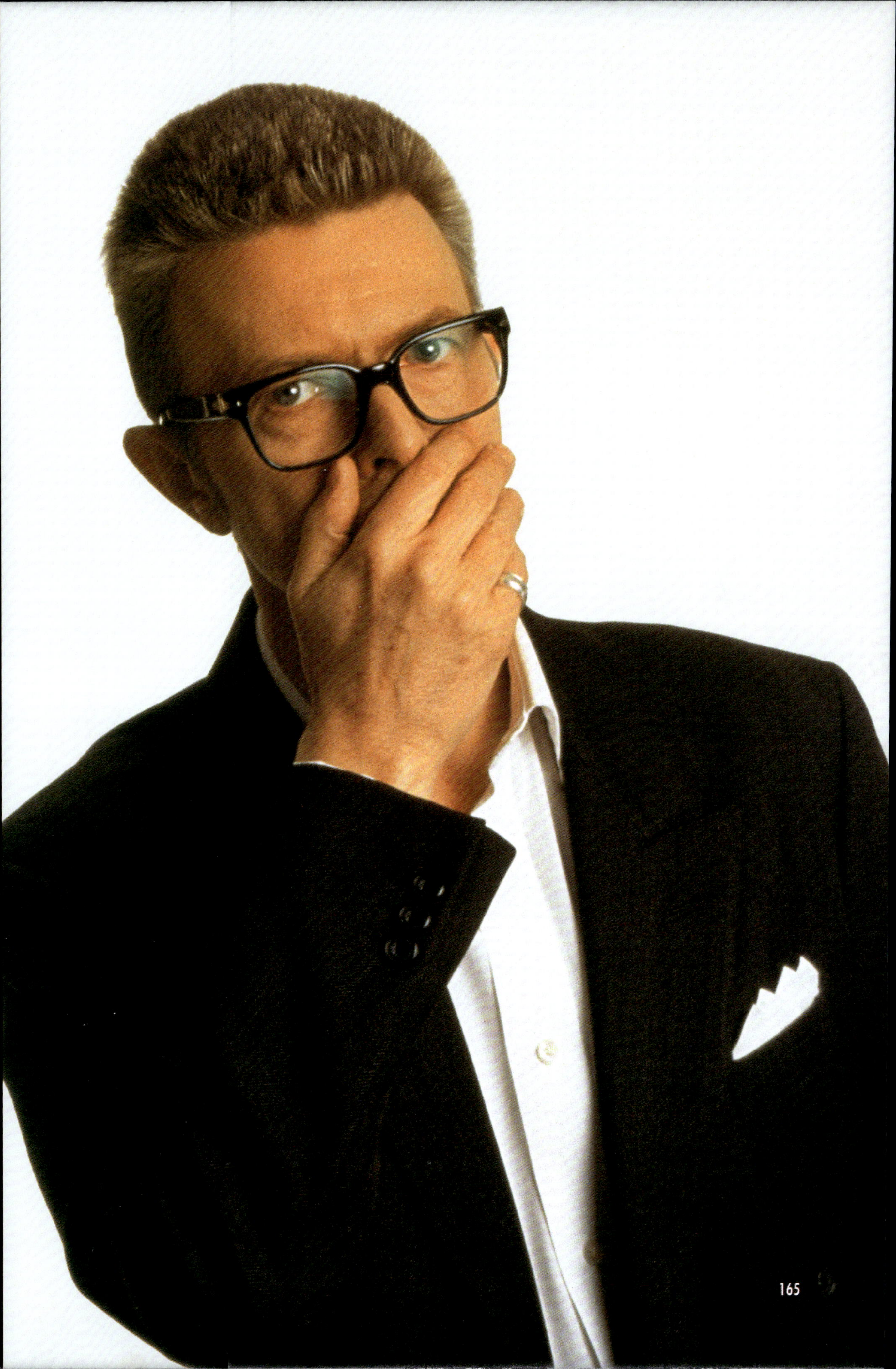

Página ao lado: "Não Estou Perdendo o Sono". De camisa flanelada estilo Neil Young, no Chung King Studios, em Nova Iorque, 1999.

Com Jarvis Cocker, Londres, novembro de 1995.

Ele também foi beneficiado pela própria renascença do rock. No começo dos anos 1990, o Nirvana popularizou a sua música "The Man Who Sold The World", interpretando uma versão emocionante dela no *Unplugged* da banda na MTV, a última apresentação no final de 1993. De volta pra casa, o Suede invocou o espectro do glam rock e convidou Bowie a participar da festa à imprensa. A interface industrial/metal, melhor representada pelo desejo de punição do Nine Inch Nails, foi encontrada em elementos do álbum de 1995 de Bowie, *Outside*, mais notável por "Hallo Spaceboy", provavelmente a gravação mais dramática dele em 20 anos. Então, em *Earthling*, de 1997, ele apropriou os ritmos distorcidos e retorcidos dos contemporâneos do dance, como o astro do drum & bass Goldie, em uma série de recortes. De forma estranha, enquanto o método de trabalho de copiar e colar de Bowie tinha uma linhagem prolongada, e o surgimento do DJ como criador musical dependia amplamente de plágio criativo, isso pareceu ultrapassar mais críticos que afirmavam que o ato era de um homem desesperado. Foi uma pena, pois *Earthling,* com certeza, é o álbum mais vibrante e cheio de surpresas de Bowie desde *Low*, de 1977.

Os anos 1990 também testemunharam uma explosão do desejo de Bowie de se tornar uma pessoa com habilidades em diferentes áreas culturais. "Enquanto seus álbuns tendem a ser negócios bianuais, ele mantém uma carreira constante no cinema, apesar de insistir que esses esforços são pouco mais do que uma distração".

Abaixo: Bowie recebeu o título de doutor honoris causa, no Berklee College Of Music de Boston, em maio de 1999.

Seu perfil como um crítico de arte e um pintor expositor, sem mencionar suas colaborações com os companheiros da BritArt, fez ele conquistar uma posição segura no mainstream da arte no mundo. Ele também tem seu próprio provedor de internet, o que significa que milhares de endereços de e-mail no mundo todo carregam seu nome (davidbowie.com). Ele mantém casas em muitas partes do mundo e compõe em parceria com os fãs pela internet. Ele desconcerta seu público em clubes com repertórios com novo material e é um pilar da respeitabilidade da indústria musical. Ele é a personificação da pilhagem cultural e é completamente único. Ele é David Bowie e é praticamente uma espécie preciosa de borboleta.

O sapato de salto agulha masculino no Brit Awards, Londres, fevereiro de 1996: "Eu aprendi a andar de salto alto há mais de 25 anos. Eles são da nova linha de Katharine Hamnett. São lindos, não?."

Festa VIP de 50 anos na residência de Julian Schnabel em Nova York, 9 de janeiro de 1997, com Iman e a viúva de Kurt Cobain, Courtney Love.

Página seguinte: Em outubro de 1999, Bowie recebeu o título de Commandeur des Arts et des Lettres, a mais alta honra cultural da França. "Algumas pessoas dizem que Bowie é puro estilo superficial e ideias de segunda mão, mas isso soa como uma definição do pop para mim." – Brian Eno